嶺南史料筆記叢刊

粤東筆記

[清]李調元 著　譚步雲 點校

SPM
南方傳媒

廣東人民出版社
·廣州·

圖書在版編目（CIP）數據

粵東筆記／（清）李調元著；譚步雲點校. —廣州：廣東人民出版社，2023.12

（嶺南史料筆記叢刊）

ISBN 978-7-218-17198-2

Ⅰ．①粵⋯　Ⅱ．①李⋯　②譚⋯　Ⅲ．①筆記—中國—清代—選集②地方史—史料—廣東—清代　Ⅳ．①K249.066 ②K296.5

中國國家版本館 CIP 數據核字（2023）第 248500 號

Yuedong Biji

粵東筆記

[清] 李調元　著　譚步雲　點校

出 版 人：肖風華

叢書策劃：夏素玲
責任編輯：饒栩元　謝　尚
責任校對：裴曉倩
責任技編：吳彥斌
封面題字：戴新偉
封面設計：Amber Design 琥珀視覺

出版發行：廣東人民出版社
地　　址：廣州市越秀區大沙頭四馬路 10 號（郵政編碼：510199）
電　　話：（020）85716809（總編室）
傳　　真：（020）83289585
網　　址：http://www.gdpph.com
印　　刷：恒美印務（廣州）有限公司
開　　本：889mm×1194mm　1/32
印　　張：10.625　　字　　數：249 千
版　　次：2023 年 12 月第 1 版
印　　次：2023 年 12 月第 1 次印刷
定　　價：98.00 元

如發現印裝質量問題，影響閱讀，請與出版社（020-85716849）聯繫調換。
售書熱綫：（020）87716172

《嶺南史料筆記叢刊》凡例

　　一、"嶺南史料筆記"是與嶺南這一特定區域有關的筆記體著作，隨筆記録、不拘體例，是瞭解和研究嶺南地區歷史文化的珍貴資料，能補史之闕、糾史之偏、正史之訛。

　　二、《嶺南史料筆記叢刊》（以下簡稱《叢刊》）收録之"嶺南史料筆記"，包括歷史瑣聞類、民俗風物類、搜奇志異類、典章制度類，不收今人稱爲小説的單篇傳奇及傳奇集，包含嶺南籍人所撰史料筆記及描寫嶺南地域之史料筆記。

　　三、筆記創作時間以 1912 年以前爲主，兼收民國時期有價值的作品。

　　四、《叢刊》採用繁體橫排的形式排版印刷。

　　五、整理方式以點校爲主，可作簡要注釋。

　　六、整理用字，凡涉及地名、人名、術語等專有名詞之俗字、生僻字，儘量改爲常見的繁體字；對一字異體也儘可能加以統一。每種圖書在不與叢書用字總則衝突的情況下，可根據實際情況而定。

　　七、凡脱、衍、訛、倒確有實據者，均作校勘，以注腳形式出校記。未有確據者，則數説並存；脱字未確者，以□代之。

八、《叢刊》避免濫注而務簡要，凡涉及嶺南地域特色之風物，可以注腳形式下注；爲外地人士所不明者，酌加注釋。

九、《叢刊》暫定收録一百多種，分爲若干册，每個品種單獨成册，體量小者可酌情結合成册。每册均有前言，介紹撰者、交代版本、評述筆記内容和價值；書後可附撰者傳記、年譜、軼事輯録、索引，及相關文獻資料。

督學使者李調元輯

粤東筆記

羊城八景全圖　文畬堂

梓行

《粤東筆記》書影

粤東筆記序

摹鼓樽撻擊以談天話辯而失於証指摭
飄沙堀以邑地詢強而稽于理載筆世間
收之水經國志聊存一時應對之提子去
多識之學弗久也亦自虞帝明庶物孔門
講格致為後之儒者逐不厭詳类舉凡時
流天醫翻兗嘯息之儔云不欲务畫正情

《粤東筆記》書影

《粵東筆記》書影

3

粵東筆記卷一

綿州　李調元　雨村輯

邱文莊有甸賦云草經冬而不枯花非春而亦放通
志謂正月李桃花盛柔桑可採皆南中氣然也又四
時皆是夏二雨便成秋子瞻記中語也

立春

立春日有司逆勾芒土牛勾芒名拘春童著帽則春
暖否則春寒土牛色紅則旱黑則水競以紅豆五色
米灑之以消一歲之疾疹以土牛泥泥竈以肥六畜

《粵東筆記》書影

4

前　言

　　李調元（1734—1803），字羹堂，號雨村、鶴洲、贊菴、卍齋、蠢翁，晚號童山，四川緜州人，乾隆二十八年（1763）進士，點翰林院庶吉士，歷官直隸通永道。李氏平生雅好藏書讀書，所得俸禄大部分用於購書，築書室曰"萬卷樓"，號稱西川藏書第一家。歸田後，以讀書著書編書爲樂，有《左傳官名考》、《逸孟子》、《童山集》等五十餘種著述（參看〔清〕劉錦藻《清續文獻通考·藝文志》），又編撰"函海"、"續函海"等大型叢書，輯集前賢纂作。李氏能詩，與張問陶船山、趙雲松翼、畢秋帆沅、袁簡齋枚等名士多有酬唱。

　　《粵東筆記》（十六卷）所述内容雖僅限於"粵東"之内，但是仍讓人感覺龐雜寬泛。舉凡天地山川飛禽走獸游魚蟲豸民風習俗土産器物，無不涉及。因而全書大體沿襲《廣東新語》的體例按義類序次。卷二爲"山語"，卷三則合"水語"和"石語"爲一卷，卷四爲"神語"，卷五爲"貨語"，卷六爲"器語"，卷七爲"人語"，卷八爲"禽語"，卷九爲"獸語"，卷十爲"鱗語"，卷十一爲"介語"，卷十二爲"蟲語"，卷十三爲"木語"，卷十四爲"香語"，卷十五爲"草語"，卷十六為"食語"。除了個別篇章的隸屬不同外，基本一仍舊貫。無怪乎有學者目為"剿襲"。不過，二者不盡相同也是顯而易見的。如卷一不但有羊城八景及圖說，且涉及氣候、時節、習俗、方言等內容，《廣東新語》卻類分為"天語"、"事語"、"文語"等。

《粵東筆記》，有學者猜測成書於清乾隆四十五年歲次庚子（1780）。時間似乎偏晚。據說清華大學圖書館藏有乾隆四十二年（1777）萃精堂鉛印本，大概是迄今所見最早的刊本。筆者未見。乾隆四十九年（1784），李氏又以《南越筆記》為書名收入所編"函海"叢書中。今有據函海本排印的《南越筆記》（中華書局 1985 年版）。就目前所見版本推測，《粵東筆記》早出顯然毋庸置疑。今坊間所見，多為李氏長子李朝礎所校訂者。例如劉修橋編印零玉碎金集刊，影印民國四年（1915）九月上海會文堂書局印行本《粵東筆記》（臺灣新文豐出版公司 1979 年版）。又如張智主編中國風土志叢刊第 56 冊（廣陵書社 2003 年版）收入《粵東筆記》，乃據民國六年（1917）上海廣益書局重刊本影印。這些民國刊本似乎都本諸嘉慶五年（1800）文畬堂梓行本，但李序及羊城八景圖說卻又有所不同，顯然歷經修訂。儘管不知所本，但後出轉精則毋庸置疑。

兩相比較，可知《粵東筆記》和《南越筆記》並不全然相同，彼此也並非增訂與否的關係。譬如後出的《南越筆記》既無目錄，也無羊城八景全圖及圖說。又以卷一為例，《打仔采青》、《剝芋》、《迎隆》、《掛冬》、《吹角》、《賭蔗鬪柑之戲》、《婦女足不襪》、《坐簰》、《珠娘珠兒》、《中秋女始笄》等十篇卻為《粵東筆記》所無。而《捕魚》一篇，《南越筆

記》則題爲《粵人多以捕魚爲業》。至于《粵東筆記》中某些
訛誤在《南越筆記》中得以糾正也合乎情理。例如《捕魚》
一篇，《粵東筆記》不但誤“鱐”作“鰔”，而且把“亦子曰
鯀魚……此八者善驚”一句誤植於“不以弭（餌）”之下。
以致晚出版本一仍舊貫，將錯就錯。在《南越筆記》中，類
似的錯誤都作了修訂。不過，頗出人意料之外的是，《南越筆
記》中存在的訛誤，反倒在《粵東筆記》中得以匡正。例如
卷十一《南越筆記·蠃》“其蟲如蟹，有葵足，腹則蠃也”一
句，“葵”顯然是個錯別字。在《粵東筆記》中反倒作
“螯”，同《廣東新語》。又如《南越筆記·粵俗好歌》中
“大約云：峒女於春秋時布花果笙簫”一句，在《粵東筆記》
中，“大約”則作“鄺露”。顯然就是校改的結果。倘若把考
察範圍擴大至歷年所刊行者，諸本或此是而彼非，或彼是而此
非，孰優孰劣實在不宜遽作判斷。

　　不必諱言，《粵東筆記》或《南越筆記》大體抄撮自《廣
東新語》，所以李氏自謂之“輯”。例如文中屈大均氏的詩歌，
李氏也原文照錄。“予詩”云云，讀者倘不明就裏，便以爲是
李氏所作。又試舉卷一《立春》一篇，文字基本同於《廣東
新語》。可以斷言，許多篇章雖然迭經易題改寫，屈氏手痕依
然隱隱可見。不過，若以此抹殺《粵東筆記》或《南越筆記》
之文獻價值，則殊失公允。

　　首先，倘若當時被列入禁毀書目的《廣東新語》真的因
銷版而不傳，那麼，藉著《粵東筆記》所載，《廣東新語》也
得以大部保存。這是可以想見的。客觀地說，李氏所爲不無保
存珍貴史料的初衷。

　　其次，李調元作爲一位外地官員，以其敏銳的目光觀察異

乎中土的方方面面，並以其學識審辨之，把他認爲頗有價值的地方人物、特産乃至風俗習慣等記錄下來。誠如他自己所説，既是責任，也是糾正往昔著述謬誤的需要。事實上，李氏前後在粵東生活了四年以上，嘗謂"遍歷全省諸郡縣"，以盡"古太史輶軒采訪之職"（《粵東筆記序》）。乾隆三十九年歲次甲午（1774），李調元擔任廣東鄉試副主考（《廣東鄉試録後序》，《童山集》文集卷三葉一，清乾隆刻函海道光五年增修本）。乾隆四十二年歲次丁酉（1777）至四十六年（1781）就任廣東學政（《奏差廣東學政摺子》，《童山集》文集卷二葉十五，清乾隆刻函海道光五年增刻本）。期間，李調元曾渡海至瓊山（今海南省）主持考試，拜謁蘇東坡祠，並撰寫《然犀志》等書。幾乎同時，李氏又輯有《粵風》一著，收録粵東歌謡，爲《古謡諺》以及方志等所採録。因此，《粵東筆記》或《南越筆記》相當一部分內容爲李氏所見所聞之實録，應無疑問。譬如《龍鬚席》一篇，即言及李氏任職肇慶學正並以"龍鬚席"爲試題之事兒。又如《鷾鴣》一篇，與《廣東新語》同題者全然不同。《粵東筆記》還輯録了方志、前賢詩文作爲直接的史料，或作爲采風的佐證。例如《粵東氣候》、《元日元夕》等篇章爲後世方志所采信，則李氏並非完全剿襲《廣東新語》不辯自明。又如《粵俗好歌》一篇的內容，則多援引自〔清〕吳淇《粵風續九》（清康熙二年刻本）等著述。因此，《粵東筆記》或《南越筆記》之文獻價值非他書所可取代。

　　當然，如同那個時代的著作，《粵東筆記》存在若干不足顯而易見：引文未如後世規範且粗疏，文字錯漏自不待言，甚至有錯簡、張冠李戴之類的訛誤。此外，因其雜采群書而成，以致在用字上未能前後一致。按今日之用字標準，或古體、今體同見，如卝—礦、巳—夷、艸—草等。或繁體、簡體雜糅，如煙—烟炟、葢蓋—盖、纍—累等。正體、異體並存，如寙—窓窗、岸—峞、靭—靱等。這些問題，讀者不可不察。本點校本在異體字首次出現時作注，再次出現則不再加注。詳參書後所附字表。

《南越筆記》今有林子雄點校本（收入《清代廣東筆記五種》，廣東人民出版社 2015 年版），而《粵東筆記》則未見整理。就上述文本分析而言，後者顯然有必要也出一點校本，以利學界。

本點校文本以奧地利國家圖書館（Österreichische National Bibliothek）所藏嘉慶五年（1800）文畬堂梓行本《粵東筆記》爲底本，輔以民國間影印本，行文注釋則簡稱“別本”。又參以據函海本排印的《南越筆記》（中華書局 1985 年版）以及《廣東新語》（清康熙木天閣刻本），讀者或可擇善而從。

所謂點校，即僅限於標點校勘，而對原文本的用語、用字乃至訛誤一仍其舊，不擅作修改，而只出腳註加以校訂説明，最大限度地保持原貌。

之所以這樣處理，乃基於以下理據：

一、忠於原創，存其完帙，是歷代學者整理古籍所遵循的原則。今天的我們也不應例外。誠如明人郝敬所説：“俗儒一切耳食，引以證文字，後生不察，其誤可勝窮乎？《儀禮》成於後儒手，而古籍亡矣。”（《儀禮節解·讀儀禮》葉十四，浙江汪啟淑家藏本）擅自修訂，倘若準確無誤那還情有可原，但似是而非則貽害後世了。例如卷二《穗石洞》“左有胛跡”一句，屈大均《廣東新語》作“上有胛跡”（卷三葉六十）。

按照文意，李調元完全可以把"胐"改爲"跗"。宋人丁度《集韻》云："拇、胐，《説文》：將指也。或從肉。跗，足將指。"（上聲六厚韻）李氏一仍其舊，其尊重前賢之心可感。又如卷九《䨄䨄》篇，"䨄䨄"，同屈大均《廣東新語》（卷二十一葉六）。李書或作"䨄"，則采其他典籍所載。其實這兩個形體都是《説文解字》"䨄"字的訛誤。李氏知之爲知之不知爲不知的精神可嘉。再如卷一《粵東氣候》篇引邱濬《奇甸賦》句云："草經冬而不枯，花非春而亦放。"出自明人曹志遇的《高州府志》（卷六葉八，明萬曆間刻本）），與"艸經冬而不零，花非春而亦放。"（屈大均《廣東文選》卷二十四葉八、九，清康熙二十六年三閭書院刻本）明顯有別。可見李氏是著乃雜採諸書而成，那些攻訐李氏剿襲屈氏書的片面之詞，不攻自破。

　　二、不保持原貌，不足以體現其地方文獻之特色。《粵東筆記》是一部輯集地方風物的著作。自然免不了涉及方言文字。例如卷一《元日元夕》的"大揠"，據文意，"揠"當"毽"之誤。"揠"也好，"毽"也罷，都是粵語用字，指稱"毽子"。只是不知道大毽子是否別名"揠"而與"毽"有所不同？或者，"揠"是"毽"的另一個寫法？又如卷三《永安五江》"西出陳塘土不"，《廣東新語》作"西出陳塘上不"（卷四葉四十五，清康熙木天閣刻本）。不，今俗作"墩"。《説文解字》云："㮣，伐木餘也。……不，古文㮣。從木無頭。"（卷六木部）廣東地區多以之作地名，諸如"石頂墩（在龍門）"、"塘墩村（在陽春）"、"大墩（在增城）"，等等。只不過《廣東新語》用了個古體而已，以致點校者不明所以，遂誤在"上"字後點斷（《廣東新語》171頁，中華書

局 1985 年 4 月第一版）。再如卷七《蛋家》，蛋，或寫作
"蜑"，或寫作"蜒"，其實都是《說文解字》中的"蜑"的
方言形體："南方夷也。"（卷十三虫部）凡此種種，相信是李
氏當年在粵東所見，而原文照錄。

　　三、觀文獻原貌，可以管窺歷史上獨特的文化現象。譬如
卷二《白雲山》篇，提到一位名叫"陸允"的人物。其實
"陸允"當作"陸胤"。陸胤，字敬宗，吳郡吳縣（江蘇蘇
州）人，三國時期的吳國官員。屈大均《廣東新語》作"陸
胤"可證。"胤"是"胤"俗體。李調元把"胤"改成"允"，
是爲了避諱。因爲雍正皇帝名"胤禛"。清代文字獄之酷烈可見
一斑。又如卷七《黎人》篇，"黎"大都寫成"黎"，偶爾作
"𤜥"。"𤜥"字書所無，僅見於前世典籍。《永樂大典》"黎
洞"作"𤜥洞"，"黎王寨"作"𤜥王寨"（卷一萬三千七十
五葉十二，官修）。可見李氏並非向壁虛構。何以如此？竊
以爲乃專名用字，以區別于"黎民"的"黎"。像在古文字
文獻中，文王的文作"玟"、武王的武作"珷"、穆王的穆作
"穆＝"，都是專名。如同武則天所造的"曌"，"𤜥"可能也
是爲專名而新造的文字。有點兒類似瑤族的瑤古作"猺"、僮
族的僮古作"獞"（字均見於《粵東筆記》），是少數民族社
會地位低下的鐵證。

　　四、原貌既存，則可藉以考察文字的源流演變軌跡以及古
人的用字習慣。古代學人的著述實際上是展示其學識的舞臺。
其行文的變化，首先便體現在用字遣詞上。於是"靑"、"青"
互見，"於"、"于"同出。不怎麼符合我們今天的用字規範，
但卻是古人的書寫習慣。尤其是那些今天已不再使用的文字，
反倒頻頻出現在古籍當中。例如"蘱"，也作"蕍"，前者是

《說文解字》的標準寫法，後者是因隸定而異的形體。可是今天這兩個字形都被"菊"替代了。岸—峉、鵝—鵞等用例也可列爲此類。再如用作偏旁的"网"，因其隸定的差異罒、⺲、罓，從而產生了相當多的異體。如罜—䍦、罩—䍣、眔—㝡㝡、冒—冃冃，等等。其次，縱觀《粵東筆記》字形的多樣性，則從另一個側面反映了李氏所"輯"文獻來源之廣泛。例如屄—尾、㠯—夷、徃—往、㫄—旁、詶—酬、芉—羊、哶—咩、崋—華等，前者爲古體，極有可能出自早期文獻。後者爲今體，則文獻時間偏晚。再如椰—梛、迴—廻、輙—輒、麻—蔴、檳—檳、竄—竄、艘—艘等，分別見於同一書的不同篇章，則其源自不同版本也可以論定。至於大量俗體的使用，則不排除有出自抄本者。例如"解"作"觧"，後者就是行書的楷化形式。與此相類的還有豺—犳、疊—叠叠、面—靣、奇—奇、曬—晒、臺—臺壆、鬱—欎、妝—粧、灌—灌、蟲—蟲蟲、瀉—瀉、擔—担、牀—床、撐—撑、漱—潄、衡—衡、窗—窻窻，等等。此外，有些俗體字形，即便是我等專門從事文字工作的學者，也難明所以然。例如鄰—鄰，後者既超乎于表意表音規則之外，就書寫而言也並不經濟。類似的情形還有橘—橘、敕—敕、麓—麓、馱—馱等用例。當然，有些用例只是粗疏或習慣使然，如"圮"誤作"圯"，"太古"誤作"大古"，則可以據以判斷其時刊刻書籍之精審與否。

　　準乎以上四端，可知存其原貌是多麼的重要！

　　至於書中引文，無論直接引述還是間接引述，都盡可能列明出處，以利讀者研讀。未能檢出者則不在此例。

　　篇末附李氏傳記三種，以俾讀者對著者生平及其著述有進一步的瞭解。

目　録

1

2

4

5

6

粵東筆記序

　　舉鼓椁擋擊以談天，語辨而失於誣；指墁剟沙塙以言地，詞强而背於理。載筆者間收之《水經》、《國志》，聊存一時應對之捷。其去多識之學，水火也。夫自虞帝明庶物，孔門講格致，而後之儒者遂不厭詳悉，舉凡峙流夭喬、翻飛喙息之儔，無不欲各盡其情實，而自成一家言。如嵇含之《南方艸木狀》、范成大之《桂海虞衡志》，以暨《嶺表錄異》等篇，大抵皆足補《禹貢》"厥包"實竹笋之名，職方其"畜爲鳥獸"之異，其爲五嶺九溪搜奇矜異，洵哉不少遺漏！遠遊者誇奧博，土著者務精覈，後之人縱有聞見，又何加焉？雖然，時有古今，則物亦有顯晦。即以東粵論，如甌邅巴之入市獻琒①，前古所無；南越王之桂蠹火樹，於今未有。即此以推，固不可以泥于前古，或志或不志矣。

　　予自甲午典試粵東，惜所遊覽僅五羊城而止，雖欲徵之前賢所記而未逮也。歲次丁酉之冬，復來視學。此古太史輶軒采訪之職也。遂得遍歷全省諸郡縣，可以測北極之出地以占時

---

　　① 琒，別本作"琛"。作"琛"是。

變，可以乘破浪之長風以窮海隅，可以審扶荔之不宜於北土，可以徵靈羽之獨鍾於丹穴。幽渺而至五行符瑞所不及載，載而莫闡其理者，亦可以徵信而核實。疇見昔人著述，詫爲怪怪奇奇、驚心炫目者，至是又不覺知其或失則誣，或當於理，而因爲之棄取焉，且因爲之上下艸木鳥獸各縱其類焉。書成，計一十有六卷。敢曰《爾雅》注魚蟲①，壯夫不爲也，亦聊以廣篋中之見聞爾。

綿州李調元雨村撰

---

① 蟲，"蟲"別體，此書多如是作。

八景全圖

珠江夜月_{古蹟}

　　洙江在廣州城南五羊驛前排湧出海中①。其平如掌，如海上浮珠。受靈洲之水，合欝水之支流②，自石門東南滙于白鵝潭郡城下，東趨虎頭門而達於海。當珠江之中流有石焉，廣袤十餘丈③，賈胡持摩尼珠至此，珠飛入水，遂成珠江。珠海沉石，海珠故也。上有慈度寺，漢大寶間始建，歲久傾圮④。宋

　　①　洙，當“珠”之誤。

　　②　欝，別本作“鬱”。

　　③　袤，別本誤作“柔”。

　　④　圮，當“圮”之誤。本書同。

寶祐中郡人李昴英讀書於此，① 登第，捐貲與鑒儀徒創江心海珠石上，仍以慈度寺匾之，侍郎王埜書額。寺前有文溪祠，題其匾曰"虿二"②。周以雉垣，内置大炮，弁兵防守，爲會城要害之地。前有樓眺覽四邊。花木掩映，恍若閬苑蓬壺，遊爲勝地。廸石壁生成。每逢月夜登此觀望，鄉舟城市燈水霞清如同白晝，此所謂僊城八景之一，曰"珠江夜月"。

　　秋江連夜月，明珠水上浮。

① 李昴英，字俊明，號文溪，〔南宋〕番禺人。

② 虿，"蟲"俗體。虿二，"風月"二字去其邊劃，隱喻"風月無邊"。

大通炬雨古蹟①

大通港在城西南五里②，爲英護浦大通禪院。南越劉晟賜
名寶光寺。達岸禪師住此化去，有肉身，祈禱輒應③。致和六
年，經畧使覺氏題賜"大通慈應禪院"。明萬曆六年大旱，衆
僧迎至訶林禱雨，隨降。康熙六年間④，郡人蕭子竒禱師發
願⑤，罄家贖地建復，捐貲數千，鳩工庀材修築，仍另買田地
基塘五十五畆，週圍植樹千株。寺今而復興焉。南岸大河白鵝
潭中有竅。大風起，鵝浮於水南。直抵南雄、庚嶺、韶州、肇

---

① 炬，"煙"俗體。
② 港，當"港"之誤。本篇同。
③ 輒，同"輒"。
④ 熈，"熙"俗體。
⑤ 師，別本作"雨"。

慶、高州、雷州、廉州、瓊州、羅定、連州，西粵東通惠州、潮州、福建、虎門洋海，所謂大通港。大通寺龍霞井，朝出霞霧，週圍遮蓋，四時不渴①。海上風帆②影落井中，爲僊城八景之二，曰"大通炮雨"。

大通炮雨雲霞霧，錯認漁舟作渡船。

---

① 渴，"竭"之誤。
② 帆，"帆"異體。

白雲晚望古蹟

　　白雲山在城北十五里，上多白雲，高三百餘丈，盤踞百餘里。其下有九龍泉。泉之下爲大小水簾洞。北一里有鶴舒臺①，鄭安期生飛昇處。東有飛霞洞，高百仞，瀑布飛流。又有虎頭巖。前爲虎跑泉。宋運使陶定於半山建龍果寺、千峰紫翠亭。天南弟一峰西一里爲玉虹洞。南爲聚龍岡、滴水巖。菖蒲澗旁有蒲澗寺。鍊丹井左有菊湖。西有棲霞山。昔景泰禪師卓錫於此。一名“景泰雲峰”，中有泰泉，下有泰霞洞。虎欄在其陰，月溪在其陽。真武山，唐建真武堂於巖外。其南七皁佈列爲七星岡。鴻鵠嶺、麒麟嶺、松栢嶺、佛跡嶺、金鵝嶺、鳳凰嶺、望洲嶺、寶象峰，俱與白雲山連亘。白雲寺上有九龍

---

　① 臺，“臺”俗體。

泉、月泉井。其水甜，飲之異壽。北有安期飛昇臺。昔年成道，自赴捨身崖①，投下深坑，果乘白鶴，舉手泣謝時人：明年此夕再會。拭目而去。是以每逢七月念四，衆皆登臨致祭，禱求顯應。煉丹井，士人到此取水烹茗②。月溪寺，白雲之源也，在白雲山左。蘇太尉鼎建。後有塚墓。前有文昌菴。西有紫雲臺。浥朝霞則青，當夕照則紫。夜望松陰水簾，飛瀑如珠，石狀如神。天下名山，白雲居一。秀嶺之源，所謂仙城八景之三，曰"白雲晚望"。

鄭仙一去畱古蹟，白雲晚望九秋歌。

---

① 崖，別本作"巖"。
② 士，別本作"土"。

蒲澗簾泉古蹟

　　蒲澗寺，城北十五里。雲氣飛瀑，石壁高峯。在白雲山麓。宋淳化元年建。前有九曲溪，飛瀑成水簾。後有捨身石，輕生者可嘗試矣。適有廣州善士鄭安期生，以七月二十四日於此上昇。州人是日悉徃澗中沐浴①，以期霞舉。宋太守紹章萬大夫徃遊，謂之“鼇頭會”②。明學士何吾騶書題額曰“古蒲澗寺”。濂泉寺在蒲澗左旉③。明崇禎五年山人蘇秩鼎建。迺白雲之源。東爲九龍洞。南爲聚仙峰、寶林洞、寶鴨池、觀翠巖。飛濤百尺，水響崖峭，聲聞數里，溯湃如雷。其下玉溪。

---

①　徃，“往”俗體。

②　鼇，“鼇”俗體。

③　旉，“旁”古體。

濂泉水清甜化，泉味甘泠。遊覓其趣①，瑰奇可觀。北爲碧雲峰。奇石迤邐②，狀若巨象。俗呼摩星嶺。其間水石之奇，爲僊城八景之四，曰"蒲澗簾泉"。

鹿真橋畔清虛觀，蒲澗濂泉水不収③。

---

① 覓，別本作"覽"。
② 迤邐，即"迤邐"。
③ 収，"收"異體。

景泰僧歸古蹟

景泰寺，白雲山連亘之源，番禺城北十五里，在泰霞洞。
昔景泰禪師卓錫得泉於此，故名"景泰"。宋更爲龍泉寺，明
嘉靖中郡士黃佐改爲景泰書院①。四壁峯高，南有月池，北有
摩星嶺，西有紫金臺，東有碧虛觀，枕近蒲澗滴水巖。孫蕡遊
山記曰：風清月朗②，登此岐嶺，懸望松陰，月移雲影，足似
僧歸。東黃崖詩曰：名山當寄跡，巒石數高峯。紅日浮間出，
泉聲洞裏流。禪門山月迥，僻處野鍾幽③。低頭翻自望，雲送
泰僧歸。鹿溪寺，山之藪也。巒峯纍纍，如萬頃浮漚。東有棲
霞，西有碧翠。朱樓縹緲，樹木叢翳。由前而登，遠山背觀音

---

① 黃佐，字才伯，號希齋，晚號泰泉居士，〔明〕香山人。

② 風，"風"之誤。

③ 鍾，別本作"鐘"。

洞、玉皇閣，郡士梁佩蘭讀書處也①。四顧羣峯環拱城郭，時出鐘聲遠應。旭日初臨，霞光布護，南明，登之者動盪心胸，當作蓬萊之想，豈以尋常之勝。爲僊城八景之五，曰"景泰僧歸"。

景泰僧歸日，逍遥嶺上遊。

---

① 梁佩蘭，字芝五，號藥亭，〔清〕南海人。

石門返照_{古蹟}

　　石門山，在城西北叁拾里。兩山相峙，夾石如門，高肆拾餘丈。前有控海樓。下有貪泉，晉吳隱之酌泉賦詩處所。海中有沉香洲。吳隱之在滿還鄉^①，舟帆至此，適遇風狂狼大^②，舟欲覆水。自思爲官清正，並不受臟，止有沉香墜一箇。香飛入水，遂成沉香洲。洋舶歸國，在此討水，最無沙虫^③。西華墟市，廣濶清奇，萬物皆俻^④。上有西華寺，漢大寶元年間建。宋嘉祐六年重修。日久傾圮。明成化八年都御史韓雍重

---

　①　在，"任"之誤。

　②　狼，"浪"之誤。

　③　虫，"蟲"俗體。沙蟲，粵語詞兒，孑孓。

　④　俻，"備"之誤。

建①。內有刺史吳隱之祠，麗尚鵬匾"清風萬古"，郡人韓昌祚記蹟尤存②。東西礜石，高山峭壁，水流深澗。凡日出時，返照兩山，而貪泉中深不可測。天將雨，井中先鳴三日。響如吹落，風雨遂至。一在石門，一在連州。在石門者，吳刺史飲之，曰："試使夷齊飲，終當不易心。"③ 爲僊城八景之六，曰"石門返照"。

石門波浪淨，返照兩山頭。

---

① 史，別本作"使"。作"史"是。

② 尤，"猶"之誤。

③ 〔晉〕吳隱之《酌貪泉》詩句（〔唐〕房玄齡《晉書》卷九十葉十九，文淵閣四庫全書本）。

金山古寺古蹟

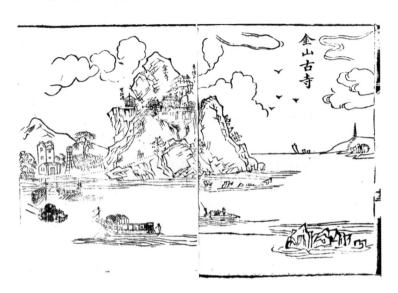

金山寺，城西二十五里，在南海河中，週圍拱繞。黃陂飛瀑奔瀉而來，勢若鳳舞①，地闢水環。宋紹興間郡蕭惠馥創建。明嘉靖三年傅炳元重修，環植樹木千株。蘇軾謫惠州，舟泊於此，日臥感夢法僧請食蘇糍，醒覺，隨登山門，問其僧，曰：祖師得雲大限告終之期，生平最喜蘇糍，設此恭敬。蘇試自顯前身與夢之異，遂爲詩云："海峯石上金山寺，白髮東坡又到來。前世得雲今我是，依稀猶記妙高臺。"② 覽觀異物，

---

① 鳳，"鳳"之誤。本書同。

② 試，"軾"之誤。〔北宋〕蘇軾《題靈峯寺壁》："靈峯山下寶陁寺，白髮東坡又到來。前世德雲今我是，依希猶記妙高臺。"（〔北宋〕王十朋《東坡詩集註》卷二十九葉三十二，文淵閣四庫全書本）

前面奇峰翼亭，亭中萬景。由山門而登客堂，堂後有亭幽然，峰翼深也。亭後月池上則爲雲，爲雨。左右奇花石室。進佛堂三寶殿、大悲閣、飛雲潭、積翠樓、觀音洞，松檜陰森，花木繁茂，梵宇浮圖，高逼雲漢。所謂僊城八景之七，曰"金山古寺"。

金山古寺鳴鍾響①，夜泊澳家燈火紅②。

一路紅輪初出現，波羅沐日浪拋球。③

---

① "鍾"、"鐘"常混用。

② 澳，"漁"異體。

③ 此兩句應爲下文"波羅沐日（古蹟）"篇結語，誤植於此。

波羅沐日古蹟

　　南海神①，城東三十五里，在波羅江上，曰"波羅廟"。自唐開元祀典始盛，封"廣利王"。宋加玉冕九旒。南漢時始建。梁大同元年，土人董曇重修。明正德二年，發帑高劉，加賜"南海廣利洪聖王"。環近獅子洋北岸海傍，建立神廟，每逢春秋致祭望江樓、御碑亭。鄉人事海神甚謹。渡海者有禱輒應。廟前波羅樹二株。其本已朽②。所存萌蘖③，亦大數十圍。薜蘿糾結④，枝柯臃腫。歷傳波羅國貢使達奚司空以波羅子來種，種未訖，風帆忽舉，遂遺司空，望舶不見，立化廟左。人

---

① 此處似脱一"廟"字。

② 本，或本作"木"。

③ 蘖，別本作"蘖"。宜作"蘖"。

④ 薜，"薜"之誤。

以爲神，泥傅肉身祀之。一手加額作遠矚狀。故廟與江皆以波
羅名。海舶往來，必祇謁祝融①，酹酒波羅②，乃敢揚帆。其
水來自韶之湞水，合湟、武二水，至三水境，灣水微會之，下
石門而東過瀝滘東衢，分流於西朗，達於蜆江，而會於扶胥之
口，黃水之灣。是謂波羅江。合諸水入於南海。江在南海廟
前。廟西有小坵屹立，上建浴日亭于右傍③。凡遇雞鳴時，登
望東南方，而日從大海而起。所謂僊城八景之八，曰"波羅
沐日"。

---

① 祇，"祇"之誤。
② 酹，別本作"酹"。
③ 傍，別本作"旁"。宜作"旁"。

卷 一

粵東氣候

邱文莊《奇甸賦》云①："草經冬而不枯，花非春而亦放。"②《通志》謂③：正月李桃花盛，柔桑可採。皆南中氣然也。又"四時皆是夏，一雨便成秋"，子瞻記中語也。

立春

立春日，有司逆勾芒、土牛。勾芒名"拗春童"④。著帽則春暖，否則春寒。土牛色紅則旱，黑則水。競以紅豆五色米灑之，以消一歲之疾疹。以土牛泥泥竈，以肥六畜。

---

① 邱文莊，〔明〕邱濬，字仲深，瓊山人，諡文莊。

② 或作："艸經冬而不零，花非春而亦放。"（〔清〕屈大均《廣東文選》卷二十四葉八、九，清康熙二十六年三閭書院刻本）

③ 《通志》，本書通常指〔清〕郝玉麟《廣東通志》，康熙八年刊行，有文淵閣四庫全書本。

④ 拗，"拗"異體。

元日元夕

元日拜年，燒爆竹，啖煎堆、白餅、沙壅，飲栢酒。元夕張燈，燒起火。十家則放煙火，五家則放花筒。嬉遊者率袖象身香筒，打十八閒爲樂。城內外舞獅、象、龍、鸞之屬者百隊，飾童男女爲故事者百隊，爲陸龍船，長者十餘丈，以輪旋轉。人皆錦袍倭帽，揚旗弄鼓，對舞寶鐙於其上。晝則踢毽五仙觀，毽有大小。其踢大毽者①，市井人。踢小毽者，豪貴子。歌伯鬥歌，觀者爲慶頭。其燈師又爲謎語，懸賞中衢，曰"燈信"。

燈公

海豐之俗，元夕於江干放水燈，競拾之。得白者喜爲男兆，得紅者謂爲女兆。廣州燈夕，士女多向東行祈子，以百寶燈供神。夜則祈燈取采頭。凡三籌皆勝者爲神許，許則持燈而返。踰歲酬燈。生子者盛爲酒饌慶社廟，謂之"燈頭"，羣稱其祖父曰"燈公"。八月十五之夕，兒童燃番塔燈，持柚火，踏歌於道，曰："灑樂仔，灑樂兒，無咋麼。"塔，累碎瓦爲之。象花塔者，其燈多。象光塔者，其燈少。柚火者，以紅柚皮雕鏤人物花草，中置一琉璃盞，朱光四射，與素馨、茉莉燈交映。葢素馨、茉莉燈以香勝，柚燈以色勝。

五月五日

粵中五月採蓮競渡，至五日乃止，廣州奪標較勝有逾月

---

① 毽，當"毽"之誤。毽，粵語詞兒，毽子。

者，今此風已戢。惟大洲龍船高大如海舶，具魚龍百戲，積物力至三十年一出，出則諸鄉舟行以從，懸花毹繡囊，香溢珠海。又載，世屏堂在府城西，宋知廣州蔣之奇建。其下有池，列石嶙峋，即南漢所爲明月峽、玉液池，舊有含珠亭、紫雲閣，每端午令宫人競渡其間。

夏至

夏至礫儺禦蠱毒。農再播種，曰“晚禾”。小暑小穫，大暑則大穫，隨穜隨蒔，皆及百日而收。

放鴿會

廣人有放鴿之會。歲五、六月始放鴿。鴿人各以其鴿至，主者驗其鴿爲調四，調五，調六、七也，則以印半嵌於翼、半嵌於册以識之。凡六鴿爲一號。有一人而印一、二號至十號、百號者，有數人而合印百號者。每一鴿出金二錢，主者貯以爲賞。放之日，主者分其二。一在佛山，曰“內主者”。一在會塲，曰“外主者”。於是內主者出，教以清遠之東林寺爲初塲，飛來寺爲二塲，英德之橫石驛爲三塲，期以自近而遠。鴿人則以其鴿往。既至塲外，主者復印其翼，乃放鴿。一日自東林而歸者，內主者驗其翼印不謬，則書於册曰“某日某時某人鴿至”，是爲初塲中矣。一日自飛來而歸，一日自橫石而歸，皆如前驗印，書於册。是爲二塲、三塲皆中。乃於三塲皆中之中，內主者擇其最先歸者，以花紅纏繫鴿頸而觴鴿人以大白，演伎樂相慶。越數日，分所貯金。某人當日歸鴿若干，則得金若干。有一人而歸鴿數十者，有十人千鴿而秖歸一、二者。當日歸者甲之，次日歸者乙之。是爲放鴿會。

七娘會

七月初七夕爲七娘會。乞巧，沐浴天孫聖水。以素馨茉莉結高尾艇，翠羽爲篷，遊之沉香之浦以象星槎①。十四祭先祠屬爲盂蘭會，相餉龍眼、檳榔，曰"結圓"。潮州則曰"結星"。二十五爲安期上昇日，往蒲澗采蒲，濯餻餻水。

吹田了

東莞麻涌諸鄉以七月十四日爲田了節。兒童爭吹蘆管以慶，謂之"吹田了"，以是時早稻始穫也。

九日廣州瓊州風俗

九日載花糕、萸酒登五層樓、雙塔，放響弓鷂。重陽登高放風鳶。又載，風鳶之戲，廣州則以重陽，瓊州則以五月。南風盛時，截竹緉布績藤爲繩放之，聲聞數里。鳶製大可十倍，其說洵然。但余於秋時在瓊，春時在廣，亦見有放紙鳶者，惟與吳中止嬉春月風候爲特異耳。

下元會

十月下元會，天乃寒。人始釋其荃葛。農再登稼，餅菜以餉牛，爲寮榨蔗作糖，食鱠，爲家宴團。

團年送年

小除祀竈，以花豆灑屋。次日爲酒以分歲，曰"團年"。

---

① 汎，"泛"之誤

歲除祭曰"送年"。以灰畫弓矢於道射祟。以蘇木染雞子食
之。以火照路，又曰"賣冷"。

竈卦

永安歲除夕，婦人置鹽、米竈上，以碗覆之，視鹽、米之
聚散以卜豐歉，名曰"祀竈"。男子則置水釜，旁粘東、西、
南、北字，中浮小木，視木端所向，以適其方。又審何聲氣，
以卜休咎，名曰"竈卦"。

俗尚師巫

永安俗尚師巫。人有病，輒以八字問巫。巫始至，破一雞
卵，視其中黃、白若何，以知其病之輕重。輕則以酒餚禳之。
重則畫神像於堂，巫作姣好女子，吹牛角，鳴鑼而舞，以花竿
荷一雞而歌。其舞曰"贖魂之舞"，曰"破胎之舞"。歌曰
"雞歌"，曰"煖花歌"①。煖花者，凡男嬰兒有病，巫則以五
綵團結羣花環之，使親串各指一花以祝。祝已而歌，是曰
"煖花"。巫自刌其臂血以塗符，是曰"顯陽"。七月七夕則童
子過關。十四夕則迎先祖。男子或結塲度水，受白牒黃誥。婦
人或請仙姐，施舍釵鈿。仙姐與女巫不同，女巫以男子爲之，
仙姐以瞽人之婦爲之。

放閒

韶州十月朔日農家大醮，爲米糍相饋，以大糍粘牛角上，
曰"牛年"。牛照水見影而喜。是日牛不穿繩，謂之"放閒"。

---

① 煖，同"暖"。

小熟大熟

粵中田禾二熟，以五月爲小熟，九月爲大熟。志稱諺云：
"乾冬濕年，禾黍滿田。"各郡皆然，惟瓊州獨異。曰："冬濕
年乾，禾黍滿田①。冬乾年濕，禾黍少粒。"

水田旱田坡田牛田人田

濱海諸邑有水田、旱田、坡田。其坡田只宜蒔山薯、沓
藷、芋芳諸雜糧。兼收可以佐食。《草木狀》云②："甘藷……
根葉如芋，實如拳，有大如甌者，……蒸煮食之。……舊珠崖
之地，不業耕稼，惟種甘藷，秋熟收之蒸暵③，切如米粒，倉
團貯之，名曰'藷糧'。"④志稱：八月芋可剝，九月紅藷登。
按粵俗，以葵衣禦雨。《通志》云：新會蒲葵，其本作扇，其
末作簑笠、簟席。又有一種油葵，出陽江、恩平，性柔，止可
作簑笠。上番禺諸鄉，地瘠而民呰窳。耕者合數十家牛，牧以
一人，人以一日。其牧牛之田曰"牛田"，所生草冬亦茂盛，
食牛肥澤；其種稻者曰"人田"。上番禺牛田多，下番禺人田
多。又廣州之地，凡潮田稍高者，犂必以牛，牛必以吉貝核渣
飼之，乃肥有力。核中有仁，榨油已，其渣尚有潤澤，故牛嗜

---

① 〔明〕戴熺、歐陽璨《瓊州府志》作："冬濕年乾，禾米滿倉。"
（卷之三葉八十八，明萬曆間刻本）

② 《草木狀》，本書通常指〔晉〕嵇含《南方草木狀》。

③ 暵，俗"曬"字。

④ 引見〔晉〕嵇含《南方草木狀》（卷上葉三，文淵閣四庫全書
本）。文字稍異。

之。牛皆水牛，春以犁田，冬以駃榨①。榨者，榨荻蔗以爲糖
也。水牛多産神電，志云"電白旄牛"即此。

趁墟

《南越志》云②："越之市名爲墟，多在村場，先期招集各
商，或歌舞以來之。荆南、嶺表皆然。"③ 吕沈化州詩："三日
一墟人不斷。"④ 李德裕厓州詩："魚塩家給無墟市。"⑤ 故村
鎮趁集者，謂之"趁墟"。

四鼓

《嶺南雜記》⑥："粤中水塘宵更禁五更，僅四鼓而天已明
矣。相傳擊五鼓則潮水泛益⑦。此亦謬悠之説。然城中猶五鼓
也。"楊誠齋詩云："天上歸來有六更。"葢内樓五更絕，梆鼓
交作，謂之蠹更，即六更也。見周遵道《豹隱記談》。

---

① 駃，"駃"俗字。

② 《南越志》，〔南朝宋〕沈懷遠撰，今不傳。

③ 引見〔清〕金光祖《廣東通志》（卷之三十葉三，清康熙三十
六年刻本）。

④ 吕沈，別本作"吕沆"。作"吕沆"是。化州詩，《化州清風
樓》詩。

⑤ 方志或署"盧多遜"作，題爲《水南村》（〔明〕戴熺、歐陽璨
《瓊州府志》卷十一下葉廿二）。

⑥ 《嶺南雜記》，〔清〕吴震方撰。下引見是書上卷葉十（説鈴本）。

⑦ 益，別本作"溢"。

女子採香

《嶺南雜記》云："海瓊沉香，俱産黎峒，多虎狼毒虺。"①其俗皆女子採香，耳帶金環，首纏錦帕，腰佩利刀，什伯爲羣。崖間遇有竊香者，卽擒殺焉。

粤俗好歌

粤俗好歌，凡有吉慶，必唱歌以爲歡樂。以不露題中一字、語多雙關而中有掛折者爲善。掛折者，掛一人名於中，字相連而意不相連者也。其歌也，辭不必全雅，平仄不必全叶，以俚言土音襯貼之，唱一句或延半刻，曼節長聲，自廻自復②，不肯一徃而盡③。辭必極其艶，情必極其至，使人喜悦悲酸而不能已已。此其爲善之大端也。故嘗有歌試以第高下，高者受上賞，號爲"歌伯"。其娶婦而親迎者，壻必多求數人與已年貌相若而才思敏給者使爲伴郎④。女家索攔門詩歌，壻或捉筆爲之，或使伴郎代艸，或文或不文，總以信口而成才華斐美者爲貴。至女家不能酬和，女乃出閣。此卽唐人催粧之作也⑤。

先一夕，男女家行醮，親友與席者或皆唱歌，名曰"坐

---

① 引見〔清〕吳震方《嶺南雜記》（下卷葉四十六）。虺，原作"虺"。

② 廻，別本作"迴"。

③ 徃，別本作"往"。

④ 已，當"己"之誤。

⑤ 粧，別本作"妝"。

歌堂"。酒罷，則親戚之尊貴者親送新郎入房，名曰"送花"。花必以多子者，亦復唱歌。自後連夕，親友來索糖梅啖食者，名曰"打糖梅"。一皆唱歌。歌美者得糖梅益多矣。

其歌之長調者，如唐人《連昌言詞》①、《琵琶行》等至數百言、千言，以三絃合之，每空中絃以起止，蓋太簇調也，名曰"摸魚歌"。或婦女歲時聚會，則使瞽師唱之。如元人彈詞曰"某記"。某記者，皆小說也。其事或有或無，大抵孝義貞烈之事爲多。竟日始畢，一記可勸可戒，令人感泣沾襟。

其短調蹋歌者，不用絃索，往往引物連類，委曲譬喻，多如《子夜》、《竹枝》。如曰："中間日出四邊雨，記得有情人在心。"曰："一樹石榴全著雨，誰憐粒粒淚珠紅。"曰："燈心點著兩頭火，爲娘操盡幾多心。"曰："妹相思，不作風流到幾時。只見風吹花落地，那見風吹花上枝。"《蜘蛛曲》曰："天旱蜘蛛結夜網，想晴只在暗中絲。"又曰："蜘蛛結網三江口，水推不斷是真絲。"又曰："妹相思，蜘蛛結網恨無絲。花不年年在樹上，娘不年年作女兒。"《竹葉歌》曰："竹葉落，竹葉飛，無望飜頭再上枝。擔傘出門人叫嫂②，無望飜頭做女時。"《素馨曲》曰："素馨棚下梳橫髻，只爲貪花不上頭。十月大禾未入米，問娘花浪幾時收?"凡村落人奴之女，嫁日不敢乘車。女子率自持一傘以自蔽，既嫁人率稱之爲嫂。此言女一嫁不能復爲處子，猶士一失身不能復潔白也。梳橫髻者，未笄也。宜笄不笄，是猶不肯在花棚上也。十月熟者名"大禾"，歲晏而米不入。花浪不收，是過時而無實也。此刺

---

① 言，別本作"宮"。作"宮"是。
② 叫，"叫"異體。

淫女，亦以喻士之不及時修德，流蕩而至老也。有曰："大姐姐，分明大姐大三年。擔橖井頭共姐坐，分明大姐坐頭邊。"言女嫁失時也，妹自愧先其姊也。有曰："官人騎馬到林池，斬竿籈竹織筲箕。筲箕載綠豆，綠豆餵相思。相思有翼飛開去，只剩空籠掛樹枝。"刺負恩也。有曰："一更鷄啼鷄拍翼，二更鷄啼鷄拍胸。三更鷄啼郎去廣，鷄冠沾得淚花紅。"有曰："歲晚天寒郎不回，厨中煙冷雪成堆。竹篙燒火長長炭，炭到天明半作灰。"有曰："柚子批皮瓤有心，小時則劇到如今。頭髮條條梳到屁①，冤央怎得不相尋。"有曰："大頭竹笋作三椏，敢好後生無置家。敢好早禾無入米，敢好攀枝無晾花。"敢好者，言如此好也。其蛋女子蕩恣，如吳下唱《楊花》者，曰"縮髻"。有謠曰："清河縮髻春意鬧，三十不嫁隨意樂。江行水宿寄此生，搖櫓唱歌槳過滘。"槳者，搖船也，亦雙關之意。滘者，覺也。如此類不可枚舉，皆以比興爲工。辭纖艷而情深，頗有風人之遺，而采茶歌尤善。

粵俗，歲之正月，飾兒童爲綵女，每隊十二人。人持花籃，籃中然一寶燈，罩以絳紗，以絙爲大圈，緣之踏歌，歌十二月采茶。有曰："二月采茶茶發芽，姐妹雙雙去采茶。大姐采多妹采少，不論多少早還家。"有曰："三月采茶是清明，娘在房中繡手巾。兩頭繡出茶花朵，中央繡出采茶人。"有曰："四月采茶茶葉黃，三角田中使牛忙。使得牛來茶已老，采得茶來秧又黃。"是三章，則幾於雅矣。

東莞歲朝，貿食嫗所唱歌頭曲尾者曰"湯水歌"。尋常瞽男女所唱，多用某記。其辭至數千言，有雅有俗，有貞有淫，

---

① 屁，別本作"尾"。"尾"古體。

隨主人所命唱之，或以琵琶、篴子爲節。兒童所唱以嬉，則曰"山歌"，亦曰"歌仔"。多似詩餘音調，辭雖細碎，亦絕多妍麗之句。

大抵粵音柔而直，頗近吳、越，出於脣舌間，不清以濁，當爲羽音。歌則清婉瀏亮，紆徐有情，聽者亦多感動。而風俗好歌，兒女子天機所觸，雖未嘗目接詩書，亦解白口唱和，自然合韻。説者謂粵歌始自榜人之女，其原辭不可解。以楚説譯之，如"山有木兮木有枝，心悦君兮君不知"，則絕類《離騷》也。粵固楚之南裔，豈屈、宋流風多洽於婦人女子歟？

潮人以土音唱南北曲者，曰"潮州戲"。潮音似閩，多有聲而無字。有一字而演爲二、三字，其歌輕婉①，閩廣相半，中有無其字而獨用聲口相授，曹好之以爲新調者，亦曰"畲歌"②。農者每春時，婦子以數十計，往田挿秧。一老搥大鼓，鼓聲一通，羣歌競作，彌日不絕，是曰"秧歌"。

南雄之俗，歲正月，婦女設茶酒於月下，罩以竹箕，以青帕覆之，以一箸倒挿箕上，左右二人搹之作書，問事吉凶。又畫花樣，謂之"踏月姊"。令未嫁幼女且拜且唱，箕重時神卽來矣，謂之"踏月歌"。長樂婦女中秋夕拜月，曰"桗月姑"，其歌曰"月歌"。

蛋人亦喜唱歌。婚夕，兩舟相合，男歌勝則牽女衣過舟也。黎人會集，則使歌郎開場，每唱一句，以兩指下上擊鼓，聽者齊鳴小鑼和之。其鼓如兩節竹而腰小，塗五色漆描金作雜花，以帶懸繫肩上。歌郎畢唱，歌姬乃徐徐唱，擊鼓亦如歌

① 輕，別本作"清"。
② 畬，"畲"異體。

郎。其歌大抵言男女之情，以樂神也。

東西兩粵皆尚歌，而西粵土司中尤盛。鄺露云："峒女於春秋時布花果笙簫於山中，以五絲作同心結及百紐夗央囊帶之，以其少好者結爲天姬隊。天姬者，峒官之女也。餘則三五采芳於山椒水湄，歌唱爲樂。男子相與躑歌赴之，相得則唱詶終日①，解衣結襟帶相遺以去。春歌，正月初一，三月初三。秋歌，八月十五。其三月之歌曰'浪花歌'。"②

趙龍文云：猺俗最尚歌，男女雜遝，一唱百和。其歌與民歌皆七言而不用韻，或三句，或十餘句，專以比興爲重，而布格命意，有迥出於民歌之外者③。如云："黃蜂細小螫人痛，油麻細小炒仁香。"④又云："行路思娘留半路，睡也思娘留半牀。"⑤又云："與娘同行江邊路，却滴江水上娘身。滴水一身娘未怪，要憑江水作媒人。"猺語不能盡曉，爲箋譯之如此。

修和云：狼之俗，幼卽習歌，男女皆倚歌自配⑥。女及笄，縱之山野，少年從者且數十，以次而歌，視女歌意所答，而一人留。彼此相遺，男遺女以一扁擔，上鐫歌詞數首，字若蠅頭，間以金彩花鳥，沐以漆精使不落。女贈男以繡囊、錦帶，約爲夫婦，乃倩媒以蘇木染檳榔定之⑦。婚之日，歌聲振

---

① 詶，別本作"酬"。

② 〔明〕鄺露《赤雅》（卷上葉八、九，文淵閣四庫全書本）。文字稍異。

③ 迥，別本作"逈"。作"迥"是。

④ 麻，別本作"蔴"。

⑤ 牀，別本作"床"。

⑥ 倚，別本作"倚"。

⑦ 檳，別本作"檳"。本篇同。

於林木矣。其歌每寫於扁擔上。狼扁擔以榕爲之，又以五采齡作方叚①，齡處文如鼐爨②，歌與花鳥相間，或兩頭畫龍。猺則以布刀寫歌。布刀者，織具也。猺人不用高機，無箸無枝，以布刀兼之。刀用山木，形如刀，長於布之濶，銳其兩端，背厚而搚，如弓之弧，刃如弦而蕩，刳其背之腹以納緯，而窊其銳而吐之以當梭。緯旣吐，則兩手攀其兩端以當箸也。歌每書於刀上，間以五彩花卉明漆沐以贈所歡。獞歌與狼頗相類，可長可短。或織歌於巾以贈男，或書歌於扇以贈女。其歌亦有《竹枝歌》，舞則以被覆首，爲"桃葉舞"。有詠者云："桃葉舞成鶯睆睍③，《竹枝歌》就燕呢喃。"

廣東方言

廣州謂平人曰狑，亦曰獠，賤稱也。《北史》周文帝討諸獠，以其生口爲賤隸，謂之"壓獠"，威壓之也。謂平人之妻曰"夫娘"。夫娘之稱頗古。劉宋蕭齊崇尚佛法，閨內夫娘令持戒。夫娘謂夫人、娘子也。廣州則以爲有夫之娘也。東莞女子未字者稱曰"大娘"，已字稱"小娘"。衆中有已字、未字，則合稱曰"大小娘"。

廣州謂新婦曰"心抱"，謂婦人娠者曰"有歡喜"，免俛而未彌月曰"坐月"④，亦曰"受月"。謂子曰"崽"，《水經注》

---

① 叚，"段"之誤。

② 鼐，別本作"鼎"。本篇同。爨，"彝"異體。

③ 睆睍，別本作"睍睆"。作"睆睍"是。

④ 俛，妊身也。

"弱年崽子"是也。謂雲孫曰"黴"①，元孫曰"塞"。"息"訛爲"塞"也。謂父曰"爸"，曰"爹"，《南史》"湘東主人之爹"是也②。陽春謂外祖父曰"公爹"，外祖母曰"婆爹"，自稱則曰"儂"。高明謂外祖父曰"公低"，外祖母曰"婆低"。東莞謂曾祖曰"白公"，曾祖母曰"白婆"，或止稱曰"阿白"。

廣州謂母曰"嬭"，亦曰"媽"。媽者，母之轉聲，卽母也。亦曰"肥"。凡雌物皆曰"肥"。謂西北風亦曰"肥"，蓋颶與瘴皆名母，故西北風亦曰"肥"也。婦謂舅、姑曰"大人公"、"大人婆"，亦曰"家公"、"家婆"，賈誼曰"與公併倨"③、《列子》曰"家公執席"是也④。子女謂其祖父曰"亞公"，祖母曰"亞婆"。母之父曰"外公"，母之母曰"外婆"，母之兄弟曰"舅父"，母之兄弟妻曰"妗母"，母之叔伯父母曰"叔公"，曰"叔婆"。孫謂祖母之兄弟及妻曰"舅公"，曰"妗婆"。謂從嫁老婦曰"大妗"。醮子之夕，其親戚送花於新郎房中者，男曰"花公"，女曰"花婆"。子初生者曰"大孫頭"，子女末生者則名曰"薀"。新會則曰"長仔"，或曰"庢"。奴僕曰"種仔"。惠州曰"賴子"，言主人所賴者也⑤。

———————

① 黴，"黴"脫筆。

② 南史云云，實引《廣東新語》，〔唐〕李延壽《南史》作"始興王，人之爹"。

③ 引見〔西漢〕賈誼《新書》（卷十葉二十二，文淵閣四庫全書本）。

④ 引見〔戰國〕列御寇《列子》（卷二葉二十，文淵閣四庫全書本）。

⑤ 主人，屈大均《廣東新語》作"主人"（卷十一葉二十二，清康熙木天閣刻本）。作"主人"是。

廣州凡物小者皆曰“仔”。良家子曰“亞官仔”。耕庸曰“耕仔”。小販曰“販仔”。游手者曰“散仔”。船中司爨者曰“火仔”①。亡賴曰“打仔”。大奴曰“大獠”。嶺北人曰“外江獠”。小奴曰“細仔”。小婢媵曰“妹仔”。奴之子曰“家生仔”。蟆蛉子曰“養仔”。盟好之子曰“契仔”。姻婭之使役曰“親家郎”。東莞稱無賴者曰“趙仔”。又多以屎爲兒女乳名，賤之所以貴之。男曰“屎歌”②，女曰“屎妹”。謂賃田者曰“佃丁”，曰“田客”。賃地者曰“地丁”，曰“地客”。僦屋曰“房客”。巫曰“師公”、“師婆”。覡之夫曰“覡公”。瓊女賣檳榔者曰“山子”。猺之酋者亦曰“山子”。

廣州謂橫恣者曰“蠻”，又曰“蠻澄鋃”。鋃，劉鋃。澄，龔澄樞也。言其不循法度若此二人也。謂外省人曰“蠻果”。興寧長樂人曰“哎子”。海外諸㠯曰“番鬼”③。司柁者曰“柁公”、“梢公”，在船頭者曰“頭公”。二人爲舟司命，故公之，即三老也。搖櫓者曰“事頭”，《宋書》“蕭惠開有舫一餘，事力二三百人”④，事頭者，事力之首也。立桅斗者曰“班首”。司篙者曰“駕長”。打牽曰“牽夫”。香山謂佃而服役者曰“入倩”，謂田主曰使頭，其後反以佃户之首爲“使頭”。

廣州謂美曰“靚”。顛者曰“廢”。鯁直曰“硬頸”。迂

---

① 爨，同“爨”。火，別本作“伙”。
② 歌，“哥”之誤。
③ 㠯，“夷”古體。
④ 《宋書·蕭惠開傳》作“惠開有舫十餘，事力二三百人”（〔南朝梁〕沈約《宋書》卷八十七葉六，文淵閣四庫全書本）。

腐曰"古氣"。壯健曰筋節。輕捷曰"轆力"，言其力如車之
轆也。角勝曰"鬭"。轉曰"翻"。飲食曰"喫"。遊戲曰
"則劇"，雜劇也，訛雜爲則也。謂淫曰"姣"，姣音豪，又曰
"嫽毒"①。謂聰明曰"乖"。謂不曰"吾"。問何如曰"點
樣"。來曰"鰲"。溺人曰"碇"。走曰"趯"，取《詩》"趯
趯阜螽"之義②。攻治金鐵之器曰"打"。爲醮事曰"打醮"。
取事物曰"邏"。罵人曰"鬧"。挈曰"扱起"。東莞謂事訖
曰"劾"。遊戲曰"瞭"。順德曰"仙"，曰"欣"。新會曰
"流"。指何處曰"蓬蓬"③。順德謂欺曰"到"，《史記》張儀
曰："不如出兵以到之。"【索隱】曰："到，欺也。猶俗云
'張到'。謂張網得禽獸也。到，得也。張儀善欺，故謂欺人
者曰'張到'也。"以言託人曰"詇"，一作"映"。謂猨猿
者"魁摧"，出賈誼《哀時命篇》，卽《詩》之虺隤也。縫
衣曰"敇"④，《書》曰"敇乃甲胄"。凡細者"縫"，粗曰
"敇"。著裏曰"縫"，著邊曰"敇"也。

　東莞謂光曰"皎"。皎音劾。美好曰"灑"。持物曰
"的"。肥曰"凹"。肉熟曰"肦"，《禮記》曰"腥肆爓腍
祭"，注曰"肦，熟也"。爓，或爲膔也。廣州謂烹物曰
"膔"，亦曰"炠"也。謂港曰"涌"。涌，衝也，音沖。凡

---

① 嫽毒，屈大均《廣東新語》作"嫽毐"（卷十一葉二十三）。作
"嫽毐"是。

② 《詩·召南·草蟲》句（〔西漢〕毛亨傳〔東漢〕鄭玄箋〔唐〕
孔穎達疏《毛詩正義》卷二葉八，文淵閣四庫全書本）。

③ 蓬蓬，屈大均《廣東新語》作"蓬蓬"（卷十一葉二十三）。作
"蓬蓬"是。

④ 敇，許慎《說文解字》作"敇"（卷三支部）。本篇同。

池沼皆曰“塘”。其在江中者亦曰“塘”，若白蜆塘、蠔塘、菱角塘是也，猶合浦海中之珠池。凡水皆曰“海”，所見無非海也。出洋謂之“下海”，入江謂之“上海”也。出洋曰“開洋”，亦曰“飄洋”。謂潮曰“水”，潮起則曰“水大”，潮落則曰“水乾”。廉、欽州謂潮以朔望而大者曰“老水”，日止一潮者曰“子水”。謂水通舟筏者曰“江”，不通舟筏者曰“水”，二水相通處曰“滘”。稱山之有林木曰“山”，無者曰“嶺”。

廣州謂門橫關曰“閂”。謂帆曰“䑹”。綯索曰“纜”，旁出者曰“纜枝”。小舟曰“艇”。泅水曰“游”，《南州異物志·贊》①：“合浦之人習水善游。”芟艸曰“薅艸”，亦曰“勞”。諺曰：“耕而不勞，不如作暴。”樹橵水中以掛罾曰“罾戚”②，亦曰“罾門”。西寧謂魚種曰“魚口”。小豬曰“豬口”。廣州謂卵曰“春”，曰“魚春”，曰“蝦春”，曰“鵝春”、“鴨春”。數食籮曰“幾頭”，晉元帝謝賜功德淨饌一頭是也。數檳榔曰“幾口”，陸倕謝安成王賜檳榔一千口是也。亦曰“幾子”，陳少主嘗敕施僧智顗檳榔二千子是也。數蕉子曰“幾梳”，蘇軾詩：“西鄰蕉子熟，時致一梳黃。”③ 謂衣一套曰“一沓”，沓，襲也，訛襲爲沓也。楮錢一片曰“一佰”。線縷一絡曰“一子”。一家曰“一主”。一熟曰“一造”。擲骰子者一擲曰“一手”。禽之窠曰“鬮”。雌雞伏卵曰

① 《南州異物志》，〔三國吳〕萬震撰。

② 罾，同“罾”。

③ 實爲〔北宋〕唐庚《立冬後作》詩句（《眉山集》卷四葉八，文淵閣四庫全書本）。

“哺鬬”。石湖云：“雌雄曰一鬬，十雞併種，當得六鬬是也。”① 瓊州數尚六，禾六束曰“一把”，錢六百孔曰“一貫”，物六十觔曰“一擔”②。萬州則以禾十二把爲“一擔”。潮陽以錢八十爲一佰，曰“東錢”。築墻縱横一丈曰“一井”。

化州石城間，貧者欲避火門，於野外搆茅以棲，名曰“艼”③。雷州有艼村，有蒲艼，有新艼島。吳川有芷艼鎮。瓊有芒艼港。儋有郎艼墟。定安有坡艼市。萬有黎艼都。樂會有薄艼瀄陂。會同有李艼塘。文昌有罟艼墩④。黎峒有岑艼、黑艼、居艼、陳婆艼。自陽春至高、雷、廉、瓊，地名多曰那某、羅某、多某、扶某、過某、牙某、峩某、陀某、打某。黎岐人姓名亦多曰那某、抱某、扶某。地名多曰那某、湳某、婆某、可某、曹某、爹某、落某、番某。其近漢者多曰㚢某，㚢音不。香山中秋夕劇飲月下曰“飳中秋”。發引之日役夫蹋路歌以娛尸曰“踏鷓鴣”。

海豐方言，其濵海者大約與潮相近。如髻曰“莊”，鼻曰“鄙”，耳曰“繄”，鬚曰“秋”，鴨曰“啞”，牛曰“悟”之類。其屬於山者，語又不同。謂無曰“冒”，我曰“碍”，溪曰“階”，嶺曰“諒”。其蛋人，則謂飯曰“邁”。筯曰

---

① 〔元〕馬端臨《文獻通考》引作：“客或誤殺其一雞，則鳴鼓告眾，責償曰：某客殺我一雞，當償一鬬。一鬬者，雌雄各一也。一雄爲錢三十，一雌五十。一鬬每生十子，五爲雄，五爲雌。一歲四産，十雞併種，當爲六鬬。六鬬當生六十雞，以此倍計，展轉十年乃已。”（卷三百三十一葉十一，文淵閣四庫全書本）

② 擔，别本作“担”。

③ 艼，同“寮”。

④ 罟，同“罟”。

“梯”。碗曰“愛”。瓦盆曰“把浪”。拿網曰“今網”。狼人謂父曰“扶”。我曰“留”。彼曰“往”。女謂男曰“友友”，又曰“友二”。男謂女曰“有助”。謂娶曰“換”。野郎曰“苦郎”。那家曰“扶閭”。有心有意曰“眉心眉意”。扁擔曰“閑”。木曰“肺”。以榕木擔相贈，曰“送條閑肺榕”。頭曰“圖”。有歌曰“三十六圖羊”、“四十雙圖雞”。獞謂花瓣曰“花胍”①。花朵曰“花桃”。猺謂魚曰“牛”。不曰“陷”。有歌曰“牛大陷到石頭邊”。謂兄曰“表”。來曰“大”。有歌曰：“表大便到木橫底，娘大便到木橫枝。”峯人謂火曰“桃花溜溜”。謂飯曰“拐燶”。

瓊語有數種，曰“東語”，又曰“客語”，似閩音。有西江黎語，有土軍語、地黎語。地黎稱峒名有三字者，如那父爹、陀橫大、陀橫小之類。有四字者，如曹奴那紐、曹奴那勸②、曹奴那累之類。有六字者，如從加重伯那針、從加重伯那六、從加童伯那摽之類。有七字者，如從加重伯那白吾之類。其山多曰“鷓鴣啼”，村多曰“荔枝”。

廣州語多與吳趨相近，如鬚同蘇，逃同徒，豪同塗，酒同走，毛同無，早同祖，皆有字有音。潮州或無字有音，德慶亦然。新會音多以平仄相易，如通作痛，痛作通。東莞則謂東曰凍，以平爲去。謂莞曰“官”，以上爲平。香山謂人曰“能”。番禺謂人曰“寅”。東莞之南頭謂刀曰“多”。增城謂屋曰“竁”③。

---

①　胍，同“脈”。
②　勸，同“勸”。
③　竁，同“竄”。

廣州謂父又曰"爸"，母曰"嬭"。或以"阿"先之，亦曰"亞"。兒女排行亦先之以"亞"。謂視不正曰"七斜"①。七音哶②。射覆曰"佸"③。以刀削物曰"剃"，音批。細切物曰"剩"，音速。削去物曰"劈"，音撇。食飽曰"餉"，音救。以鼻審物曰"嗅"，許用切。謂多曰"够"。少曰"不够"，音遘。謂無尾曰"屈"，音掘。謂人無情義者，亦曰"屈"。謂腿曰"屓"，音彼，髀也。以手搓物曰"挪"，音儺。以手按物曰"捺"，難入聲。以拳加物曰"揞"，音釵。以手覆物曰"揞"，庵上聲。以指爬物曰"揪"，烏寡切。般運曰"捷"，連上聲。積腐穢曰"攧搉"。漱口曰"救口"，救音朔。謂人愚曰"猳㺊"。怒目視人曰"瞵"，音利。謂田多少曰"幾岭"。肉動曰"膩"，音徹。瘡腫起曰"臂"，興去聲。以足移物曰"躞"。裸體曰"觔䟏"，音赤歷。不謹事曰"邋遢"。鼻塞曰"鼻齆"，音甕。露大齒曰"齙牙"。新婦入門，使親屬老婦迎之，曰"攙步"。是夕夫婦同牢食曰"煖房飯"。次早見舅姑親屬獻幣帛悅履曰"荷惠"。冬至圍爐而食曰"打邊爐"。元夕黏詩藏謎以示博物通微曰"打燈"④。以鵝翎貫皮錢踢之曰"踢毽"，毽亦曰"燕"。謂雲腳疎直曰"風路"。不知人之來歷曰"不知風路"。龍門謂娶婦時置酒延賓以迎之曰"接路"。高要人謂壻曰"郎家"。女巫曰"鬼魃"。

---

① 七，"乜"之訛。下文"七音哶"同。

② 哶，同"哶"。

③ 佸，別本作"姑"。作"佸"是。

④ 微，通"微"。

捕魚

其漁具多種：最大者曰"罛"①，次曰"罾"。

罛之類，有曰"深罛"，上海水淺多用之。其深六、七丈，其長三十餘丈。每一般一罛②。一罛以七、八人施之。以二罛爲一朋，二船合則曰罛朋。別有船六、七十艘佐之③，皆擊板以驚魚。每日深罛二施，可得魚數百石。有曰"緵罛"④，下海水深多用之。其深八、九丈，其長五、六十丈。以一大緵爲上綱，一爲下綱。上綱間五寸一藤圈，下綱間五寸一鐵圈。爲圈甚衆，貫以緵以爲放收，而以一大船爲罛公，一小船爲罛姥。二船相合，以罛連綴之，乃登桅以望魚。魚大至，水底成片如黑雲，是謂"魚雲"。乃皆以石擊魚使前，魚驚廻以入罛。魚入，則二船收緵以闔罛口，徐牽而上。有曰"板罛"，以小船施之。小船有罛姥而無罛公，故一名"罛姥船"。有曰"圍罛"，製如緵罛而小，深二、三丈，廣七、八十丈。連合二罛爲一圍，以二船一前一後施之，亦以板驚魚。凡魚首有石者皆驚入罛，無者則否。首有石者曰"黃花"，曰"鯛"，曰"獅"曰⑤。

置罾竿墜而起之。有曰"絞罾"，形亦方，周五丈餘，以

---

① 罛，同"罟"。

② 般，"船"之誤。

③ 艘，同"艘"，別本作"搜"。作"艘"是。

④ 緵，別本作"索"。

⑤ 此句有脫文，亦微有誤。屈大均《廣東新語》作："首有石者曰黃花，曰鯛，曰獅子，曰鯀魚，曰鷁，曰鱸，曰馬鱭，曰鱸，此八者善驚。"（卷二十二葉十七）

四角繫於柱中於之①。人在岸上離罾十餘丈，魚至則轉轆轤以起之。此罾之事也。大抵罛皆用於海，罾則用於江。罾之利常不如罛。罛者，漁具之可大得志者也。

罾之外，有以箔者，以籠者，以塗跳者，以跳白者。

箔，以堅竹編之。每一箔，其崇五尺，廣丈。漁者嘗合五十箔而爲一，其長五十丈。虞其過大，則箔口爲魚房二重以藏魚。歲三月，大禾已蒔，魚始上田。漁人以箔三方依田塍，一方依水，潮至則張而大，潮退則卷而小，是爲塞箔。箔亦曰“簄”。陸龜蒙詩：“織作中流萬尺簄。”② 故凡以石爲梁絶水者曰“洪”，以竹爲梁取魚者曰“簄”，亦曰“滬”。皮日休《漁具詩》：“列竹於海澨曰滬。”今有滬瀆是也。

魚籠長五、六尺，寬二尺，口通尾塞。以山藤繫之，置於上流，魚入則爲倒叩鬚所胥③，不能出。又中置樹枝以聚魚。

塗跳以木爲之，長三、四尺，厚半寸，首尾翹然，狀若上弦之月，前有二木直之，上有一木橫之，其底則舟而兩旁無牆，所謂撬也。當海水乾落，魚、蝦、蛤、鱔之屬膠黏淺沙，跣踏之，輒深入漸泇，不可得。漁者於塗跳曲其左足，而以右足踔泥，左扶橫木而右手捃拾，板輕坦滑，擿行若飛，葢大禹泥行之所乘者也。

跳白者，船也。其製小，僅受一人，於灣環隈澳間，乘暮入焉。乃張二白板於船旁而鳴其榔，魚見白板輒驚眩入網。然

---

① 於，“放”之訛。

② 〔唐〕陸龜蒙《寄吳融》詩句（《甫里集》卷八葉三，文淵閣四庫全書本）。

③ 胥，同“胃”。

諸魚不驚，惟鱭、鱸、鮪三者驚。三者味甘美，故粵人最重跳白之魚。魚以曉散而暮聚，聚必於水之涯涘。故跳白船之出以暮而多在岸草蒙茸之際①，無風波患。

其照公魚，則以火枝搖颺，公魚搶火，乃以罾漉之。取花魚則以藤竹爲竿。竿長丈有三寸，貴軟而輕。以左紐絲爲線，長丈有四寸，繫以四鉤。鉤分四方，施於沙泥之上。足輕手疾，日可得花魚半石。花魚者，七星魚也。取鮞魚以釣。其竿五尺，繫以天蠶之絲，餌以公魚騰鮮。取鰣以潑生釣，以輕絲爲之，往來游腸②，則不損其鱗。取河豚以秋潮始盛，垂千百鉤於網中。河豚性嗔，觸網輒不去，欲與網鬬，以故往往中鉤。又或以一大繩爲母，以千百小繩爲子，子繩繫於母繩之末，而母繩之末各繫一鉤，一河豚中鉤，則衆河豚皆中鉤，是名"兄弟釣"③，亦名"拖釣"。其鉤皆空，不以弭④。亦子曰鯇魚，曰鱅⑤，曰鱸，曰馬鱭，曰鱷，此八者善驚。⑥

有曰"墻罛"，則以綟罛爲之，專以取鱭白及黃白花魚，亦曰"黃花罛"。每一船一罛。罛深六、七丈，長三十餘丈。相連數百千罛以爲一墻，橫截海水。魚觸墻罛，不能去，大

---

①　蒙，"蒙"脫筆。

②　腸，屈大均《廣東新語》作"颺"（卷二十二葉二十）。作"颺"是。

③　釣，別本作"鉤"。本篇同。宜作"鉤"。

④　弭，屈大均《廣東新語》作"餌"（卷二十二葉二十）。作"餌"是。

⑤　鱅，屈大均《廣東新語》作"鱅"（卷二十二葉十七）。

⑥　"子曰鯇魚"至"此八者善驚"錯簡，爲前文"首有石者曰'黃花'，曰'鱷'，曰'獅'曰"以下所脫漏的內容。參 21 頁注⑤。

小罃積。起罟時，魚多不可勝取，每割罟之半以放魚。大抵緵罟疎，專以取大魚。春則取鱠白、鰶，冬則取黃花。一歲僅兩用之。圍罟密，以取雜魚，終歲用之。此罟之事也。

罾之類有曰"緱罾"。其形四方，廣三丈有六尺，以舟施之，以二竹爲罾子。竹長四十丈許，上有多圈，貫繩以爲放收，而爲一罾椏以架罾。魚至乃下罾，以石擊魚。

有曰"沉罾"。沉音朕，方言也。長十餘丈，口大而尾小，尾旁有一穴以出水母及鱟魚之屬，而浮二木於水中以支罾口。又於水中置二水攪木以繫支罾口之木，是曰"罾門"。其口廣三丈有六尺，常向上流，潮緩則罾口合，急則口張而魚大入。凡一沉罾，以紵麻十二石爲之，九人昇之。罾之巨者也。

有曰"知州罾"。其廣丈餘，樹二木於水中以繃罾，是曰"硬門"。常浮而不沉，費人力少。罾之小者也。

有曰"車罾"。其形方，以三石，曰"生釣"。然生釣之河豚多雌者。雌者多子，味不美。惟南亭海心岡撒網而取者，其河豚多雄。雄者多膄①，味絶美。

取貼沙魚以細釣。先一夕放之江中，次日乃收。一細釣有鉤數百，漁者夫婦各放細釣至數千，好水旬則得貼沙數十百斤矣。細釣以蝦以七星魚或蚯蚓爲弭②。鯛魚亦如是取。是皆番禺茭塘各鄉取魚之具也。

---

① 膄，同"膄"。雄魚之精子。

② 弭，別本作"餌"。作"餌"是。

卷　二

梅嶺

　　梅嶺者，南嶽之一支。《星經》曰"南戒門户"①。《漢書》曰"臺山"。《輿地志》曰"臺嶺"。其名不一。其曰"秦關"者，以始皇三十四年所適治獄吏不直者所築也②。《南康記》云"南野三十里至橫浦，有秦時關，其下曰塞上"是也③。南越吕嘉叛，殺漢將軍韓千秋，函封使者節置塞上，即此，故又曰"漢塞"也。曰"東嶠"者，以居五嶺東偏也。曰"臺"者，以高而平。曰"嶠"者，以高而峭鋭。臺專言梅嶺，嶠則兼言五嶺也。五嶺，一嶺也。其在東則爲梅嶺也。然自昔皆以梅嶺爲五嶺之第一嶺也。五嶺皆越門，若臺關則秦所築，故亦曰"秦南門"也。漢之北塞至寒門，南塞至暑門。

----

　　①　有先秦時甘公、石申所撰《星經》（一卷），所謂《甘石星經》者，也有佚名所撰《星經》（二卷）者。此不知云何。

　　②　適，别本作"讁"。

　　③　《南康記》有兩種，一〔隋〕鄧德明撰，一〔隋〕王韶之撰，均已佚。

臺關又暑門之大者也。以其山曰“臺山”，故關亦曰“臺關”，又曰“橫浦關”。而梅嶺之名，則以梅銷始也。銷本越句踐子孫，與其君長避楚，走丹陽臯鄉，更姓梅，因名臯鄉曰“梅里”。越故重梅，向以梅花一枝遺梁王，謂珍於白璧也。當秦并六國，越復稱王。自臯鄉踰零陵至於南海，銷從之，築城滇水上，奉其王居之，而銷於臺嶺家焉。越人重銷之賢，因稱是嶺曰“梅嶺”。其曰“大庾嶺”者，漢元鼎五年，樓船將軍楊僕出豫章，擊南越，裨將庾勝城而戍之，故名“大庾”。其東四十里，勝弟所守，名小庾。是則嶺名梅以銷，嶺名庾以勝兄弟。秦之時嶺名梅，漢之時嶺名庾也。然漢時亦稱梅嶺。《史記》云“漢破番禺，東越兵不至，楊僕請請從便擊之，上令屯豫章梅嶺以待命。餘善聞之，遂反。入白沙武林梅嶺，殺三校尉。上乃遣僕出武林，王溫舒出梅嶺擊之”是也①。然此或豫章梅嶺也。《史記》【索隱】云：“豫章三十里有梅嶺，在洪崖山，當古驛道。”② 要之，梅嶺皆以銷名，非以梅。葢銷奉其王自梅里至豫章，又至臺山，亦名臺山曰“梅嶺”，其姓爲梅，復從梅里，至以臺山爲梅嶺，猶之乎以臯鄉爲梅里也。

五嶺

五嶺之稱，始《史記》。“《張耳傳》曰秦南有五嶺之戍。師古曰西自衡山南，東窮海，一山之限耳，而別標五者。裴淵《廣州記》曰：‘大庾、始安、臨賀、桂陽、揭陽是爲五嶺。’

---

① 引見《史記·東越列傳》（〔西漢〕司馬遷《史記》卷一百十四葉四，文淵閣四庫全書本）。

② 似爲〔清〕郝玉麟《廣東通志》引文（卷六十四葉二十）。

鄧德明《南康記》曰：‘大庾一，桂陽騎田二，九真都龐三，臨賀萌渚四，始安越城五。’《輿地記》：‘一曰臺嶺，一曰塞上，卽大庾也。二曰騎田，三曰都龍①，四曰萌渚，五曰越嶺。’”方以智謂“九真太遠，當以裴説爲是。”王伯厚曰：‘騎田卽彬州臘嶺②，都龐卽道州永明嶺，甿渚卽道州白芒嶺。則道州有二，可疑也。’”③　大抵五嶺不一，五嶺之外，其高而橫絶南北者，皆五嶺，不可得而名也。

三峽

自英德至清遠有三峽：一曰“中宿”，一曰“大廟”，一曰“滇陽”。大廟介二峽之間，尤險陘，故尉佗築萬人城於此。漢楊僕先陷尋陝，姚氏云“尋陝在始興三百里，地近連口”④　卽此，然其險葢與蜀異。蜀三峽其險在灘，粤三峽其險在峽。自皋石山而下，危巒峻巘，爲鐵步障，爲玉屏，凡數百里不斷。其在中宿者，有南北二禺。南禺峰三十有六，北禺少其四。峰峰相抱，一水縈廻而出，水如環肉，北禺爲之好，而北禺之山且憩⑤，南禺之山且行。行而南以東，至廣州爲白雲諸峰，又東至海上爲羅浮。其憩者聳而爲峰，兩兩壁合，鑱銳絶特，望之若攢玉揷天。其下蒼磴屈盤，箐叢茂密，臨危飛

----

① 龍，“龐”之誤。

② 臘，“臘”俗體。

③ 引見〔明〕方以智《通雅》（卷十四葉十八，清文淵閣四庫全書本）。文字稍異。

④ 引見《史記·南越尉佗列傳》（卷一百十三葉九）。

⑤ 憩，別本作“憇”。作“憩”是。

石，與古木互相撐拒①，往往有崩陷之患。蓋粵山之第一險。南禺路陡絕，挽舟者率從北禺，衣鈎筜窐②，乍卻乍前。至滇陽，路益緊束，彼此繩索相牽，騰藉而上，踝血沾溉利石，往往至劇。陳巖野先生詩云："雙峰若人立，舉手相攀摘。步障四十里，愷崇勢均敵。磴道雖新鑿，猿猱苦絕壁。往年胥牽夫，山鬼至今嗅。"③ 其險如此。

連峽

自涯口西北行，有數坻石橫江，狀若橋，云神人之所設。灘勢澎怒，篙者胸腫痛，鈎者手酸，十人之力嘗不給。上一峽不知其名，連峽自此始。越三十里，又一峽。下有豆豉村，望前山如千葉芙蓉，半包半解④。解者爲峰巒，包者爲石，絕與西華相似。峰峰有樹，樹樹有峰，瀑布橫穿而出。其不成瀑布者，紛披四注如雨雪。密葉叢箐中，有影無聲，每與猿鳥幽咽。此連峽中第一境，如此者二十餘里。上一峽，絕壁頗寬廣，上有石窟數口，前後相穿，緪藤梯棘，從峰鏄而上⑤，人力營治飛巢⑥，爲避亂之所。自此水益灣環，灘益高，石益廉利。魚陂高低，水車砍擊，舟行益艱苦。既至陽山縣，縣西二

---

① 撐，屈大均《廣東新語》作"撐"（卷三葉六）。

② 窐，同"窐"。

③〔明〕陳邦彥《滇陽峽》詩句（屈大均《廣東文選》卷二十九葉十四）。

④ 解，別本作"觧"。本篇同。"觧"，"解"俗體。

⑤ 鏄，"鏄"之誤。

⑥ 人力，屈大均《廣東新語》作"人方"（卷三葉十二）。作"人方"是。

里有石刻，曰"韓文公釣磯"。磯左爲祠，一石刻文公像，爲
南海陳昂所寫。城絕卑小，郭外屋高於城，茅茨數十間，火烟
寥落，文公所云"隔江荒林密箐，小吏十餘家，鳥言夷面"①，
今恍然在目也。二十里至老牙、大理二峽。夾壁欹叠②，狀若
頹城。無數古木支拄③，石色蒼綠，皆作雲水紋，松、杉、茶
子諸樹冪之④。怪藤千尺，多有黃猿嘯牽而下，或戲丸墮之空
中，猶能翻接柔枝。已入晾紗峽，水叩石牝，嗚咽有聲，水石
相吞，久之始答。有數複巖噴水，從風飄滴，峽盡猶沾濡不
已。又入一峽，名"同冠"，壁之石皆爲白笋芽。叢乳葳蕤⑤，
倒披而下。有一洞甚大，多文石。丹青綺分，樹影森沉，瀑光
明滅，駐舟其下，久之，峽轉峰旋，舟層層如入螺尾，乍出陰
崖，乍入陽竇，凄神寒魄，一日不知幾變。一潭曰"龍湫"。
湫旁有三穴甚深。水出穴中爲瀑布者二。上有洞，洞中石柱無
數。自上生下，復自下生上，望之有如堂厦。又有小瀑布五、
六道，與峰上諸水相連爲大水簾。其前有灘，灘上爲芉跳
峽⑥，言峽小芉可跳而越也。一巨石塞峽，沿石角欹側過之。
一巖張其口，若吸舟狀。數里得楞伽峽。峽勢欲墮，兩崖相
硞。石皆雕鏤通透，如破蓮蓬。內外有懸乳千萬枝，長者踰千

①　〔唐〕韓愈《送區册序》句："夾江荒茅篁竹之間，小吏十餘
家，皆鳥言夷面。"（〔宋〕廖瑩中《東雅堂韓昌黎集註》卷二十一葉
一，文淵閣四庫全書本）

②　叠，"疊"俗體。

③　拄，別本作"挂"。作"拄"是。

④　冪，同"羃"。

⑤　蕤，"蕤"異體。

⑥　芉，"羊"古體。

尺。白者成人，黑者成物。石脈所出者色多白，石膚所出者多黑。有一大瀑布作數折，大風一激，騰躍三、四峰乃散。一石人傳爲丁蘭所化。旁多篆刻，苔蝕不可讀。越半里，林上又一瀑布，參差與數折者對，土人謂之“雙龍灌水”①。水在峽中又絕異，日光所蕩，含艸色則綠，含石色則靑。亦多金沙丹礫，粼粼可拾②。自此至銅鼓、龍涎二峽皆然。龍涎去連州南五里，其水發源九陂，流二十里或隱不見，乃自峽之腰吐一小乳，噴薄而出，因曰“龍涎”。

諸峽

嶺南之山，自西、自北、自西北、自東北，皆兩山相夾成峽。西自德慶至高要，有大湘、小湘、羚羊三峽。北自英德至清遠，有滇陽、香爐、中宿三峽。西北自樂昌、平石下六瀧，有泠君③、藍豪二峽。東北自連州至連溪口，有楞伽、羊跳、同冠三峽。而樂昌二峽尤險，其險在六瀧，六瀧之險在水，諸峽之險在山。連州兼山水之險。羚羊峽山水稍平。東上揭陽，則蓬辣、烏蠻諸灘亦甚險，蓋以居上流多石故也。

白雲山

白雲者，南越主山，在廣州北十五里。自大庾迤邐而來，旣至三城，從之者有三十餘峰，皆知名。每當秋霽，有白雲蓊鬱而起，半壁皆素，故名曰“白雲”。其巔爲摩星嶺，嶺半有

---

① 灌，“灌”俗體。

② 粼，同“粼”。本篇同。宜作“粼”。

③ 泠，別本作“冷”。作“冷”是。詳見卷三“昌樂瀧”篇。

寺，亦曰“白雲”。左一溪曰“歸龍”，其上飛流百仞，盤舞
噴薄，陳宗伯潚以爲湖①。湖東北爲樓館十數所，環植荔枝、
梅、竹之屬，名“雲淙别業”。下有古寺二，右景泰，左月
溪，林徑水石皆絶異，黎太僕譬之仙女見人②，散髮垂腰而姿
態自遠，絶不染烟火之氣。亦一説也。月溪下有九龍泉，流爲
大小水簾，志所稱“重重挂玉簾”處③。其北爲鶴舒臺，安期
昔上昇，有白鶴舒翅以迎，故曰“鶴舒”。

又北一里有峰曰“寶象”，上有動石，游人叱之輒動。前
有泉，因虎跑而得，甚甘。其西南五里有太霞洞，泰泉之水出
焉，故有李忠簡玉虹飲澗亭、小隱軒及孫典籍白雲山房④，今
皆廢。

又一里有洞曰“玉虹”，其南曰聚龍岡，折而西有宋高宗
御書閣。

又七里爲蒲澗水，安期舊居此，始皇遣人訪之，太白詩所
云“秦帝如我求，蒼蒼向烟霧”是也⑤。記稱：安期將李少君

① 陳宗伯，〔明〕陳子壯，字集生，號秋濤。潚，别本作“豬”。
作“潚”是。
② 黎太僕，〔明〕黎遂球，字美周，贈太僕寺卿，謚忠愍。
③ 引見〔明〕郭棐《廣東通志》（卷之十四葉二十五，明萬曆三
十年刻本）所引〔南宋〕方信孺《大小水簾洞》詩：碧澗東西春水添，
四時疏雨落晴簷。珠宮貝闕無尋處，空見重重掛玉簾。（《南海百詠》葉
二十一，清光緒八年刻本）
④ 李忠簡，〔南宋〕李昴英，字俊明，號文溪，謚忠簡。孫典籍，
〔明〕孫蕡，字仲衍，翰林典籍。
⑤ 〔唐〕李白《古風五十九首》之十八詩句（《李太白文集》卷一
葉六，文淵閣四庫全書本）。“蒼蒼向烟霧”原作“蒼蒼但煙霧”。

南之羅浮，至此澗，采菖蒲一寸十二節者服之，以七月二十五日仙去。今郡人多以是日采菖蒲，沐浴靈泉，以祈霞舉。而宋時郡守嘗釀士大夫往遊，謂之"鰲頭會"云。澗旁有寺曰"蒲澗"，前爲丹井，水甘溫，微有金石氣。其陽有滴水巖，水瀊微不斷，無風則滴，有風則不滴。上有一石，狀懸鐘，人至輒鏗然有聲。其下又有水簾，濺灑如霧，時大時小，下注爲流杯池。沿澗而南爲文溪，爲上、下二塘，至粵秀山麓，則分流爲二：左曰"菊湖"，右曰"越溪"。又會東溪之水，至此山下爲甘溪，冰馳雪驟，喧豗震山，是曰"韽韽水"[1]。吳刺史陸允、唐節度使盧均常疏瀹以通舟[2]，胤傳云"州治臨海，海流秋鹹，胤畜水，民得甘食"是也[3]。均又築堤百餘丈，瀦水給田，建亭樹其上，列植木棉、刺桐諸木，花敷殷艷，十里相望如火。僞南漢引以流觴，與宮人荒宴，稱"甘泉苑"。

　　是山之勝尤在水，其大水凡二：其源於月溪者爲溪一，曰"雙溪"[4]。溪本一而名曰"雙"，以其上爲月溪而下復爲此溪也。溪上瀑布交流，陳宗伯嘗築邀瀑亭焉。其源於泰泉者爲澗一，曰"蒲澗"。澗流爲溪者二而湖一。

――――――――――

　　[1]　韽韽水，甘溪別稱。〔清〕任果《番禺縣志》："甘溪陸公亭在城東北五里北山下……五代南漢廣爲甘泉苑，中有泛杯池、避暑亭，卽今韽韽水也。韽，披江切。言其水聲韽韽也。"（卷之五葉十六，清乾隆三十九年刻本）

　　[2]　陸允，屈大均《廣東新語》作"陸胤"（卷三葉十八）。疏，別本作"流"。作"疏"是。

　　[3]　胤，"胤"異體。引文見〔晉〕陳壽《三國志·吳志》（卷十六葉十五，文淵閣四庫全書本）。

　　[4]　雙，"雙"異體。

羅浮

蓬萊有三別島，浮山其一也。大古時浮山自東海浮來與羅山合①，崖巘皆爲一。然體合而性分，其卉、木、鳥、獸至今有山海之異。浮山皆海中類云。漢志云：博羅有羅山，以浮山自會稽浮來傅之，故名“羅浮”。博，傅也。傅轉爲博也。浮來博羅。羅小，浮博而大之。羅卑，浮博而高之。故曰“博羅”也。或曰：羅山亦蓬萊一股，故浮來依之。羅主而浮客，客蓬萊而依主蓬萊，故袁宏、竺法真作登山疏，皆言羅而不及浮，言主而客在其中也。然羅爲浮主，而羅浮之東麓有博羅之白水山焉，西麓有番禺之白雲山焉，與之鼎立。人亦以爲三島，則羅浮又爲白水、白雲之主矣。其峰四百三十有二，羅與浮半之。遊者自西而入，則羅多而浮少。自東而入，則浮多而羅少。

羅之巔曰“飛雲”。其西有三峰，亦峭絶鼎峙，往往中夜可候日，而浮山極巔，每當雨霽，白雲洶湧四出，大風蕩漾，乍往乍廻，若尚在大海之中浮而未定，嘗欲遠於羅山然者。或曰：首陽、大崋一山而分②，羅與浮二山而合，實有巨靈主之。分之者，所以通黃河。合之者，所以鎮南海。然二山下合而上分，其巔有分水凹，是曰泉源，山之交嶼也。水分於西則爲羅，分於東則爲浮。浮之水與羅相吞吐，羅之山與浮相補綴。水分其上而山合其下，故觀其合而得山之情狀焉③，觀其

---

① 大，別本作“太”。
② 崋，同“華”。
③ 觀，“觀”俗體。

分而得水之情狀焉。當二山之交，有磴穹然，如衡二砥柱[①]，峙其兩端而色蒼黟[②]，是曰"鐵橋"。非橋也，一石飛空，壘壘數十百丈，上橫絕巘，下跨懸厓，以接二山之脉，故曰"橋"也。蓋浮山善浮，下有浮碇岡以定之，上又有鐵橋以貫之，而後與羅長合而不離也。

山故有二鐵橋，皆天生石梁，而此爲上鐵橋。其在大石樓南者曰"下鐵橋"。大石樓在上鐵橋西，相去五里許，有小石樓。三石對峙，上下俱方，峻削嶄空，岌岌欲墮。登之則重簷四柱，窗戶相通[③]，烟霞開闔，常若有人往來。度其高，僅得山頂十分之四，然俯視滄溟，夜半見日，亦不減飛雲之上焉。二石樓兩峰相際，其脊乃鐵橋。故凡登飛雲者，自二橋而上，必度此橋，率以此爲鐵橋矣，不知乃下鐵橋也。蓋石橋二以大小分[④]，鐵橋二以上下分也。

下鐵橋西有一大瀑布，所謂分水嶺泉源爲二山之界者。羅浮瀑布凡九百八十有奇，流爲長溪者七十有二，瀦爲潭七，爲神湖一，爲淵池者六。天下名山未有瀑布多於此者。

西樵

廣州有三樵：曰"東樵"，曰"南樵"，曰"西樵"。西樵者南海之望，而東樵羅浮之佐也。去廣州治西百餘里。奇秀

---

① 衡，別本作"衡"。宜作"衡"。

② 黟，即"黝"，刊誤或避諱缺筆。

③ 窗，別本作"窻"。皆同"窻"。

④ 橋，屈大均《廣東新語》作"樓"（卷三葉二十一）。作"橋"是。

峭拔，挹雲霄而上之，望若青蓮之華，而四面方立，立皆内向。諸峰大小相聯屬，皆隱於削成之中，又若芙蕖之未開然者。山之東凡二十峰。南十有五。西十有八。北亦十有八。合爲七十二峰，而以大科爲絕頂。巖二十有一。洞有十。其飛泉散出於諸峰間，乍合乍分。合者爲臥泉。分者爲立泉。狀各不一。凡泉三十有二。其一在噴玉巖。一在錦巖。一在漱玉巖。二在垂虹洞左右，交流如雙虹下飲，故曰“垂虹”。又有二泉在雲谷中，羣峰廻合，勢若層城。有白沙書院，瀑布左右夾之，合流行石上，委曲數里，從巖頂噴飛，因名其下巖曰“噴玉”。又有泉二在天峰：左者曰左天泉，右者曰右天泉。合奔雲谷，注於九曲之溪。有二亭：曰“左瀑”，曰“右瀑”，以收其勝。其在廣朗洞口者，凡作三級，逶迤而下，冰轟雪吼，倒射青冥，勢益暴。又一在水簾洞，是曰“水簾”，爲九曲溪下流。披灑壁間，霏微若珠箔。又一在雲端村。其曰“瀉錢泉”者，從空細下，傾擊有聲。石薄巖虛，琤琤相應，亦一瀑布也。其在碧玉洞者，擘厓而出，橫直恒無定勢，餘氣爲烟爲霧者，冥濛竟數十丈，望之常若非泉然。蓋自噴玉巖至此，爲飛泉者十有三矣，而以此碧玉之瀑爲最奇。

霍山

霍山在龍川縣北，周旋七十餘里。爲峰三百七十有二，最秀者曰大佛跡。秦始皇時，有霍龍字靈陽者居之，因名霍山。其巔有二巖，東向者曰“望月”，無甚奇。西向者曰“太乙”，深八、九丈，廣倍之，高二丈餘，上有覆石平如掌。左右兩峰夾之，是爲霍山洞天。其東有橫巖在半壁，巖中有一石出地數尺，人偶撼之，輒動，及力撼之，反不動。亦一異也。巖上峰名"酒甕石"。崛起平地百餘仞,上銳中博下頓,如甕然。泉涓涓傾出,味甘如醴,因名"酒甕泉"。所注成潭,大畝許,清深不測,旁多萬年松、風蘭、仙人掌、金星艸、黃精、白朮之屬。遠近隨風,處處芬馥,如入羅浮之百花逕矣。大佛跡峰在山南,石上有大人跡十四所,跡有黃牛漿甚澄澈。鄰峰曰"石樓"①,亦有巨人履跡。下有一石,可坐數十人,爲"仙樂石"。又有搗藥石,常聞杵聲而不可見,尋之,多在志公樓峰之腰。又有七星石井,大各如盆,深數尺,水隨汲隨盈,不汲不盈,盈必七井一時盈。其上一峰曰"船頭"。凌晨望之,若大舶在海島中。雲氣往來,山如鼓枻搖動。亦一異也。

頂湖山

頂湖者,端州鎮山,去郡四十里。從羚羊峽望之,紫翠滴瀝,若在帆際。舍舟後,瀝水從大蕉園取道入,有白雲寺當山之正麓。寺右溪向產嘉禾,每粒雙米,不垂穗,已三十年矣。沿澗而東里許,有鋤雲精舍。又十里,爲上龍湫,所謂"上飛水潭"也。若不甚深,而黝黑可怖,砰訇作勢,轉下三、四折爲大龍湫。垂綆測之,百餘丈不得其底。旁通乾穴,可達七星巖水洞。每大風雨,有青白氣一縷從中起,其黝黑過於上湫。又東有數疊泉,經小潴潭二。一大瀑布長可三十餘丈,是謂"大飛水潭"。自西菴而下②,又有短瀑布八、九,小湫潭四。是皆所謂頂湖也。廣中之山,其頂多有積水,而是山爲湫爲潭者八、九,絕與西樵相似。

---

① 鄰,別本作"鄰"。作"鄰"是。

② 菴,別本作"庵"。

東安諸山

自六都水口三十餘里至石夾。自石夾以上[①]，峰皆純石。其中一一空洞，水聲入之，鞳鞳四應。瀑泉大者瀦成潭，小者成澗。諸小石亦各自爲巖穴，鼻口相呀，有驚泉噴薄。其中有一谷，兩壁峆岈甚隘，仄身以入，漸寬豁，可藏數百家室。山高林黑，陰風颯颯然，不能以久立也。三十里許至東安，山尤詭怪。城北有天柱峰拔地峭秀。民居其下，環引清泉，灌溉花竹，叢中與猿、鳥相爲主客。城南有天馬山，亂石驚飛，勢若風雨。自天而下者，其石大。自地而上者，其石小。望之以爲奔馬也。其東爲錦鯉峰。上盤危磴百級，四壁皆穿。石中有圓竅六、七，窺其下百千孔穴，相連如藕心錢，泉水噴射，作數道而下，注於陂塘。其在城西者，有翠屏山，方正如削。在城東北者九星峰，日光照之，如太阿出匣，赤精芒耀。左右有數峰，黛橫紫擁與爭勝。西南一峰稍平圓，峰半吐一舌爲宮觀，有欄楯飛接。下有巖曰“九星”，軒明爽塏，滴水不漏。石氣暖乾，絶去蝙蝠、松鼠之跡。石乳穿地，履之丁丁有聲。其西又有一巖與衆峰連。兩水潛出其下，澎湃爭流。石梁、茅宇參差映帶。有數十人家依之。此近城之山勝槩也。其在西北十五里，爲大紺山。山高絶，雲霞常罩其半[②]。樵采者每見有池館數所，碧桃垂實，白犬吠人，倐忽不知所在，蓋仙窟也。其西有路通羅定。從山麓仰行，攀林援葛，手口並運，凡百餘里，經溪澗者四、五，皆在積葉之中。谷中時有白雲填塞，一望渺

---

① 夾，“夾”異體。
② 罩，同“罩”。

灡間，漏出蒼厓碧樹不可計。自白石墟度橋，橋長者數百步，
或木或石架之。溪多坻石，可作魚梁。水峻急乃反多魚，居人
持以爲鮓。其在西南五十餘里者曰"雲霧山"。在楊柳都者曰
"聖山"。並高千仞。聖山有神祠，歲旱拆去數瓦，以竹引泉
過祠下，霖雨立至。其曰"書山厓"、"牢鐵嶺"、"雲扶"諸
山，皆絕高大，則遠城之山大槩也。

錦石山

山在德慶州西，高百餘丈，一石狀天柱削成而圓，旁有數
大石，若箕踞而坐然。蓋自崧臺而西舟行三日，夾岸皆土山綿
亘①，惟此石拔起，若連莖上蠱，旁無附麗。漢大夫陸賈使南
越，從桂嶺取道至此，施錦步障以登。嘗禱山靈，若佗降，當
以錦爲報。其後佗去帝號，受南越王封，與賈泛舟珠江，遡牂
牁而上。賈因以錦包山石。錦不足，植花卉代之，遍巖谷間。
望若霞絢，因名"錦石山"。至今異花甚衆，終歲如春，採摘
者多不識其名。

丹霞山

丹霞山，從別傳寺右折爲錦石巖。巖中多石花，如千瓣芙
蕖，大小黃白紅綠不一，倒生石腹。朵朵可以攀摘，蓋鍾乳之
所爲。左折至海螺巖絕壁下。其懸厓相倚，下如層城，上如列
屏，須飛梯垂縆乃可上。上至蘭若，其地蜿蜒伸縮，開麗者
九。或深三四十丈、二十丈、十餘丈，如西番蓮，一一花瓣相
附麗。其下臨大江，明砂繡發，清瀾鏡瑩。外則遠近峰巒爭奇

---

① 岸，別本作"岍"。

競峭，多上豐而下削，狀若倒生苞笋。葢山水之絶怪處也。

五指山

五指山在瓊海中，亭亭直立，上參霄漢，若端人正笏峩冠之象。以故瓊州諸邑多出瓌瑋卓特士。五指而外，又有小五指。其餘崚嶒巀嶪，若瓊山白石諸嶺皆其支派也。迤邐而來，至邱文莊、王尚書宏誨所居之左①，有馬鞍岡與文筆、金雞二山錯立掩映。文筆從平地特起，高數百仞。天色晴霽，輒有蒼烟一道，界破碧空，若天門華表。歲多科第，則吐光如炬。王尚書詩云：“不知浩瀁中，地脉潛何寄。突然五指伸，復此擎一臂。”② 繇文筆渡清溪而西爲金雞嶺。嘗有金雞飛鳴其上，故名。蘇子瞻詩：“人間文筆無雙士，天上金鷄第一星。”③ 至今文士舉者，多以酉科。

三白水山

陽春西南一百三十里有白水山，高二百餘丈，其周四百餘里。上有天池龍井，注爲飛泉。一派十三叠，一叠一狀，或橫，或直。在壁中則直，在壁外則橫，各隨石壁之勢。增城之西二十里有白水山，高千仞餘，上寬平，狀若仰盂，可田百畝。有飛泉長百餘丈，直至山足，繚繞丹邱而東。水車所激，

---

① 王尚書宏誨，〔明〕王宏誨，本作王弘誨，這裏避乾隆諱而改作。字紹傳，號忠銘，瓊州安定人，官終南京禮部尚書。

② 王弘誨《文筆峰》詩句（〔清〕蕭應植、陳景塤纂修《瓊州府志》卷之十葉二十四，清乾隆三十九年刻本）。

③ 見〔清〕蕭應植、陳景塤纂修《瓊州府志》所引（卷十葉二十四）。

無高不至，灌田數千百畞。兩崖怪石夾束，如砥柱懸橋者不可勝數。其旁多雲母石。是曰"白水丹邱"。博羅東北三十里許有白水山。北連象頭山，爲羅浮東趾，有懸泉百仞下注。山凡八、九曲，一曲一潭。深者墜石四、五丈不能窮。蘇軾詩："劈開翠峽走雲雷，截破奔流作潭洞。"又云："坐看驚鳥投霜葉，知有老蛟蟠石罋。金沙玉礫粲可數，古鏡寶奩寒不動。"①旁有巨人跡數十，下有湯泉。是爲東粤三白水山之勝。

白鶴峰

歸善有白鶴峰，下臨東江，與豐湖諸山對聳②。蘇學士故宅在焉。學士上梁文所謂"鵝城萬室，錯居二水之間；鶴觀一峰，獨立千巖之上"是也③。中有思無邪齋。其銘云："飲食之精，艸木之華④。集我丹田，我丹所家。晝煉於日，赫然丹霞。夜浴於月，皓然素葩。金丹自成，曰思無邪。"⑤予愛其語，書之於座間。齋前又有德有鄰堂⑥。其左爲硃池。右爲墨沼。木棉、榕、桄之屬，古色蕭森，學士之所手植也。

---

① 〔北宋〕蘇軾《同正輔表兄游白水山》詩句（〔清〕查慎行《蘇詩補註》卷三十九葉二十四，文淵閣四庫全書本）。

② 豐，別本作"豊"。當作"豐"。豐湖，今惠州西湖。

③ 〔北宋〕蘇軾《白鶴新居上梁文》詞句（〔南宋〕魏齊賢、葉棻《五百家播芳大全文粹》卷九十二葉二十九，文淵閣四庫全書本）。

④ 華，別本作"花"。

⑤ 〔北宋〕蘇軾《思無邪齋贊》詞句（《東坡全集》卷九十四葉十九，文淵閣四庫全書本）。

⑥ 鄰，別本作"鄰"。作"鄰"是。

圭峰

圭峰在新會城北二里許。秀拔玉立，其頂四方，名玉臺。上有兩瀑布，從肘腋間飛出，下注百仞。白沙詩"弄罷飛泉下玉臺"謂此[1]。莊定山云[2]：吾聞南海之山名玉臺者，有巨人靜而無欲，深知所謂潛之道者。[3] 沈石田因作《玉臺圖》以寄白沙[4]。山上又有綠護屏，登之可望厓門。酈湛若詩[5]："綠護天荒南渡迹，玉臺鐘蠡建和年。"[6] 屏半神皇奧衍，灌爲天田。田方百畝，有界水三分，與白虹亙天而下。中紐滙處是曰"聖池"。池中龍吹息成雲，儵歘萬狀。白沙嘗與周鎬爲雲潭之游，有《雲潭記》[7]。莊定山見之，謂卽濂溪太極圖云。

春岡

春岡在增城城中，一名"鳳岡"。其東麓有唐時何仙姑宅。《羅浮經》云"其陰雲母峰。峰之西北曰鳳凰岡，神女居

---

① 〔明〕陳獻章《與廷實同遊圭峯別後奉寄且申後來崖山之約》詩句（《陳白沙集》卷八葉七，文淵閣四庫全書本）。陳獻章，字公甫，新會人。

② 莊定山，〔明〕莊㫤，字孔暘，江浦人，居定山。

③ 莊㫤《潛庵記》詞句（《定山集》卷九葉十六，文淵閣四庫全書本）。

④ 沈石田，〔明〕沈周，字啟南，長洲人。

⑤ 酈湛若，〔明〕酈露，字湛若，南海人。

⑥ 酈露《遊圭峰偕故園諸弟》詩句（《嶠雅》卷二葉五五，清初海雪堂刻本）。

⑦ 載陳獻章《陳白沙集》（卷一葉五十至五十二）。

之”是也。仙姑常往來羅浮，其行如飛。天后遣使召赴闕，中路失之。天寶九年，五色雲起麻仙壇，有仙子縹緲而出，道士蔡太一識其爲仙姑也[①]。大歷中又見於小石樓。廣州刺史高翬上其事，賜明霞衣一襲，取所作《餌雲母》詩入大内。詩云：“鳳臺雲母似天花，鍊作芙蓉白玉芽。笑殺狂遊勾漏令，却從何處覓丹砂。”仙姑故善詩。孫典藉嘗記其《羅浮口占寄家》三絶、《留研屏》一絶[②]。又昔有人見其《題黍珠菴東壁》一絶。字比晉人差清婉少骨。壁時半毀[③]，惟餘“百尺水簾飛白虹笙簫松柏語天”十三字，其下必“風”也。越女以能詩知名者，自緑珠始。至唐初有南海七歲女子。若仙姑，尤其清麗者也。

七星巖

七星巖在瀝湖中，去肇慶城北六里，一曰“岡臺山”，一曰“圓屋”[④]。七峰兩兩離立，不相連屬。二十餘里間若貫珠引繩，璇璣廻轉，葢帝車之精所成，而瀝湖則雲漢之餘液也。玉屏居七峰之東，是象玉衡。或以七峰純作金形，上應西方白虎七宿。予謂易稱效法謂坤，天有七星以爲象，則地有七峰以爲法。象者精氣之所爲，峰無精氣，以星爲精氣。其含雲吐雨，居禽獸而生艸木，皆星之所爲也。石乳者，星之津液。寶藏者，星之光芒。一卷之多，皆珠斗之子孫也。其或巖間積濕

---

① 一，别本作“乙”。

② 藉，别本作“籍”。宜作“籍”。

③ 時，别本作“詩”。作“詩”是。

④ 圓屋，屈大均《廣東新語》作“員屋”（卷三葉五十）。

生光，熒熒若星，則鹹之所作。鹹始於潤下，終於炎上。潤下爲火之陰，炎上爲火之陽①，亦皆星之變化也。

　　七峰皆中空，各爲一巖，巖皆南向。一小者名“阿波巖”，北向。南向者，陽明之洞，道書所謂“大天日月分精照之”者也②。日月忽然起滅，不繇孔穴，則陽明之所爲也。大巖當諸巖中央，有南北二門，前後相通，是爲崧臺正室。其頂穿窿如蓋，高數百丈，上開天井，雲氣可以直出。折而北，洞户益敞。有龍床坐人百餘，其平如砥。又有龍磨角石，有大小龍井三、四，與潮汐上下。巖中復多石乳。始滴爲乳，終滴則凝爲石。長者玉柱，短者瑤篸。自上而下，復自下而上，互相撑抵③。如此者以千萬計。其爲人物諸瑰異，五色間錯，亦皆石之餘髓，非他物。大抵山空則氣蒸於内而爲乳，山實則氣蒸於外而爲雲。雲煖故散④，乳寒故凝。雲與乳同類，故皆詭怪萬狀，變化成章。乳者，山之精液。雲者，山之華也。巖外之石色多白，瓊脂的皪，一一穿漏，亦有乳流注其間。乳乾者膏膩，嚼之淅淅有聲。其薄而成片者，聲皆清越。中訇窾穴，以衣覆而叩之，作鼓聲，杖擊則作鐘聲。其一在厓間者小如碗，吹之嗚嗚若海螺。又以石擊巖餘地，亦作鼓聲，謂之“地鼓”。曰“河鼓巖”者，亦兩門，然皆南出。中有水，圓積如叠鼓，又如半月之弦，其淺處清見數丈。諸巖皆水環石，此獨石環水。澄淵深，故以水勝。曰“辟支巖”者，距後瀝水二

━━━━━━━━━━━━

①　火，別本作“炎”。作“火”是。

②　載〔南宋〕曾慥《眞誥》（眞誥二葉四十三，道藏精華録本）。

③　撑，屈大均《廣東新語》作“撐”（卷三葉五十）。

④　煖，別本作“暖”。

里許。舍舟循平田北入，奇石森列，房櫳戶牖咸具。有水自巖端下注，溉田數百畝。土人於此祈禾花仙女以祈歲[①]。當西水漲時，諸巖皆可舟遊，宛似武夷九曲。

古時肇慶稱兩水夾州。葢西江之水，一從城南出羚羊峽，一從七星巖前出後瀝水。今此水淤塞，半爲田，半爲瀝湖。瀝湖者，言西江之餘瀝所成也。兩水夾州，則西江勢分，無泛濫之患，形勢更宜。

玲瓏巖

去始興江口十里，有二山在城南。峯岑對峙，左大而右小。左山多巖穴。大者曰"玲瓏巖"。巖中有巖，以大小相間。燠室涼房靡不備[②]，類巧者之所爲。其最勝者凡八巖。初自南壁上爲二小巖，形如半月相環，外隔而中通。數十步一巖差大。上至山半，一巖甚大，可容人數百。日月盛實其中，名"天光巖"。路左一巖差小，石乳垂下，有紅綠蒼翠色。稍上又一巖，兩柱屹立如樓閣，一一當東[③]，日初出則陽光先貫，朝霞滿壁。內有洼，注水可飲，是謂"下巖"。自天光前繩屈而上數十級，有一巖穿然。其石乳懸者爲杵，陷者爲臼。云葛洪煉藥之所[④]。又級而上有一巖，石龍勢欲昂舉，泉自頷垂滴，味甘以洌。下有坎，不盈不涸。又有琉璃艸生其上，可療風疾，曰"風藥"。折而左，路稍黑晦，火行數十步，一竅圓

---

① 祈，別本作"祀"。作"祈"是。

② 靡，別本作"無"。

③ 一一，屈大均《廣東新語》作"一竅"（卷三葉五十三）。

④ 煉，別本作"鍊"。

明上通①，是謂“上巖”。自半月至此，凡八巖，而山中人但稱爲“上三巖”、“下三巖”云。

陽春巖洞

陽春縣夾江奇石，自雲霖舖至下馬水，峰峰峭削，巖巖勾漏，凡百餘里不窮。最著者有空同巖。從郭西三里度水而南，又四里盡石五、六，中方橫不甚銳拔者，空同巖峰也。巖口前後斜出，深廣數十丈，上下層叠如巨廈，二石柱支之。上有天坼，甚光耀。一石名“龍床”，雲氣嘗濕。其鐘鼓石，左扣左應，右扣右應，左右扣則一巖皆應。以是山中空故也。凡石山皆中空，葢艮象一實二虛。二虛，其洞穴也。山以虛，故能通澤之氣。山無氣，氣皆從澤而出。氣凝則爲乳，洞穴所有物象皆乳所成。歲久乃堅爲石。石者，氣之渣滓也。巖中又有暗竇，炬行十餘丈，昔有金膏銀液之異。出巖，從高流河口行十餘里，有三峰出水。東曰“潭西石”。道書所謂潭西玉髓是也。一穴深廣百餘笏。古溜所積，多爲雲霞鳥獸形鍾乳。隨手折之，輕鬆瑩透，疑卽玉髓。四壁作龍鱗，有艸斐蕫下垂若龍髯，金翠相映。土人云：此金芝也。嗅之辛辣。

從潭西亂流數里，爲高岡巖。未至巖，一峰庫小，爲角石。一峰張其口，爲馬口石。二峰相屬爲蓮塘口石。水穿洞腹而出，勢甚噴薄。冬月，捕魚人始能行洞底，里許無所觸礙。西二里爲南巖寺，有元至正碑。束炬稍北，爲銀輝洞。循厓行，螺旋蟻屈，可數十穴，極其幽宭。石瑩膩，得火發光。鍾

---

① 通，別本作“道”。作“通”是。

乳縣氷，層砢交拄①，傳有銀甕涌出，不知何世之物也。又循厓行至西巖，得天然洞闕，稍加追琢爲之。左右支洞，委宛各高數丈。其奧有一古龍蛻。土人療疾，每琢石出之。是曰"龍蛻巖"。

又前，有童真人騎赤豹處，曰"赤豹洞"。廣敞得龍蛻之半。入里許，上通日光洞，前爲合水口。從水口而東，越陂陀三、四里，有寺曰"川山"，旁倚危峰四、五。一洞下廣上銳，兩扉仄暗。捫其壁，高下隱起，有鳥跡書爲苔蘚所蝕。罅光射處，時見片片琉璃，是曰"玉玻巖"。從水口而西，一石曰"下那虹石"。有虹陽洞在水次。其旁小峰曰"小那虹石"。北有數峰不相屬，曰"上那虹石"。又北有瑯陽洞。洞上有三峰，曰"大瑯"、"小瑯"、"瑯背"。從水口而北五、六里，經鳳羅口。其西岸有峰四、五②。南戶之巖一。北戶之巖一。東戶之巖一。北戶在山麓，不甚廣邃③。東戶去地二百尺，鐵壁平削，非人可度。又三、四里，則皆東戶也。凡三十餘峰，或相屬，或不相屬，謂之"石城"。其南巓則多髻鬟。北壁直瞰江堰。

又有二十餘峰曰"合窠石"，作四連。北四峰爲焦青石。又北三峰爲中部石。又北八峰相屬爲中青石。四峰不相屬爲亂坑石。又北六峰相屬又不相屬爲兵營石。四峰相屬爲那青石。東北五峰不相屬爲那烏石。那烏水所自注也。其東三峰爲鯨石。又東三峰爲荔石。

---

① 拄，別本作"挂"。作"拄"是。

② 岸，別本作"岈"。

③ 邃，別本作"邃"。

　　又東二十餘峰爲潭葛石。自石城至潭葛凡百餘峰，屈蟠十餘里，隱隱皆有洞穴，厓岫多蘸水皴。潭葛北有石角洞。其縣溜高下相濺。其凝乳潔晶相積。其蘚花若剪玉而成。其嵐烟時吐五色。土人云：寶玉氣也。又北三、四峰相屬，半出陂陀，半入湖浸，爲浮曜洞。亦曰"小銅石巖"。人家在巖口，蕉竹連陰，甚有致。去巖里許，東北有四峰，平坡帶岨，曰"隔岡石"。又北六、七峰，曰"銅石"。其東南去人家半里，有磴道數曲至下巖，又百餘級至中巖。巖，劉仙蛻所也。炬探之，亂花瑤芝，倒垂四壁。壁光瑩射，炬如玉。旁有一石房，床、屏、盂、筐，宛若鬼作。又數十級，壁有周敦頤、祖無擇題刻①，爲元鶴巖。下坂則黃泥灣矣。自灣至天塘，道旁有六、七峰相屬，曰"黃泥灣石"。北五里許有八、九峰不相屬，曰"梧桐石"。又十數峰橫倚平嶂②，曰"石盆"。往往洞戶出翠微，或隱林際，或覆重厓下。凡五、六見，非鉤梯飛緪不可至。

　　又三、四里在羣峰租矗間曰"雲霖砦"③。負石而居曰"客砦"。前踞泓湖曰"三砦"。砦下夾路數峰，高四、五丈許。尺尺皴皺，絡藤垂篠，青翠涓滴石上。猿狙猳人，冬寒時羣至就火，撫弄不去。湖外有雲霖洞，歷數十磴乃至。瀺灂之聲與風葉相答④。洞中急溜，又若汎瑤瑟然。里許，循仄徑

---

　　① 〔北宋〕周敦頤，字茂叔，道州營道人。〔北宋〕祖無擇，字擇之，上蔡人。

　　② 倚，別本作"倚"。

　　③ 租，屈大均《廣東新語》作"相"（卷三葉五十八）。作"相"是。

　　④ 答，別本作"荅"。

行，高下不知其幾。四旁委洞，時仄身蹲膝，窺之不能悉達
也。數百步出後洞，門有白水飛瀑十三叠，嵐烟擁蔽其半，與
響石、大巖、石窟三寵皆奇絕①。白水之山最高大，在陽春西
南，去縣遠。其在城北，有峰隆然起如寶幢者，凉繳岡也。左
右則雲林、射木②、磁木之山，烟翠隱見，皆面江互相映帶。
江絲黃泥灣七十里至縣③，與左瀧水合。又南五十里，與輪水
合。又漠陽江一路皆奇石，或有名，或無名。或石也，而以峰
名。或峰也，而以石名。無不峻削奇詭，玲瓏穿空，不可得而
窮也。

碧落洞④

英德之南約五里，一石壁高千餘仞，上有洞曰"碧落"。
循磴而上至一洞，其廣二丈，袤倍之，高四、五之。從洞右
仄行，未及半，石斷，有飛梯出於壁外，閣道空懸。兩翼爲
楯檻承之。仄行復至一洞，兩壁牙交，容一人。既束復舒，
爲虛樓一叠。一石吐出，上平下銳，可坐而臨水。從洞左仄
行，又有虛樓一。其石皆長蒲艸。雲霞所垂乳，變態千萬。
將雨，則乳枝濕潤生雲。僧常熾火以辟雲。一水窪深二尺
許，乳之涓滴所成也。有魚長數寸，見人弗畏。上有石棺，
古仙人蟬蛻於此，葢靈窟也。僞南漢命爲雲華御室，有記。

---

① 竒，別本作"奇"。

② 木，別本作"目"。作"木"是。

③ "絲"爲"絲"之誤。屈大均《廣東新語》作："互相映帶。江
絲黃泥灣七十里至縣。"（卷三葉五十八）

④ 刻本目錄作"碧落巖"。

唐人周夔爲《到難》篇云①：“滇陽之石室，兩崖捲束，勢合如屋，屭顔百間，開待朝旭。峭然嵐壁，宛矣仙躅。羽容霓色，霏遶瑤局。”又謂：“忽驚呀豁，危赴騰立。背倚青壁②，久而汗浹。”③是此洞也。洞外峰巒四合，一屏前立。江光樹色，掩映虛無，境絕幽麗。

穗石洞

穗石洞在會城坡山之下。坡山向在江干，稱“坡山古渡頭”。山木不高大④，爲劉龑所鑿⑤，今僅一培塿耳。昔有五仙人持穗騎羊降此，仙人去而羊化爲石，故名“穗石洞”。有一巨石，廣可四五丈，丄有胟跡⑥。跡中碧水泓然，雖旱不竭，似有泉眼在其下。亦一異也。城中天然之石惟此，餘皆客石。

---

①　周夔，即周夔，字羽皇。《到難》一文載〔清〕王士禛《唐文粹》（卷七十一葉八，清康熙間刻本）。

②　背倚，別本作“皆倚”。作“背倚”是。

③　原文或作：“滇陽之石室焉，兩崖捲束，勢合如屋。屭顔百間，開待朝旭。峭然嵐壁，宛矣僊躅。羽容霓色，霏遶瑤局。”“忽驚呀豁，危起騰立，背倚青壁，久而不寧。”（〔清〕董誥《全唐文》卷九百五十四葉九、十，清嘉慶內府刻本）

④　木，屈大均《廣東新語》作“本”（卷三葉五十九）。宜作“本”。

⑤　“劉龑”爲“劉龑”之誤。屈大均《廣東新語》作“爲劉龑所鑿”（卷三葉五十九）。

⑥　丄，同“上”。胟，同“踇”。

甘泉洞

甘泉洞在增城東洲西嶺下。湛文簡之母陳因禱是洞生文簡①，故文簡以爲號，而建甘泉書其上②。其後文簡所至，輒爲樓，名曰"見泉"，以示不忘所生之地。

紫霞洞

瓊州治南二里蒼屹山之北有紫霞洞。洞口一石版題曰："遠七里，近七里，不遠不近七里。"壁間復有"盤龍屈曲自何起伏"八篆書，郡人產子者多鐫名石上，以硃塗之，謂可得長命云。

泐溪石室

泐溪石室在樂昌治西北三里。其山曰"泐溪嶺"。泐溪在嶺下，嶺以溪名。石室亦如之。高三丈許，廣倍之，左右各有斜竇，甚深。漸入，若螺螄尾，一飛來碑刻真武贊八句。字如岣嶁碑，不能盡識。云飛自武當，有陸羽題名及樞室二楷書，字大四尺。右有石床，長二丈，平整可臥。其東四里，又有巖，縱橫十字，平廣若大衢，名"十字巖"。橫者甚深，有地道可通泐溪石室。似有陰暉主夜，陽精主晝，形如日月飛在元空之中，流入洞天之內，其光明與外無別者。

---

① 湛文簡，〔明〕湛若水，字元明，增城人，謚文簡。

② "甘泉書"後脫"院"。屈大均《廣東新語》作："故文簡以爲號，而建甘泉書院其上。"（卷三葉六十）

揚歷巖

揚歷巖在保昌西北二十里。以漢將軍楊僕經其下，故名。絕壁有瀑布。瀑布中有祇林寺①。瀑布爲寺之屏。遊者以爲入瀑布中，不知其且入寺中也。巖高深各數十丈，廣三之，可置室十餘間，而瀑布之橫懸正足蔽之。從外望之，但見瀑布不見寺，並不見有巖。巖下又有一巖，如巨口吸水，水噴薄至雨花臺乃成溪，潭旁有大小蒲團石，甚怪。

三洲巖

三洲巖在德慶州東七十里。哮豁靚深，如堂如房者半。兩旁有隙坼二。日光分透，從右壁而上，初甚暗，不數十武卽洞如。飛磴盈尺，行者前後不相顧，從穴中屈首穿而出，乃至頂。有一亭，古木叢蔭，丹竈、硯池、仙羊窩、石柱皆在焉。古有皎叟修真於此。李綱書“玉乳巖”三大字，祖無擇銘之。其石皆蒼綠色，摩挲如玉，可愛也。其南又有亭。瀧江繚繞足底，下視烟波，茫然無際矣。

白面巖②

白面巖在翁源縣東南七十里。石色中青外白，故曰“白面”。其寬敞可容千人。黑暗處炬之，約深數里，不能窮也。春夏時有泉下滴，日供三、四人飲。擊其石，片片音響各別。又謂“玉磬巖”。常有神飛至，居巖一、二年輒去。去之日有

① 祇，別本作“祇”。當作“祇”。

② 面，別本作“面”。

大風雨，拔木發屋，人以爲異。

穿鏡巖

穿鏡巖在靈山縣西二里。峰半一孔相通，有如穿鏡，望之以爲前後二鏡也。旁有三海巖，皆高廣，石浮森森四垂[1]，肖諸物象。又有呂君洞，出入上下，如環無端，絶與穿鏡相髣髴。宋州守陶弼登此[2]，見有螺蚌之異，疑古滄海之變，其玲瓏穴漏或泡沫所成，賦詩紀之。

———————

[1]　石浮，屈大均《廣東新語》作"石乳"（卷三葉五十五）。作"石乳"是。

[2]　陶弼，字商翁，永州人。

卷　三

西江

　　西有三江，其一爲灘，一爲左，一爲右。右江至潯而滙左爲一，而右江之名隱。左江至梧而滙灘爲一，而左江之名亦隱，惟曰"西江"。西江在西粤爲三，在東粤爲一，一名鬱水。唐志稱南海名山靈洲，大川鬱水，亦曰"牂牁江"。予以其源遠委長，經流四省，可爲一大瀆，而岣嶁碑有南瀆衍亨之語，因名之曰"南瀆"。葢東粤江之大者無如牂牁，故南海一名"牂牁海"，亦曰"牂牁大洋"。南海固以江而重也，則祠牂牁於廣州以爲南瀆也亦宜。牂牁者，江中兩山名。左思云："吐浪牂牁。"[①] 西江之水，以牂牁之山爲始，以厓門之口爲終，牂牁其卽西江之岷山也。

---

　　① 〔北朝魏〕酈道元《水經注》引左思《吳都賦》句，或作"吐浪牂柯"（卷三十六葉十七，文淵閣四庫全書本）。左思，〔晉〕臨淄人，字太沖。

三水

三水者，自肇慶而來者曰"牂牁江"，爲一水；自清遠而來者曰"湞江"，爲一水；自廣寧而來者曰"綏江"，爲一水。皆會於三水縣東南之崑都山下，是爲三水。志以牂牁、湞二江達於廣州入海者爲一水。非也。綏江至四會，會龍江顧水，東南出南津口以入湞江，又分一支西南出淸岐口以入牂牁江。其水甚大，不減湞江。一源而二流，西、北二江皆受其灌注，可以爲一水與二水參。夫以一水而能灌注二江，天下之所少。入西江以爲上流，入北江以爲下流，而不得合西、北二江以稱"三水"。此前人志山川者之疎也。

潮

廣人以潮汐爲水節。或日一潮而一汐，或日兩潮而兩汐，皆謂之"節"。其在番禺之都，朝潮未落，暮潮乘之。駕以終風，前後相蹙，海水爲之沸溢，是曰"沓潮"。一歲有之，或再歲有之。此則潮之變水之不能其節者也。若以歲之十月自朔至於十有二日候潮，朔日潮盛，則明年正月必有大水。二日則應二月，日直其月，至於十有二日皆然。此亦潮之常而人罕知之。葢水之神於節者也。然大率潮與月相應，月生明則潮初上，月中則潮平，月轉則潮漸退，月沒則潮乾。月與日會，則潮隨月而會。月與日對，則潮隨月而對。月者，水之精。潮者，月之氣。精之所至，氣亦至焉。此則水之常節也。葢水與月同一坎體，故以月爲節者在在有常，而以日爲節者在在有變也。余靖云"月之所臨，則水往從之。……故月臨卯西[①]，則

---

① 西，"酉"之誤。

水漲乎東西。月臨子午，則潮平南北。彼竭此盈，皆繫於月，不繫於日”是也①。

廣州潮

廣州潮以溯日長至②，初四而消；以望日長至，十八而消。謂之“水頭”。以初四消至十四，以十八消至廿九、三十謂之“水尾”。春夏水頭盛於晝，秋冬盛於夜。春夏水頭大，秋冬小。故防倭者自清明前三日至大暑前一日，謂之“春汛”③。春汛爲大，以水頭故，言大汛也。自霜降前一日至小寒前一日，謂之冬汛。冬汛爲小，以水尾故，言小汛也。

瓊州潮附流水指掌圖說④

瓊州潮候，與江、浙、欽、廉不同，其地勢異也。郡與徐聞對境，兩岸相夾，故潮長則西流，消則東流。日有消長，常也。八月、九月，其勢獨大，每日兩有消長者，其變也。故舊潮漸減小，謂之“老潮”；新潮漸進漸大，謂之“穉潮”。十一月朔，或時不測而長，謂之“偷潮”。其大小之候隨長短星，不係月之盛衰。舊志云：瓊海東南諸港朔望前後潮大⑤，上下弦前後潮小，二至前後潮大二分。夏至潮大於晝，冬至潮大於夜。又云：晴則望南而吼，陰則望北而吼。人以爲陰精，

---

① 引見〔北宋〕余靖《海潮圖序》（《武溪集》卷三葉十一、十二，文淵閣四庫全書本）。余靖，韶州曲江人，字安道。

② 溯，“朔”之誤。

③ 汛，“汛”之誤。以下“大汛”、“冬汛”、“小汛”等亦然。

④ 底本目錄作“瓊潮”。

⑤ 港，別本作“港”。

驗之果然。又云：交、廣潮候與閩、粵相去亦少差，而瓊、崖、儋、萬之候大小俱各差殊。其半月東流、半月西流則同，不係月大小之盛衰。今附流水指掌圖說，以便叅觀①。倪邦良曰："雷之海安橫渡至瓊之海口，計程約八十里。非遇大順風，則往返舉帆均以水流東爲候，而逐月逐日各有差移，難以他郡潮信推測。癸未六月，承乏定陽。適初旬伏流待渡海安，偶閱舟師流水簿，繁不勝紀。因撮其略繪圖於左。"② 每月兩次起新流，相距十四日，如十一月十三起流、二十七又起流是也。惟四月、十月則新流三次，其逐月爭差，各縮二日，退一時俱逆筭③。如十一月十三、二十七起子、十二月十一、二十五起亥是也。三、九月之初四、十八，十月之初一、十五，則縮三日而流。在上半月者則起時未④，在下半月者則起時初。惟四月、十月之十五流起時中。其起新流之前三日俱伏流。每日一次流東，四個時辰便退西。其逐日爭差各半個時，歷兩日差一時，俱順筭。如十一月十三起子未⑤，十四起丑初，十五起丑未是也⑥。若遇閏月，則以上半月照前月下半月，以下半月照後月上半月。又海口比海安流早半個時辰。海口，瓊地；海安，雷地。按潮爲天地呼吸之氣所運，而適與月應。蓋月行

---

① 叅，"參"俗體。

② 見〔清〕蕭應植、陳景塤纂修《瓊州府志》所引（卷之一上葉六十二、六十三）。

③ 筭，別本作"算"。本篇同。

④ 未，別本作"末"。作"末"是。

⑤ 未，別本作"末"。作"末"是。

⑥ 未，別本作"末"。作"末"是。

每月一周天①，與日會，十二會得日三百五十四有奇，是一歲
月行之數也。歲有三百六十日，常數也。而又有六小月。今倪
氏此圖，以十二月編定三百六十日。每月相距十四日起流，一
月縮三日，兩日差一時，又以三、九、十月朔望內各縮多一
日，共得六日。以準六小月，併月行三百五十四日，適符三百
六十之數。準定潮候起伏，洵屬簡便。但月行尚有奇零，今只
整齊配去，不計餘分。歲久必差，故天后廟碑所定起伏月日時
刻久已不符。以其便於渡海者，姑錄之以俟智者考正云。

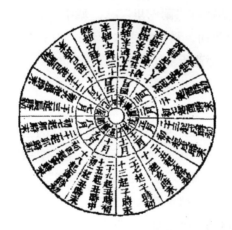

　　按天妃廟碑言：十六、七、八、九四日伏流可渡，至中流始有怒
濤，乃東西合流處所②，所謂中洋合窠浪也。過此可勿戒心。如風大，
則半日可渡。又歲三月二十三日，天妃渡海南，必有北風。舟楫宜侯
之③，以是日須臾可渡。是日廣東邊海地亦皆有風雨，又不可泥於圖
說也。

二湖

會城中故有二湖。其一曰"西湖"，亦曰"仙湖"，在古甕城西，僞南漢劉龑之所鑿也①。其水北接文溪，東連沙澳，與藥洲爲一。長百餘丈，歲久淤塞。宋經畧陳峴疏濬之，輦龑故苑奇石置其旁，多值白蓮②，因易名曰"蓮池"，而湖亡。其東偏今有仙湖里遺焉。其一曰"蘭湖"。《南越志》："番禺北有芝蘭湖。"《廣州志》："蘭湖在雙井街。"③ 其水常瀦，今亦亡，其地亦猶曰"蘭湖里"云。城中又有二洲：一曰"粤洲"，在元覽臺西，爲白雲之水所注；一曰"藥洲"，在越王臺西南一里，郎龑所鑿仙湖與之爲一者也。

昌樂瀧

昌樂瀧在昌樂縣西北六十里。自瀧口以上至平石，凡有六瀧，乃酈生所稱"崖壁峻阻，巖嶺千空，交柯雲蔚，霾天晦景，謂之瀧中"者④。瀧中之山名"監豪"。兩峽相抵觸，欲崩欲陷，楓、楠、豫章諸大木撑之。天從石罅中出，僅尋丈許，隨峽勢以爲大小。屈曲縈迴百餘里，至瀧口乃稍開豁。峽中一名"武溪"，其水源出桂陽王禽山入臨武，經麒鸘石南

---

① 劉龑，別本誤作"劉䶮"。本篇同。
② 值，"植"之誤。
③ 二志並見〔明〕郭棐《廣東通志》所引（卷十四葉二十一）。
④ 〔北朝魏〕酈道元《水經注》作："崖壁峻阻，巖嶺干天，交柯雲蔚，霾天晦景，謂之瀧中。"（卷三十八葉二十二）

流，合瀘水、泠君之水激爲大瀧①。灘流贔怒，驚湍飛注，凡有六處寙險②。其曰“寒瀧”者，濤風沫雪③，凜冽如深冬。舟出沒者，衣盡濕，如裸而泅④，凍不可忍。上有廟，祀漢桂陽太守周昕報始疏鑿之功也⑤。廟左祀昌黎韓愈。愈昔至此不敢涉，有《瀧吏》詩云：“險惡不可狀，船石相舂撞。”⑥故亦稱“韓瀧”。一曰“金瀧”。其崖昔爲雷擊，傾裂數百丈。頹波所入，衆壑砯衝，鼓若山崩⑦，轉如電掣，嘗有金銀光怪。一曰“白茫瀧”。一曰“華瀧”。懸洪百餘仞，滙爲巨潭。淘㴤騰沸⑧，望之茫洋。一曰“梅瀧”，上多梅樹。有獸白毛而長臂，旦夕吟嘯，人以爲猿公。一曰“腰瀧”，言在瀧之腰也。亦曰“穿腰瀧”。舟人率以兩篙穿腰舁舟而上⑨，日不能十里、二十里。舟下者勢如劈箭，直入九淵，離巨石嘗一髮許。路或窮，折而入巇竇，則山液滴瀝，陰濕毒淫⑩，若有蛟、蛇、鬼怪之物欲相搯噬，令人凄神寒魄，不能自持。自寒

---

①　泠，當作“冷”。〔清〕徐寶符《樂昌縣志》云：“《水經注》謂冷水出冷君山，灌於瀧水。”（卷之三葉三，清同治十年刻本）。

②　寙，同“最”。

③　沫，別本作“沬”。

④　裸，“裸”之誤。

⑤　祀，“祀”之誤。本篇同。

⑥　舂，“舂”之誤。〔唐〕韓愈《瀧吏》：“險惡不可狀，船石相舂撞。”（〔南宋〕廖瑩中《東雅堂昌黎集注》卷六葉八）

⑦　鼓若山崩，屈大均《廣東新語》作“鼓若山騰”（卷四葉十七）。

⑧　㴤，“㴤”之誤。

⑨　舁舟而上，屈大均《廣東新語》作“舁舟而上”（卷四葉十七）。宜作“舁”。

⑩　濕，別本作“溼”。

瀧至此，皆絕險。舟上者與石爭，下與水爭。與石爭者勢在篙，與水爭者勢在舵。其可爲力者人半之，不可爲力者天亦半之。出峽至瀧口，有鵝公石在水中，險若淫預，過此乃敢泊舟。嶺南謂水之湍浚者曰"瀧"。諸州皆有瀧。英德有瀧頭水，羅定有瀧喉①，而以此六瀧爲大。六瀧又以穿腰爲大。予有《瀧中號子》云："舟子穿腰欲上天，下瀧般笑上瀧般②。上瀧爭似下瀧險，一片風帆亂石邊。"又云："舟隨瀑水天邊落，白浪如山倒翠微。巨石有時亦却立，白鷗欲下復驚飛。"③瀧口東岸有趙佗古城。佗昔自王，首築此以扼楚塞，蓋以秦新道惟此瀧中最險。彼北從滇水、西從灕水以入者，險皆不及。瀧口有望瀧樓，去縣西北三十里。縣西門曰"西瀧"。其東曰"東川"。南曰"武水"。武水至縣南，有龜峯橫當水口。水爲縈紆倒流。上有一亭曰"武溪亭"，有記。

潮水泉

韶州清溪驛東五里許有潮泉。泉有雌雄。雄大而雌小。一雄長則一雌消，日凡三長三消。初以雞鳴，次午、酉④，消則涓滴不留。惟秋冬間泉無消長，乃有細水長流。土人以泉應潮，名曰"潮泉"。

---

① 喉，"喉"別體。

② 下瀧般笑上瀧般，屈大均《廣東新語》作"下瀧船笑上瀧船"（卷四葉十八）。

③ 屈大均《瀧中》之一、之三詩句（《翁山詩外》七言絕句一葉三，清康熙刻凌鳳翔補修本）。

④ 次午、酉，屈大均《廣東新語》作"次午，次酉"（卷四葉二十一）。

貪泉

石門有泉，飲之輒使人貪，名曰"貪泉"。語云：登大庾嶺，則芳穢之氣分。飲石門泉，則清白之質變。繇來久矣。

豐湖二泉①

惠州豐湖有二泉：曰"清醒"，曰"古榕"。清醒在豐湖南姚坑，泉口僅如盂，日汲數十石不竭。水此他泉稍重②。古榕在湖峯西麓，迸出石隙，甚芳冽。清醒則甘。然冬盡春初，古榕泉味復與清醒坿。清醒不變而古榕獨變，亦異甚。二泉因東坡在惠，改名"西湖"，今統名"西湖"。

壽泉

壽泉井在興寧東二十里③。每大雨，諸坑塹濁水交流於井，井水獨清。土人名其地爲"井子脣"。濁在脣而清在腹。汲者去其脣之濁，取其腹之清，味甚甘，飲之多壽，是曰"壽泉"。

三泉

瓊州有三泉。其在府城東北者曰"雙泉"。相去咫尺，一甘一鹹異味。蘇子瞻名曰"洄酌"，有詩云："酌彼兩泉，挹

---

① 豐湖，或本作"豐湖"。作"豐湖"是。

② 此，"比"之誤。屈大均《廣東新語》作"比"（卷四葉二十三）。

③ 寧，別本作"㝏"。

彼注兹。一鋗之中，有澠有淄。"① 其在州北郭三里者，曰
"粟泉"，出石罅中，甚甘。泉底多銀沙星，有粟葉長青，時
時浮出粟米。啖之香美。子瞻名爲"粟泉"。或曰：泉非真浮
粟可食者也，泉脉上湧，細白沙纍纍若浮粟耳。

毒泉

長樂有兩毒泉。其一在曾峒嶂下，相傳宋鄒太尉引共征鐵
板僧②，去毒泉二尺許，以劍劃地，泉卽隨劍入地不爲害。一
在黃麖嶺，有軍士誤飲之而死。文文山移營其上③，禱而止之。
曲江濛瀧驛對岸亦有毒泉④，沾足潰爛。泉所注田數十頃，食
其田穀者一、二年輒死⑤，號"蠱毒田"。斯乃地之孽氣所注
也。安得有鄒、文二公者以至誠消其患害乎？

九眼井

九眼井在歌舞岡之陽⑥，相傳尉佗所鑿。其水力重而味
甘⑦，乃玉石之津液。志稱佗飲斯水，肌體潤澤，年百有餘

---

① 〔北宋〕蘇軾《洞酌亭詩（并引）》詩句（《東坡全集》卷二
十五葉二）。

② 鄒太尉，或疑即〔南宋〕鄒鳳，嘗任江西招諭副使。共，"兵"
之誤。屈大均《廣東新語》作"兵"（卷四葉三十）。

③ 文文山，〔南宋〕文天祥，字宋瑞，又字履善，一字文山，吉州
人。

④ 濛瀧驛，屈大均《廣東新語》作"濛瀧驛"（卷四葉三十）。

⑤ 穀，"穀"之誤。

⑥ 歌，"歌"異體。

⑦ 力，別本作"刀"。作"力"是。

歲，視聽不衰。又嘗投杯於井，從石門浮出，舟人得之以爲神，名“越王井”。《通典》謂南海有天井門①。天井者，越王井。門者，石門也。井又名越臺井②，以在越王墓之下也。廣州諸井此最古，南漢主亦嘗飲之，號“玉龍泉”。其廣丈餘，有九孔，文石爲蓋。汲者欲得井華，分綆而下，瓶罌各滿，毋相抵觸，人甚便之。自漢至今，以爲尉佗之遺澤云。

肇慶七井

包孝肅爲端州守③，嘗穿七井。城以內五，城以外二，以象七星。其在西門外者曰“龍鼎岡井”，民居環抱，清源滑甘，爲七井之最。此郡城來脉山川之秀所發也。大凡幽谿逶澗之水④，飲之消人肌體，非佳泉。佳泉多在通都大路之側，土肉和平而巽風疏潔，乃爲萬竈所需，食之無疾。孝肅此舉，端之人至今受福大矣哉！君子爲政，能養斯民於千載，用之不窮。不過一井之爲，井亦何所憚而不爲乎？《易》曰：“君子以勞民勸相。”⑤ 言鑿井之不可緩也。江城婦女，昌風雨出沒⑥，在在皆然。惠州城中亦無井，民皆汲東江以飲。堪輿家謂惠稱“鵝城”乃飛鵝之地，不可穿井以傷鵝背，致人民不安。此甚妄也。然惠州府與歸善縣城地皆鹹，不可以井，僅郡

---

① 《通典》二百卷，〔唐〕杜佑撰。引文不知所從出。

② 臺，“臺”俗體。

③ 包孝肅，〔北宋〕包拯，字希仁，廬州合肥人，謚孝肅。

④ 逶，“逶”異體。

⑤ 〔三國魏〕王弼《周易註》句（卷五葉九，文淵閣四庫全書本）。

⑥ 昌風雨出沒，屈大均《廣東新語》作“冒風雨出沒”（卷四葉三十五）。作“冒”是。

廨有一井可汲而飲云。

流杯曲水

流杯曲水有二。其一在增城張老巘石版斜鋪十餘丈[①]。一水從石罅中流，縈紆百折。遊人每以小石障下流，以畜其勢，乃兩兩夾水而坐，使人酌杯酒置上流，聽浮游所至，取而飲之。然有不得飲者，有一再飲者，有杯流至前、忽復流而之他者，有順流而上[②]、忽復旋廻而上者。於是讙然爭飲，相歡以笑。其一在從化之北四十里。一泉自山巔飛下，分爲兩帶，上下凡二級，曰"百丈帶"。其深處滙爲淵潭，不可測。淺者流離四出，引之可以浮觸[③]。又龍門有聖磜嶺，流水九曲，注爲飛泉百十丈。下成潭，亦可以浮杯逐暑[④]。

漈

龍門縣其溪灘之極險者，名之曰"漈"。有曰"濠雙十二漈"。有曰"白水漈"。漈與瀧皆天下絕景。六瀧可比閩之九龍，十二漈可比浙之五泄。

廣東諸水之不同

白水山在陽春西南。上有飛泉一道，注於潭中。天霽，潭

---

① 巘石版，別本作"巖石板"。

② 有順流而上，誤，應爲"有順流而下"。

③ 觸，屈大均《廣東新語》作"觴"（卷四葉三十五）。

④ 暑，別本作"水"。屈大均《廣東新語》作"暑"（卷四葉三十五）。作"暑"是。

有聲則雨，雨有聲則霽。九牛瀧在南雄城南五十里。一名
"龍罩水"。下有深潭。雨久響則晴，晴久響則雨。臨高之東
南邁龍村，江中有灘，久旱灘響則雨，久雨灘響則晴。瓊山博
落溪中有大石橫亘，曰"銅銚石"。下有穴大巇①，水注其中
有聲。早聞之則雨②，雨聞之則晴。澄邁縣南王家都有東巽
泉，流瀉可三丈餘。朝響則雨，暮響則晴，稱"聖井"。仁化
有龍王坑，一泉湧出，溉田千餘畝③。霪則小流，旱則大流④。
天久無雨，雲自其泉騰至山巔則雨。澄海縣南有鳴洋，在南灣
海中。聲起若雷，自東則風，西則雨。廣寧之西三十里有石澗
山，泉自竇出，早則聲聞數里⑤，雨則否。南海縣治之北有曰
泉井⑥，東有月泉井。日出，則日泉井中先見日，與月泉井相
望。月出，則月泉井中先見月，與日泉井相望。南海西樵山有
金銀井，一赤一白。相距尺許，烏利丹井也。注赤水於銀井，
赤水不白。注白水於金井，白水不赤。茂名觀音山上有金玉
井，潘真人昔煉丹於仙坡。其烟通於金井，烟則黃；通於玉
井，烟則白。茂名上宮灣之水與府治後龍井相通，名曰"龍
眼"。下宮灣之水與寶光寺虎井相通，名曰"虎眼"。信宜東
有龍山，其南有石孔，曰"風窖"；北有石孔，曰"雨窖"。

---

①　下有穴大巇，屈大均《廣東新語》作"下有六大巖"（卷四葉
三十七）。當作"六"。

②　早，"旱"之誤。

③　畝，"畝"別體。

④　早，"旱"之誤。

⑤　早，"旱"之誤。

⑥　曰泉，"日泉"之誤。

韶州有雌雄泉，一日雨潮[①]。雄長則雌消，雌長則雄消。始興有朔水，朔長而晦消。博羅有白水泉，東熱而西寒。翁源有燕子泉，春出而秋伏，與燕子同其來去。鎮平有長潭，與緣水湖相通[②]。湖清則潭清，湖濁則潭濁。清遠有米貴水，在金釵灣上。中有二水。有謠云[③]："米貴水流朱溪岍，米賤水流緣林塘[④]。"甘竹灘在順德之南四十里。凡灘水皆一流，而甘竹灘兩流。潮長則水滿而下灘，潮消則水乾而上灘。諺曰："水消水上灘，水長水下灘。"是雨流也[⑤]。蓋潮自灘入，汐自灘出也。舟行者每紆道象山之陰以避之，名"偷洋滘"。文昌有浮山，屹立海中，分潮水西、東。朝潮至浮山而東，暮潮至浮山而西。謂之"分洲洋"。瓊海分東、西二澑[⑥]，凡渡海必候流水。東海鳴則風，西海鳴則雨。土人每占之以候渡。又瓊海半月潮長則西流，海南易渡；半月潮回則東流，海北易渡。朔、望前後潮大，上、下弦前後潮小。雷之州東有調黎之水，日兩潮兩汐；西有那黄之水，日一潮一汐。予有《雷陽曲》云[⑦]："郎心好似調黎水，不起風波春復秋。日日兩潮還兩汐，令儂消卻别離愁。"又云："花下歡聞白馬嘶，郎來日日在南溪。

---

① 雨，"兩"之誤。

② 緣水湖，屈大均《廣東新語》作"綠水湖"（卷四葉三十七）。"緣"當作"綠"。

③ 謠，"謠"别體。

④ 緣，"綠"之誤。

⑤ 雨，"兩"之誤。

⑥ 澑，别本作"流"。屈大均《廣東新語》作"溜"（卷四葉三十八）。作"流"是。

⑦ 詩載屈大均《翁山詩外》七言絶句一葉二十。

莫如瓊海潮相似，半月東流半月西。"文昌西北有分水江，一水分兩溪。左者色黑，右者白，交流至海。始興有墨江，水黑如墨，流至江口與滇水合，五里間黑白判然。萬州樟樹嶺石上有人馬跡，或沙水上跡隱則歲豐，見則歲歉。合浦南有潿洲，去海壖可二百里。天陰雨，輒望見之，晴霽則否。定安江中有石人，令賢則石人出，否則隱。

永安五江

　　永安縣有五大水以江名，名曰"五江"。自鷄公嶂至小黃花佛子凹岡脊之地，其水四馳，南爲秋鄉江，其流最長。西則神江諸水。東則琴江。北則藍口水源。秋鄉江、神江、義容江、琴江其大者小水注之甚衆。大者爲經，小者爲緯，源流見矣。五江一曰"秋鄉江"，在永安城西南一百二十里。其源二，一出琴江寶峒山，一出官山嶂下，合流而北，過火帶社，西納車峒水，東納石坑、鍾坑水，折而西，田子逕水南注之，至縣，轎尾水東北注之，堤坑水北注之，南下，豬母坑水又北注之，至半江東納牙溪水，至馬頭山西納下瀨水，又西納官坑水，又東納黃沙水，又東納雙螺濁水，又西納逆坑水，東南納軍糧水至鳳凰岡，北納清溪水，又東納南山水，又西納龜坑水、吉田水，至曲泒納下義水[①]，入於東江。《廣東輿圖》云[②]：其源一出縣東，一出縣北。衆山環繞，萬壑交流。百餘折而經馴雉司前，又折而至梅花嶺入於江口。其曰"牙溪"者，一出羊角嶂北，一出公坑西，至番流水合流，而北納羅坑

---

①　泒，水名。

②　《廣東輿圖》，〔清〕吳興祚撰，有清康熙二十四年刻本。

村水，西至牙溪口入秋鄉江。曰"黃沙水"者，一出燕尾山，一出烏禽嶂。至磜頭合流，北過上下湯、梅子派，西入秋鄉江。曰"軍糧水"者，出梅坑逕，北過唐田西北入秋鄉江。曰"清溪水"者，其出寶山嶂者爲上下窖水①。出狗頭山者爲員墩水。合流納瓦屋頭水，過沙子逕、神宮前半逕至旱塘②。其出天子嶂者爲苦竹水，至旱塘合流，至鳳凰岡入秋鄉江。曰"南山水"者，出犂壁山，北過南山至石屯。其在歸善境者，一出黃草嶂，一出石塘，至涾塘合流，至上石屯合南山水，西北入秋鄉江。曰"下義水"者，出礁石逕北爲捲蓬水，出犂壁嶂西爲犂壁水，過上義高岡合流，納梅子埧水，過下義至曲派，入秋鄉江。二曰"神江"，在縣西北一百一十里。其源二：一源在林村埔北，東出小黃花，西出嶂下；一源在林埔南，東出佛子凹，西出雞冠山合流，至龍潭脛③，北受辣菜坑水，至黃竹逕，又北受曹坑水，至黃塘，南受白溪水，至橫石，又南受苦竹坑水，至鰍口北受陳田水④，至魚潭逕，又北受楊坑水，至陂角沙，南受龍頭山木公坑水，至停塘，北受花坑水，至企山下，南受大梨水，至鄧村，又南受禾坑水，入東江。《廣東輿圖》云：其源出雞冠嶂，周廻百折，衆水注之。

---

① 窖，同"窖"，屈大均《廣東新語》作"窖"（卷四葉四十三）。

② 旱，"旱"之誤。

③ 脛，疑"逕"之誤。

④ 鰍，《康熙字典》引《博雅》云："諸每切，敗也。"又魚名。〔明〕鄧遷《香山縣志》云："鰍，首尾悉尖，長二三尺。"（卷二葉二十一，明嘉靖二十七年刻本）

經梧桐山之前，又折而至江口，入於東江。三曰“義容江”，在縣西七十里。發源蔣岢尾，至飛鵝嶺合月角嶺水，過義容屯，至烏鵲潭。其出大魯嶂、猫兒山者，至安全合流，至中田，合桃子園水，至烏鵲潭，入義容水，至黃坭塘，受湯坑，入於東江。《廣東輿圖》云：其源出大魯山，折而至寬仁司之前，復折而入於東江。四曰東琴江，在縣東四十里。自鷄公嶂發源，西受北坑水，至上鎮，東受象鼻逕水，至水口村，西受塔凹水，至練坊，西受童坑水，至官屋埔，東受甘坑水，至楊梅埔，西受馮坑水，至寺坑，東受黃小塘水，至羊羔，西受黎坑龜湖水，過長樂米潭，至琴口，會南琴江，入於橫流渡。黎坑水出逃軍嶂。龜湖水出寶岢嶂。《廣東輿圖》云：北琴江自簾紫嶂發源，由山谷嶂折四十里入長樂界琴口。按東琴江初志稱曰“北琴江”，故《廣東輿圖》本之。然此江在縣之東，當名“東琴江”，稱“北琴江”，誤，今改正。其曰“塔凹水”者，一出芙蓉逕，過賀岡，一出解沙逕，過袁田，至塔凹合流，入東琴江。五曰南琴江，在城東南六十里。其源自西來者，一出嶂下，一出橫排嶺，合流，至龍窩，納吉岢水，一出公坑嶂，一出岑裏，合流，至清溪，合施坑水，俱至明亭水，合流，至中湖，納枀坑水①，至柘口。自南來者，一出礤頭，一出黃坑，合流，至小鰲，合貉老坪水，過細女灘，納掩桑水②，至柘口，會西水，過長樂大梧，至琴口，會東琴江。《廣東輿圖》云：自羊角山發源，沿流由南嶺後曲折三十里，

---

① 枀，同“松”。

② 掩，別本作“淹”。屈大均《廣東新語》作“掩”（卷四葉四十五）。當作“掩”。

入長樂界琴口與東琴江之水會合，入橫流渡。其曰"黃花水"者，東出芙蓉逕，西出陳塘土不①，至鯉魚頭，合流，北至散灘逕，納白溪水，出康禾。

西樵三十二泉

西樵有三十二泉。其出於大科中峰之南天峰之北東流兩崖之下瀉於雲谷者，爲左天泉。南自福老峯流於天峯之南瀉於雲谷者，爲右天泉。二泉最高，西樵第一泉也。雙流過仰眠峯，飛瀉於噴玉巘下，出於大坑。又南則四峯之泉注洗研池，出於匡子坑，流於九龍洞，出於西坑口，至於大坑，會噴玉泉而東入於江。西則煙霞洞泉，伏流洞口，會於錦巘泉，又會於鐵泉，又會於龍泉，流於石子田，瀉於樂堯莊，爲左垂虹泉。其雲端井泉二溢，流於龜頭社，瀉於樂堯莊，爲右垂虹泉②。合流洞口，出於羅漢巘，達於黃岡而西入於江。北則大科村泉，流於西竺，會於寶鴨池，西出會於飲馬泉。南下爲瀉錢泉，歸於天湖。其碧雲三泉：一出流清館，一出山坳，一出村邊，盈積五、六池，瀉於觀翠巘，北會於階梯泉與貴峯大槽之泉，歸於天湖，流出於豬坑，注無底井，又注於官山下而北入於江。南則雲路二泉，流於村南，出於大觜山下帽峯，達於江村而南

---

① 土不，屈大均《廣東新語》作"上不"（卷四葉四十五）。不，今俗作"墩"。《說文解字》云："欁，伐木餘也。……不，古文欁。從木無頭。"（卷六木部）

② 右，別本作"石"。屈大均《廣東新語》作"右"（卷四葉四十六）。作"右"是。

入於江。噫，一山之巔，九十六峯之間，飛泉四山[①]，其多若此。

日月二泉

廣州城中有日、月二泉。日之泉，每夜輒有一日在其中。月之泉，每夜輒有一月在其中。日泉今失其處，惟月泉在金華夫人廟神座下，有巨石覆之。又有星泉。又廣州有三井，亦分日、月、星之名。日井在舊青紫坊千佛寺側。月井在城西南古月華樓下，今鹽倉街舊月泉巷址。星井在城西六里，古金肅外繡衣坊。

粵東溫泉有三

粵東溫泉有三：其一在羅浮白水山，東坡詩所謂“驚然丞相井，疑浣將軍布”是也[②]；一在電白熱水池；一在陽山溫泉灘。二俱在道傍，行人皆得浴焉。

韶石

粵東之北之西北皆多石，其所爲山皆石也。居人所見無非石，故皆不以爲山而以爲石。蓋自梅嶺以南湟關以東南千餘里間，天，一石也，而石外無餘天；地，一石也，而石外無餘地。巇巇削出，望之不窮，其高而大者以千數，小者紛若亂雲，亦無一不極其變。石多中空，或一峯爲一洞，或數峯相連爲一洞，此出彼入，四際穿漏，外視之，皆無所有。色青藍，

---

① 山，屈大均《廣東新語》作“出”（卷四葉四十六）。作“出”是。
② 將，同“將”。〔北宋〕蘇軾《詠湯泉（在白水山）》詩句（《東坡全集》卷二十二葉二十一）。

間以白理。雨後若新染然，花木蒙茸其上，恍若錦屏。是皆絶
奇石也。然尤以韶石爲大宗。韶石在韶州北四十里，雙峯對峙
若天闕，相去里許，粵人常表爲北門。旁有三十六石壞之，一
一瓌譎無端，互肖物象，各爲本末，不相屬聯。有記其狀者
云：韶石前後怪石相望①，直若危柱，削若堵牆，圓若廩囷，
半削如鼬瓜。首尾翹翹似舟航，方幅如布帆，廉起如檐宇。約
畧盡之。大抵韶之山多奇，而韶石爲最。若雙闕，又韶石
之最。

英德石

英德石有大小。大英石者，言乎英德之峯也。英德之峯，
其高大者皆石，故曰"大英石"。蓋地至英德，有石而無土。
土不生於英德，石獨生焉。其爲狀，多直而少橫。每一直石
起，輒至數千百仞，各自爲根，不相緣引。一石一峯或數峯。
峯無餘石，石無餘峯。卑者不相附，高者不相摩。卑者或側出
而多岐②，高者必矗竪而特幹。蓋自英德至陽山數百里，相望
不絶，皆直石之爲怪。而英德之峯奇而野，陽山則奇而秀。英
德之峯少樹，陽山之峯多樹。樹少故其石盡見，見而數百里間
似但有石而無山然者。凡以皺、瘦、透、秀四者備具爲美。其
出土者曰陽石，受雨雪多，質堅而蒼潤，扣之清越。入土者曰
陰石，則反是。石生山谷間，大小相疊，一一嵌空齫竦③，具

---

① 怪，"怪"異體。

② 岐，屈大均《廣東新語》作"岐"（卷五葉二）。當作"歧"。

③ 竦，別本作"辣"。屈大均《廣東新語》作"竦"　（卷五葉
三）。作"竦"是。

峯巒巊洞之狀。卽一卷許，亦輒芙容亂削①，乳竇交通，巉巊勾漏。小心視之，須五日始盡其一峯，十日始盡其一谷。此以小而奇者也。

蠟石

嶺南產蠟石。從化、淸遠、永安、恩平諸溪澗多有之。予嘗溯增江而上，直至龍門。一路水淸沙白，乍淺乍深，所生蠟石，大小方圓碌砳②，多在水底，色大黃嫩者如琥珀。其玲瓏穿穴者小，菖蒲喜結根其中，以其色黃屬土，而肌體脂膩多生氣③，比英石瘦削巉巊多殺氣者有間也。

會城三石

會城有三石：東曰“海邱”，西曰“浮邱”，中曰“海珠”。皆地之肺也④。海珠在越王墓南，廣袤數十丈，東、西二江水環之，雖巨浸稽天不能沒。語云“南海有沉水之香，亦有浮水之石。”謂此也。相傳有賈胡持摩尼珠至此，珠飛入水，夜輒有光怪。故此海名曰“珠海”，浦曰“沉珠”，其石則曰“海珠”云。石上有慈度寺，古榕十餘株，四邊蟠結，

---

①　容，別本作“蓉”。屈大均《廣東新語》作“蓉”（卷五葉三）。宜作“蓉”。

②　碌砳，〔北宋〕司馬光《類篇》：“碌，鄔果切。碌砳，石皃。”“砳，五果切。碌砳，石皃。”（卷二十七葉七，文淵閣四庫全書本）

③　肌，屈大均《廣東新語》作“肌”（卷五葉四）。宜作“肌”。

④　肺，〔南朝梁〕顧野王《玉篇》：“肺，仄里切。脯有骨也。”（卷上肉部）

遊人往往息舟其陰。端陽、七夕作水嬉，多有龍卽蛋女[①]，鱠魚酤酒，零販荔支、蒲桃、芙蕖、素馨之屬，隨潮來往。遥望是寺，魚沫吹門，蠔光次璧[②]，朝晴暮雨，含影虛無，恍忽若鮫宫貝闕而不可卽也。海印，潛石也。在下方之東，半出波際。其上有京觀樓，周以雉堞，視海珠、浮邱，隱隱若三台象。浮邱去城西一里，爲浮邱丈人之所遊。古時浮邱在海中，與海印、海珠若離若合。宋初有百二十歲老人陳崇藝言：兒時浮浮邱山足[③]，舟船數千，山四畔篙痕宛然。今浮邱距水四里餘矣。邱下有井，葛稚川嘗飲之。有海神獻珊瑚一株，因名“珊瑚井”。井旁多莃薟草，三月上巳，遊人多往采擷。

五羊石

周夷王時，南海有五仙人，衣各一色，所騎羊亦各一色，來集楚庭，各以穀穗一莖六出留與州人[④]，且祝曰：願此闤闠永無荒饑[⑤]。言畢，騰空而去，羊化爲石。今坡山有五仙观[⑥]，祀五仙人。少者居中，持粳稻。老者居左右，持黍稷。皆古衣冠。像下有石羊五：有蹲者、立者，有角形微彎勢若抵觸者，大小相交，毛質斑駁。觀者一一摩挲，手迹瑩然。諸番往往膜拜之，薰以沉水，有烟氣自竅穴中出，若石津潤而生雲也。

---

① 卽，屈大均《廣東新語》作“郎”（卷五葉四）。作“郎”是。

② 璧，屈大均《廣東新語》作“壁”（卷五葉四）。作“壁”是。

③ 浮浮邱山足，别本作“見浮邱山足”。屈大均《廣東新語》作“見浮邱山足”（卷五葉五）。别本是。

④ 穀，“穀”之誤。

⑤ 闤闠，屈大均《廣東新語》作“闤闠”（卷五葉六）。

⑥ 观，“觀”别體。

九曜石

九曜石在藥洲旁，南漢主劉䶮使罪人移自太湖靈壁浮海而至者。石凡九，高八、九尺，或丈餘。嵌嵐岬兀，翠潤玲瓏，望之若崩雲，既墮復屹[1]。上多宋人銘刻。一石上有掌跡，長尺二寸，旁有米元章詩。一石白色中空。一圓石爲頂，若牛頭，大可五尺，身中直通至頂，四旁有十餘竇相穿。有刻云："花藥氤氳海上洲，水中雲影帶沙流。直應路與銀潢接，槎客時來犯斗牛。"[2] 一石通身有小孔，如水泡沫。一石獨大，合三石爲之，下有數萌，長三尺許，瑳如雪。父老云：向未經見，此客石也。久而生筍，豈地之靈使然耶？然今亦摧折矣。

應雨石有二

應雨石有二。其一在封川西南錦錢山，石上有巨人跡，歲旱，以水濯之則雨，名"聖石"。其一在揭陽黃岐山。山有一窪池，容水數斛[3]。旁有峙石，方厚二丈許。歲旱，積水池中以戞灑峙石，石滋潤卽雲蒸而雨。有銘者云："元氣之核，風

---

① 墮，別本作"墜"。屈大均《廣東新語》作"墮"（卷五葉八）。

② 〔北宋〕許彥先詩，參看〔清〕劉應麟《南漢春秋》（卷之十葉五，清道光七年含章書屋刻本）。許彥先，字覺之，神宗熙寧中歷官廣南東路轉運判官、提點刑獄、轉運副使。

③ 斛，"斗"俗字。

雨之胎。”“我疑爾腹，定有潛雷。”① 邑人因名其石曰“潛雷”。

犀象二石

有犀、象二石在始興玲瓏巘。其色獅青而象白。土人取二石各一片，磨薄，置盤中，以醋沃之，二石相去咫尺輒能相就，離之復合。葢獅之青，陽也；象之白，陰也。磨薄者，以火之力使之陰陽相合，而醋又炎上之苦所作也。有雞啼石，在從化縣東二十里。高丈許，方廣稱之。相傳自他所飛來，以雞啼而止。有二魚王石。其一在陽春城北，屹立江潭，古木蒼藤冪其上。歲旱，禱之，投藤藥以毒潭水，有巨魚紛紛浮出卽雨。其一在陽江東南沸村，歲有雞尾魚米朝之②。有鴛鴦石在肇慶七星巘口。石凡二，各長丈許，大四、五尺。一俯一仰，號曰“鴛鴦石”。乙卯歲，巘上一巨石墜，擊傷俯者。明年春，共亂③，婦女多被擄掠。人以爲此石破碎之兆。又有鴛鴦石在德慶雲蕹山上。石亦二，一大一小。崇正間大石先墜④，去平田數里而止。後一日，小石復墜，與大石同止一處。又號“公婆石”。是皆石之爲怪者也。

---

① 〔明〕張明弼《黃岐山潛雷石頌（有序）》句，參看〔清〕吳穎《潮州府志》（卷十二葉九十二，順治十七年刻本）。張明弼，字公亮，金壇人，有《螢芝集》。

② 米，別本作“來”。屈大均《廣東新語》作“來”（卷五葉十）。作“來”是。

③ 共，“兵”之誤。屈大均《廣東新語》作“兵”（卷五葉十）。

④ 崇正，別本作“崇禎”。

石糞

從化北九珠山，是多青石。居民燔灰以糞田，名曰“石糞”。蓋田之瘠以石，而肥以灰。灰有火氣，田得其煖而陽氣乃生。火生於地，地之火不足，以人力之火補之，亦一道也。英德、陽山諸縣耕石田者，十家而九亦純用石糞。以石而瘠，亦以石而肥，故其田多榖①。

錦石

錦石出高要峽，青質白章，多作雲霞、山水、人物、蟲魚諸象。以爲屏風、几案，不讓大理石，但質輕脆耳。② 其純白者，產七星巖，名“白端”。爲柱，爲礎及几案、盤、盂，皓然如雪，皆可愛。蓋七星巖內外，純是白玉③。亦有白質青文，然望之蒼黑如積鐵，以歲久風雨剝蝕也。最白者，婦女以之傅面，名爲“乾粉”。與惠州畫眉石、始興石墨，皆閨閣所需。

四石鏡

四石鏡，一在東莞青紫峯，朝霞則青，暮霞則紫。一在和平仙徑山，色明則雨，暗則晴。一在澄邁白石嶺，色白則晴，黑則雨。一在羅定八片嶺，體甚圓，大可數尺。其下一水橫流。水映日，日映石鏡而光生焉。譬之月然，受日之光以爲光。

---

① 榖，“穀”之誤。

② 輕，“輕”異體。

③ 白玉，屈大均《廣東新語》作“白石”（卷五葉二十）。

石船

高州潘仙坡有一石船，中圬，兩端微起，若荷華片。長八尺有半，廣四尺。又有石篙一，在雲爐洞，長二丈許，相傳潘茂名具人遺物①。予有《石船銘》云：“至人餐石，以剛爲柔。至人乘石，以沉爲浮。風將氣御，水以神遊。芙蕖一瓣，汎汎如舟。虛無之涬，爲爾長留。”②

彈子磯

會稽射的山絕壁上有的，葢石的也。訛石爲射也。英德彈子磯上有一孔，亦石的。的有重暈，然不能時元時白而峯形③，臨江壁立，如半破彈丸。亦奇觀也。

---

① 具人，屈大均《廣東新語》作“眞人”（卷五葉二十一）。作“眞人”是。

② 見屈大均《廣東新語》（卷五葉二十一）所引。

③ 時元時白，屈大均《廣東新語》作“時玄時白”（卷五葉二十一）。

卷　四

雷神

雷州英榜山有雷神廟。神端冕而緋，左右列侍天將。一輔髦者，捧圓物色堊，爲神之所始。葢鳥卵云。堂後又有雷神十二軀，以應十二方位，及雷公、電母、風伯、雨師像。其在堂複，則雷神之父陳氏鉷也。志稱陳時雷州人陳鉷無子，其業捕獵，家有九耳犬甚靈。凡將獵，卜諸犬耳。一耳動則獲一獸，動多則三、四耳，少則一、二耳。一日出獵，而九耳俱動。鉷大喜，以爲必多得獸矣。既之野，有叢棘一區，九耳犬圍繞不去。異之，得一巨卵徑尺。攜以歸，雷雨暴作，卵開，乃一男子。其手有文，左曰“雷”，右曰“州”。有神人嘗入室中乳哺。鄉人以爲雷種也，神之。天建三年，果爲雷州刺史。名曰“文王”。既沒，神化大顯，民因祀以爲雷神。此事誕甚。然厥初生民，皆繇氣化。⿰鳥乚卵吞於簡狄[1]，帝武感乎姜嫄。神聖之生，天必示之怪異。况雷於天地爲長子。《易》曰：“震一

① ⿰鳥乚，“⿰鳥乚”脱筆，“⿰鳥乚”爲“鳦”異體。

索而得男。"① 神生於霹靂，爲天地始陽所孕，理或有之。

羅浮君

羅浮山洞名"朱明耀眞之天"，靑精朱靈芝治之。今山中伏虎巘上有天子瘐②，蓋靑精之所嘗居。靑精者，羅浮始開闢之人，故居人稱之曰"靑精君"，而號"華子期"，曰"玉源君"。子期，淮南人，相傳角里先生弟子，居羅浮玉源。玉源在分水嶺，所謂"泉源福地"也。他如陰長生居鐵橋，葛孝先居飛雲頂，鮑靚居酥醪觀，葛稚川居麻姑峯下，單道開居石室，蘇元朗居靑霞谷，軒轅集居蛇穴，是皆羅浮君所與共治斯山者。羅浮君亦稱四百三十二君，蓋山之神也。羅浮君每嘗出見，陳武帝時見於大石樓上，長三丈所，通體皓然，衣服楚麗。山中人莫不伏拜。其祀肇於晉③，著於唐，唐元宗嘗於五龍堂南築壇以禱④，使道士甲太芝主之⑤，又於都虛觀置守祠者十家。宋乃著爲令。歲十月下元長吏醮山以禮事神。淳熙甲午，守臣王寧奉祀。有慶雲起於祠所，五色輪囷，繪圖以奏，謂爲太平之應。而先朝永樂中遣官設醮，瘞所降玉簡於觀中，蓋皆以羅浮之神絕靈，爲望秩所必焉者也。

---

① 〔春秋〕卜子夏《子夏易傳》句（卷九葉七，文淵閣四庫全書本）。

② 天子瘐，屈大均《廣東新語》作"朱子庵"（卷六葉四）。

③ 祀，"祀"之誤。本篇同。

④ 元宗，屈大均《廣東新語》作"玄宗"（卷六葉四）。

⑤ 甲太芝，屈大均《廣東新語》作"申太芝"（卷六葉四）。作"申"是。

南海神

南海神廟在波羅江上，建自隋開皇年。大門內有宋太宗碑、明太祖高皇帝碑。其在香亭左右，則列宗御祭文，使臣所勒者也。韓昌黎碑在東廊[①]。宋循州刺史陳諫重書。神自唐開元時祭典始盛，嘗册尊爲廣利王。歲以立夏氣至，命廣州刺史行事祠下，祝文書御名。宋眞宗錫王玉帶。至和元年，加王冕九旒、犀簪導、靑纊充耳、靑衣五章、朱裳四章、革帶鉤䚢，緗韠、素單、大帶、錦綬、劍、佩、履、韈，內出花釵九株、褂、襦、簪、鑮[②]，署曰：賜明順夫人。明順者，王之夫人，皇祐所封號也。元時數遣使奉錦幡、銷金幡、金銀香盒。吳萊《古蹟記》言[③]："南海廟有玉簡、玉簫、玉硯、象鞭；林靄所獻銅鼓，面濶五尺，臍隱起，有海魚蝦蠹周匝，及宋真宗所賜玉帶、蕃國刻金書表、龍牙、火浣布。"[④] 今皆不存。洪武六年賜黃金香盒，重十六兩，黃綾幡一副。藩臬大夫每春秋仲月壬日致祭。先出香盒於官庫，齎至神前，登畢，復歸藏焉。

禾穀夫人[⑤]

香山村落多祀禾穀夫人。或以爲后稷之母姜嫄云。

---

①　廊，"廊"之誤。本篇同。

②　褂、襦，屈大均《廣東新語》作"褂、襦"（卷六葉七）。作"褂"、"襦"是。

③　吳萊，〔元〕金華人，字立夫。《古蹟記》，即《南海古跡記》。

④　見〔明〕陶宗儀《説郛》所引（卷六十七上葉二十一，文淵閣四庫全書本）。

⑤　穀，"穀"之誤。本篇同。

伏波神

伏波神爲漢新息侯馬援。侯有大功德於越，越人祀之於海康、徐聞，以侯治瓊海也。又祀之於橫州，以侯治烏蠻大灘也。灘在橫州東百餘里，爲西南湍險之最。舟從牂牁至廣必經焉。灘有四：曰“雷霆”，曰“龍門”，曰“虎跳”，曰“挂舵”。每灘四折，折必五、六里，出入亂石叢中，勢如箭激，數有破溺之患。夾岸皆山，侯廟在其北麓。凡上下灘者，必問侯。侯許，乃敢放舟。每歲侯必封灘十餘日，絕舟往來。新舟必礫一白犬以祭，有大風雨，侯輒駕銅船出灘，櫓聲喧豗，人不敢開篷竊視。晴霽時，有銅篙鐵槳浮出，則橫水渡船必破覆，須祭禳之乃巳[①]。此皆侯之神靈所爲云。凡過灘，每一舟撥招者四人，使舵者四人，前立望路者一人，左右側豎其掌，則舵隨之。然此地僅一姓人知水道，世爲灘師，餘人則否，其人亦馬流遺裔也。灘爲交趾下流。微側叛時[②]，侯疏鑿以運樓船，至今石勢縱橫，宛如壁壘，大小石分曹角鬪[③]，奇陣森然，戈甲之聲，喧闐十餘里外。侯威靈葢千年一日也。祠中床、帳、盤、盂諸物，祝人拂拭惟謹。居民每食必以祭，事若嚴君。予亦嘗以交趾薏珠爲薦。薏珠者，薏苡也。

飛來神

羅定州西五里許地曰“牛頭灣”。有尉佗廟。萬歷間[④]，

---

① 巳，“已”之誤。

② 微，屈大均《廣東新語》作“徵”（卷六葉十二）。

③ 鬪，“鬥”俗體。

④ 萬歷，通作“萬曆”。

廟乘風雨飛越數里，至玉樹岡譚石鄉。民乃增飾而祀之，號其神曰"飛來神"，廟曰"飛來廟"。其鐘與香爐未飛去者，數移入廟而數去。

天妃

天妃，海神。或以爲太虛之中，惟天爲大，地次之。故天稱皇，地稱后。海次於地，故稱妃。然今南粵人皆以天妃爲林姓云。

龍母

龍母溫夫人者，晉康程水人也。秦始皇嘗遣使盡禮致聘，將納夫人後宮。夫人不樂，使者敦迫上道①。行至始安，一夕，龍引所乘船還程水。使者復往，龍復引船以歸。夫人沒，葬西源上②。龍嘗爲大波，縈浪轉沙以成墳。會大風雨，墓移江北。每洪水淹沒，四周皆濁，而近墓數尺獨清。墓之南有山，天將雨，雲氣必先羣山而出。樹林陰翳，有數百年古木，人不敢伐，以夫人有神靈其間云。夫人姓蒲，誤作溫。然其墓當靈溪水口，靈溪一名"溫水"，以夫人姓溫，故名。或曰：溫者，媼之訛也。

斗姥

斗姥像在肇慶七星巖，名"摩利支天菩薩"，亦名"天后"。花冠瓔珞，赤足，兩手合掌，兩手擎日月，兩手握劍。

---

① 迫，別本作"迫"。
② 葬，同"葬"。

天女二，捧盤在左右。盤一羊頭，一兔頭①。前總制熊文燦之所造也。文燦招撫鄭芝龍時，使芝龍與海冠劉香大戰②。菩薩見形空中，香因敗滅。文燦以爲菩薩卽元女。蚩尤爲暴時③，黃帝仰天而歎④，天遣元女下授黃帝共符⑤，伏蚩尤。又嘗下天女曰"魃"，以止蚩尤風雨。古聖人用共⑥，皆以神女爲助，於是傾貲十餘萬爲宮殿，極其壯麗，以答之。

花王父母

越人祈子必於花王父母。有祝辭云："白花男，紅花女。"故婚夕親戚皆往送花，蓋取《詩》"華如桃李"之義⑦。

金華夫人

廣州多有金花夫人祠。夫人字金華，少爲女巫，不嫁，善能調媚鬼神。其後溺死湖中，數日不壞，有異香，卽有一黃沉女像容貌絕類夫人者浮出。人以爲水仙，取祠之，因名其地曰"仙湖"。祈子往往有驗。婦女有謠云："祈子金華，多得白花。三年兩朵，離離成果。"越俗今無女巫，惟陽春有之。然亦自爲女巫，不爲人作女巫也。蓋婦女病，輒跳神。愈則以身

---

① 兔，同"兔"。

② 冠，"寇"之誤。

③ 蚩尤，同"蚩尤"。本篇同。

④ 數，"歎"之誤。

⑤ 共符，"兵符"之誤。

⑥ 用共，"用兵"之誤。

⑦ 《詩·召南·何彼襛矣》詩句（《毛詩正義》卷二葉五十二）。

爲賽。垂髻盛色①，纏結非常。頭戴鳥毛之冠，綴以纓珞。一
舞一歌廻環宛轉，觀者無不稱豔。蓋自以身爲媚，乃爲敬神之
至云。女巫，瓊州特重。每神會，必擇女巫之妓少者②，唱蠻
詞，吹黎笙以爲樂。人妖淫而神亦爾，尤傷風教。

東莞城隍

洪武二年三月朔，上在朝陽殿夢一臣幞頭象簡，一自髯老
者隨之③，山呼舞蹈，稱臣東莞城隍。老者，縣中缽盂山土
地。謹奏陛下，東莞歲中致祭無祀，一次不敷，乞敕有司遞年
祭三次④，庶幽魂得以均沾。上覺而異之，召禮部議，乃封東
莞城隍顯佑伯，仍晉城隍司事。⑤賜伯爵儀仗，暨異錦龍緞一
端⑥，印曰"東莞縣城隍之印"。遞年三月三日、九月九日，有
司以少牢致祭，別頒敕封缽盂山土地，賜以冠帶。詔東莞及天
下無祀者，歲中清明日、七月望日、十月朔日致祭，著爲令。

南越人好巫

南越人好巫。葉石洞爲惠安宰⑦，淫祠盡廢，分遣師巫充

---

①　髻，別本作"鬈"。

②　妓，屈大均《廣東新語》作"姣"（卷六葉十七）。作"姣"
是。

③　自，"白"之誤。

④　遞，同"遞"。

⑤　晉，"管"俗字。

⑥　緞，"緞"之誤。本書同。

⑦　葉石洞，〔明〕葉春及，字化甫，歸善人，創石洞書院，又有
《石洞集》，因名。

社夫，遇水旱癘疫①，使行禳禮。又遵洪武禮制，每里一百戶立壇一所，祭無祀鬼神。祭日皆行儺禮。尋常有病，則以酒食置竹箕上，當門巷而祭，曰"設鬼"，亦曰"拋撒"。或作紙船②、紙人燔之。紙人以代病者，是曰"代人"。人以鬼代，鬼以紙代。博羅之俗，正月二十日以桃枝插門，童稚則以桃葉爲佩，曰"禁鬼"也。廣州婦女患病者，使一嫗左持雄雞，右持米及箸，於閭巷間嗥曰："某歸！"則一嫗應之曰："某歸矣。"其病旋愈。此亦招魂之禮，是名"雞招"。人知越有雞卜，不知復有雞招。亦曰"叫雞米"云。至始死，則召師巫開路。安崖有二司神者，一日降魂童言曰："欲與蕭公鬥法。"於是二司神各發馬腳。馬腳者，神所附之人也。以鎗自刺其腹，洞貫焉。刺咽亦如之。有疾病者許火柵。既愈，如數伐薪，請二司神醻愿，病者率衆與二司神跣行烈燄③，毫髮無損。廣有二界神者④，人有爭鬥，多向三界神乞蛇以決曲直。蛇所向作咬人勢，則曲；背則直。或以香花錢米迎蛇至家，囊蛇而探之。曲則蛇咬其指，直則已。有許愿者不還，蛇則騰至人家，索飲食。又或有讎怨，於神前書其人年生八字，以碗覆之。神前碗大小紛然，無有敢動其一者。有急腳先鋒神者，凡男女將有所私，從而禱之，往往得其所欲，以者囊醻之，神前者囊堆積⑤。乞其一、二，則明歲醻以三、四。新興有東山神

① 早，"旱"之誤。

② 紙，"紙"俗字，誤。

③ 燄，"焰"之訛。

④ 二，別本作"三"。下文亦作"三"。

⑤ 者，"香"之誤。參屈大均《廣東新語》（卷六葉二十）。

者，有處女採桑過焉。歌曰："路邊神，爾單身。一蠶生二繭，吾舍作夫人。"還家，果一蠶二繭，且甚巨。是夜，風雨大作，女失所之①。有一紅絲自屋起，牽入廟中。追尋之，兀坐無聲息矣。遂泥而塑之，稱"羅夫人"。番禺石壁有恩情神者，昔有男女二人於舟中目成，將及岸，女溺於水，男從而援之，俱死焉。二屍浮出，相抱不解。民因祠以爲恩情廟。此皆叢祠之淫者。

洗夫人廟②

洗夫人廟在高州。按志：洗，高凉人。其家世爲南越首領，轄部落十餘萬。洗幼賢明，曉共畧③，善撫部衆。羅州刺史馮融聞其賢，爲子寶求娶焉。侯景反，高州刺史李遷仕召寶，洗止之曰：刺史無故不當召，欲邀君共反耳。既而遷仕果反。洗自將千餘人襲擊，大破之，遂與陳霸先會於贛右。還謂寶曰：陳都督非常人也。厚資給之。陳永定間，廣州刺史歐陽紇反。發共拒之④，紇徒潰散。册洗爲石龍郡太夫人，賜繡幰鹵簿如刺史。及隋繼陳，隋高祖遣韋洸安撫嶺外。洗因陳主遺之書，令其歸化，遂遣孫暄迎洸。嶺南遂安。未幾，番禺王仲宣反，又遣孫盎進共攻破仲宣⑤。洗披甲領彀騎巡撫諸州。高

---

① 之，同屈大均《廣東新語》（卷六葉二十）。別本作"在"。

② 洗，屈大均《廣東新語》作"冼"（卷八葉一、二）。此章内容大抵本諸〔唐〕魏徵等《隋書》（卷八十葉五至八，文淵閣四庫全書本）。亦見〔唐〕李延壽《北史》等。

③ 共，"兵"之誤。

④ 共，"兵"之誤。

⑤ 共，"兵"之誤。

祖異之，册爲譙國夫人，仍開幕府，爲置官屬給印章，便宜行事。年八十卒，謚誠敬夫人。

韶州蘇黃墨蹟

政寶堂石刻在韶州府治西，蘇軾、黃庭堅墨蹟。楊萬里跋云[1]：“嶺南無二先生帖，大似魯人不識麟。惟韶有之。精光異氣，上燭南斗。”[2]

海瓊子

白玉蟾本葛長庚也[3]，隨父任之瓊，自號“海瓊子”。博洽羣書，善隸、篆，兼工梅、竹，嗣以仙去。王忠銘序文云：文章之變，不可勝窮。而其發於性術也亦異。吾鄉自白海瓊仙而邱文莊相二先生詩文出，業已彪炳藝林，爲出世經世者之宗，後有作者，不可及已。

桂陽周府君碑

舊志碑跋云：歐文：“右桂陽周府君碑，按《韶州圖經》載桂陽太守周府君碑，其廟在樂昌縣西武溪上。武溪驚湍激石數百里。昔馬援南征，其門人袁寄生善吹笛，援爲作歌和之，名曰《武溪深》。……周使君開此溪，合滇水。桂陽人爲立廟刻石。又云：碑在廟中，郭蒼文。今碑文磨滅。府君字君光，

---

① 楊萬里，〔南宋〕吉州吉水人，字廷秀，號誠齋。

② 見〔明〕楊愼《丹鉛總錄》所引（卷十五葉九，文淵閣四庫全書本）。文字略有參差。

③ 白玉蟾，本〔南宋〕閩清人，別號紫清真人。

而名已訛缺不可辨。圖經亦不著其名，《後漢書》又無傳，不知爲何人也。"①《南豐集》云②："熙寧間某從知韶州③，王之材求得此本，并以書來曰：按曲江圖經，周府君名昕，字君光，則永叔未之詳也。又有碑陰，列故吏工師官號姓名。之材并模以來，永叔亦未之得也。其碑'曲江'字皆作'曲紅'，而'蒼江'字、'江夏'字，亦作'紅'，蓋古字通用，不可不知。此學者所以貴乎博覽也。"④

韓文公祠

韓文公祠在潮州府治後。《竹坡詩話》云⑤："韓祠有異木，世傳退之手植。去祠十餘步種之輒萎。有題詩者云：'韓木有青春谷暖，鱷魚無種海潭清。'"⑥潮陽東山有二峯，曰"雙旌石"。昌黎嘗建亭於此。鱷溪在府城東。溪有鱷魚，食民畜產且盡。昌黎作文驅之。是夕風雨大震，西徙六十里。民賴以安。

---

① 以上引文見〔北宋〕歐陽修《集古錄》（卷三葉十四、十五，文淵閣四庫全書本），文字略有參差。

② 《南豐集》，〔北宋〕曾鞏撰，曾鞏字子固，建昌南豐人。

③ 寧，別本作"甯"。

④ 以上引文見曾鞏《元豐類藁》（卷五十葉六，文淵閣四庫全書本），文字略有參差。

⑤ 《竹坡詩話》，〔南宋〕周紫芝撰。周紫芝，字少隱，宣城人。

⑥ 以上引文見《竹坡詩話》（葉七、八，文淵閣四庫全書本），文字略有參差。

連州二詩人

石文德、孟賓於皆連州人①。石有《楚王夫人挽歌》云："月沉湘浦冷，花謝漢宮秋。"楚王異之，授水部，號其鄉爲儒林鄉。孟亦官水部，以詩名。陳堯佐序其詩云②："如百丈懸流灑落蒼翠間，清雄奔放，望之豎人毛骨。五季詞人，無有過之者。"

白沙先生

陳獻章，字公甫，新會人。正統間鄉薦第九，兩上春官。過臨州謁吳與弼③，有解悟。比歸，聲名蔚起。時錢浦謫順德，見而知其醇儒，雅重之，勸之竟業成均。時祭酒邢讓命和楊龜山《此日不再得》詩④，覽之，驚曰："警敏絕倫，青於藍矣。"闕下競傳之。南歸，從學日益衆。於是天下無不知有陳白沙也。有司屢荐勉起赴京⑤，以毋老身病上疏⑥，詔許之，授翰林檢討，得家居，以紹明聖學爲已任⑦。及門如遼東賀欽

---

① 石文德，〔南楚〕連州人。孟賓於，或作"孟賓于"，〔南唐〕連州人，字國儀，有《金鼇集》，即下文陳堯佐所序之者。《廣州人物傳》（〔明〕黃佐撰，清道光十一年刻嶺南遺書第一集本）有二人傳。

② 陳堯佐，〔北宋〕閬州閬中人，字希元。

③ 吳與弼，〔明〕崇仁人，字子傳。

④ 邢讓，〔明〕襄陵人，字遜之。楊龜山，〔北宋〕楊時，字中立，南劍將樂人，號曰龜山先生。

⑤ 荐，通作"薦"。

⑥ 毋，"母"之誤。

⑦ 已，"己"之誤。

之、嘉魚李承基、番禺張詡、增城湛若水、東莞林光皆紹江門之緒。其詩自名其家，書法宗晉、唐。晚喜爲茆筆書①，世競珍焉。《通志》：盧阜精舍在新會縣南小盧山上，距江門二里，陳獻章建白沙村名。

白鶴峯②

東坡故居在惠州府城白鶴峯下。昔有白鶴觀，東坡寓此。有詩云：“爲報先生春睡足，道人輕撞五更鐘。”③ 傳至京師，章惇笑曰④：“蘇子尚爾快活耶？”⑤ 復貶昌化。六如亭在府城南豐湖上，侍妾朝雲葬此。

載酒堂

東坡以別駕安置儋州，時負大瓢行歌田畝間。有饁婦年已七十，謂曰：“内翰昔日榮貴，一塲春夢耶？”東坡大然之，因呼爲“春夢婆”。今儋州有載酒堂。

蘇泉

瓊州城東有浮粟泉，因蘇文忠飲此得名。今俗稱“蘇泉”。

---

① 茆，“茆”別體。

② 底本目録作“白鶴峰”。

③ 〔北宋〕蘇軾《縱筆》詩句，或作：“報道先生春睡美，道人輕打五更鐘。”（〔北宋〕王十朋《東坡詩集註》卷六葉二十三）

④ 章惇，〔北宋〕建州浦城人，字子厚。

⑤ 見〔清〕金鉷《廣西通志》引（卷一百十五葉三十七，文淵閣四庫全書本）。

杭書堂①

宋包拯,合淝人,知端州。蒞事明察,不遺隱伏。端產硯,前守緣供貢率取數十倍以事權貴。拯命製者止足貢數,歲滿不持一硯歸。尋擢龍圖閣待制,拜樞密,童稚婦女皆知其名。志載枕書堂在郡治東,菊圃在郡廳西。拯建。

花船

粵郡遍集舟航,廣州城外載酒移棹春遊者名曰"花船"。又有高尾艇、檳榔艇諸名。船戶間有鬻色者。此風近已懲格。《清異錄》云②:"四方指南海爲烟月作坊,以言風俗尚淫。今汴中鬻色戶甚夥,至於男子。舉體自輕,遂成蠢棄巷陌,又不止烟月作坊也。"③

河船

自肇慶至河頭所乘舟楫,皆稱"河船"。輕利淺窄,首尾尖銳。婦人俱能操篙擄④。風帆皆以蒲席合成,各隨大小縫就。往往兩帆斜繫,迎風如蟬翅,沿溪收放,却極穩便。

---

① 杭,"枕"俗字。底本目錄作"枕書堂"。

② 《清異錄》,〔北宋〕陶穀撰。陶穀,字秀實,邠州新平人。

③ 見《清異錄》(卷上葉十四,文淵閣四庫全書本)。文字稍有參差。

④ 擄,通作"櫓"。

卷　五

金

　　開建有金莊水焉，其源出金雞涌。二百里間爲大瀧小瀧者二，皆有瓜子金、麩金①。越一山，有金縷水流聲清激，亦產生金。土人淘其沙，日得麩金分許，不能多。或有得一金龜，則其地數日無金矣。崖州黎田其水濚洄清徹②，浮光躍金。有商人以百金貿而淘之。陽江木朗白石山澗中，及廣寧溪峒亦有金坑，而生金甚微。色亦低劣，民竭一日之力，僅足糊口。英德之金山逕溪東西田脚亦有金。河源之藍田瀨蒸麦其沙，日得生銀錢許。若得三、四錢，則三日不復得。

銀

　　粵之山舊有銀穴、銀沙。《始興記》云③："小首山崩。

---

① 麩，"麩"之誤。本篇同。
② 徹，"澈"之誤。
③ 《始興記》，〔南宋〕王韶之撰。

……崩處有光耀，……悉是銀礫，鑄之得銀。"① 而英德、清遠其山傳有銀礦者，輒有白氣上升，草木沾之皆白。或山石盛熱時，有銀汗，白而味辛。其丱或紅如亂絲②，或白如草根，或銜黑石，或有脉，謂之"龍口"。循龍口挖之，淺者一、二丈，深者四、五丈。有焦路如竈土然，斯礦苗也。又挖則礦見矣。鑿微而盛，盛而復微，或如串珠，或如瓜蔓，微則漸絕，絕而復焦，焦復見礦。若焦已絕，則又盤荒也。

凡礦以有銀星大點而柔者爲上，小點而堅者次之，謂之"明礦"。次則夾石礦，以色綠者爲上，紅、黑、黃、白者次之。又次則砂土礦，淘去浮者，留其沉重者煎之，以成瓜者爲上，如瓜蔓者次之。然往往盤荒時，見有人騎白馬望空而去，此銀氣也。氣去則其銀亦去，故往往不得銀云。

東莞東南百餘里有寶山，其穴有銀磚數百片。相傳郭將軍所鍊。取之輒昏迷不得出。旁一深洞在水中，土人嘗祭以白鷄，入水鑿之。其剛者石也。柔則爲鉛，鉛一石或得銀數兩。然每爲神答擊，鑄不及成。電白東有紗帽山。山有石，大小數萬。非石，皆銀塊也。取之亦輒昏瞀。曳以巨藤，藤盡斷。有爲齋醮以鑄者，費三百金，弟如其數如償，餘不能動。潮州西豐水有一穴，中有銀餅數千枚，亦不可取。始興林水源有斜潭，潭底有銀數千甕，以青石葢之，可開觀而不可取。羅浮一洞有大銀版無數。有取其二者，夜夢山神訶責，復納還之，雷卽震

---

① 見〔明〕彭大翼《山堂肆考》所引（卷一百八十四葉十七，文淵閣四庫全書本）。文字略參差。彭大翼，字雲翼，又字一鶴，揚州人。
② 丱，別本作"汁"。屈大均《廣東新語》作"丱"（卷十五葉二）。作"丱"是。"丱"，古"礦"字。

擊此洞，塞以巨石，至今遂不復識云。

銅

考唐建中初，"趙贊判度支采連采白銅[1]，鑄大錢一以當十。"[2] 而韶州城南七十里，宋初置場採銅，曰"岑水銅場"，謂場水能浸生鉄成銅。今不然矣。而連州亦絶無白銅。大抵廣東無銅礦，惟廣西右江州峒有之。往時掘地數尺即有礦，故蠻人好用銅器。然廣東亦有赤銅。宓山云[3]。

鐵

鐵莫良於廣鐵。廣中産鐵之山，凡有黃水滲流，則知有鐵，掘之得大鐵廿一枝，其狀若牛。是鐵牛也。循其脉路深入掘之，斯得多鐵矣。然産鐵之山有林木方可開爐。山苟童然，雖多鐵亦無所用。此鐵山之所以不易得也。

凡鐵廿一枝，層層剖之，皆有木葉紋，向背不一。山有某木，則鐵廿中有某葉紋。深掘之至數十丈，莫不皆然。嶺南當隆寒時[4]，木不落葉。惟産鐵之山落葉，葢鐵之精華所攝，金尅木之道也。

鐵廿有神，爐主必謹身以祭，乃敢開爐。爐之狀如瓶，其

---

① 采連采白銅，屈大均《廣東新語》作"采連州白銅"（卷十五葉六）。後者是。

② 載〔北宋〕歐陽修《新唐書》（卷五十四葉十五）。

③ 宓山，〔明〕方以智，字密之，號浮山愚者，在其《物理小識》中，又自謂"宓山愚者"，桐城人。

④ 隆，別本作"隆"。

口上出。口廣丈許，底厚三丈五尺，崇半之，身厚二尺有奇。以灰沙、鹽、醋築之，巨藤束之，鐵力、紫荊木支之，又憑山厓以爲固。爐後有口，口外爲一土墻。墻有門二扇，高五、六尺，廣四尺。以四人持門，一闔一開以作風勢。其二口皆鑲水石。水石產東安大絳山。其質不堅，不堅故不受火，不受火則能久而不化，故名"水石"。凡開爐，始於秋，終於春，以天氣寒涼，鐵乃多水。金爲水之源，水盛於冬，故鐵水以寒而生也。下鐵卅時，與堅炭相雜，率以機車從山上飛擲以入爐。其燄燭天①，黑濁之氣數十里不散。鐵卅既溶，液流至於方池，凝鐵一版。取之。以大木杠攪爐，鐵水注傾，復成一版。凡十二時。一時須出一版，重可十鈞。一時而出二版，是曰"雙鈞"，則爐太大，爐將傷，須以白犬血灌爐，乃得無事。鐵於五金屬水，名曰"黑金"。乃太陰之精所成。其神女子。相傳有林氏婦以其夫逋欠官鐵，於是投身爐中以出多鐵。今開爐者必祠祀②，稱爲"湧鐵夫人"。其事怪甚。

　　凡一爐場，環而居者三百家，司爐者二百餘人，掘鐵卅者三百餘，汲者、燒灰者二百有餘，馱者牛二百頭，載者舟五十艘。計一鐵場之費，不止萬金。日得鐵二十餘版則利贏，八、九版則縮，是有命焉。然諸冶惟羅定大塘基爐鐵最良，悉是鐋鐵。光潤而柔，可拔之爲綿，鑄鑊亦堅好，價貴於諸爐一等。

　　諸爐之鐵，冶既成，皆輸佛山之埠。佛山俗善鼓鑄。其爲鑊，大者曰"糖圍"、"深七"、"深六"、"牛一"、"牛二"。小者曰"牛三"、"牛四"、"牛五"。以五爲一連，曰"五

① 燄，"焰"之訛。
② 祠祀，"祠祀"之訛。

口”。三爲一連，曰“三口”。無耳者曰“牛魁”，曰“清古”。時凡鑄有耳者不得鑄無耳者，鑄無耳者不得鑄有耳者。兼鑄之，必訟。鑄成時，以黃坭豕油塗之，以輕杖敲之，如木者良，以質堅故其聲如木也。故凡佛山之鑊貴，堅也；石灣之鑊賤，脆也。饗於江楚間，人能辯之，以其薄而光滑消凍旣精工法又熟也①。諸所鑄器，率以佛山爲良。陶則以石灣。其炒鐵，則以生鐵團之，入爐火燒透紅，乃出而置砧上②，一人鉗之，二、三人錘之，旁十餘童子扇之。童子必唱歌不輟，然後可煉熟而爲鑶也③。

鉛錫

鉛一曰“連”。徐廣云④：“連，鉛之未煉者。”⑤ 昔“王莽鑄作錢布皆用銅，殽以連、錫。”⑥ 孟康云⑦：連，錫之別名也。李奇云⑧：鉛，錫之璞，名曰“連”。應劭云⑨：連似銅。

---

① 涷，別本作“鍊”。屈大均《廣東新語》作“涷”（卷十五葉九）。

② 砧，“砧”之訛。

③ 鑶，同“鑅”。

④ 徐廣，〔晉〕東莞姑幕人，字野民。

⑤ 以下諸説均載〔明〕方以智《通雅》（卷二十七葉一），文字稍有參差。

⑥ 亦見〔南宋〕呂祖謙《歷代制度詳説》所引（卷七葉六，文淵閣四庫全書本）。殽，或作“淆”。

⑦ 孟康，〔三國魏〕安平廣宗人，字公休。

⑧ 李奇，〔東漢〕南陽人。

⑨ 應劭，〔東漢〕汝南人，字仲遠，一作仲瑗。

許慎云①："鏈，銅屬也。"② 連州有鉛、錫冶，故以名州。然今廣東錫多從廣西賀縣而至。賀縣出錫，故名賀。賀，錫也。語云：羊脂夾銅，牡羊角縮賀。然廣東長樂、興寧、河源、永安皆產錫，堅白甲於洋錫，有"馬踶"③、"蜈蚣"、"門限"之名。貧民採者賴以生。天啟未年以來甚盛④。又韶州產錫。余靖云："韶處嶺阨，雜產五金。四方之民，聚而游手。牒訴紛挐，常倍他郡。"⑤ 皆以爭錫穴之故，則宋時韶實多錫矣。

珠

合浦海中有珠池七所。其大者曰"平江"、"楊梅"、"青嬰"，次曰"烏坭"、"白沙"、"斷望"、"海猪沙"，而白龍池尤大，其底皆與海通。

海水鹹而珠池淡，淡乃生珠，蓋月之精華所注焉。故珠所池中央者色白，生池邊者色黃，以海水震蕩，鹹氣侵之，故黃也。珠者，蚌類也。蚌之陰精圓澤爲珠。故郭璞曰："瓊蚌晞曜以瑩珠。"⑥ 或以爲石決明產。非也。珠一名"神胎"。凡珠有胎，蓋蚌聞雷則瘠瘦，其孕珠如孕子然，故曰"珠胎"。蚌

---

① 許慎，〔東漢〕汝南召陵人，字叔重，《說文解字》的撰作者。

② 亦見《說文解字》卷十四金部。

③ 踶，"蹏"之訛。

④ 未，"末"之訛。

⑤ 〔北宋〕余靖《湧泉亭記》句（《武溪集》卷五葉十四）。文字稍有參差。

⑥ 〔晉〕郭璞《江賦》句（〔南朝梁〕昭明太子蕭統《文選》卷十二葉十七，文淵閣四庫全書本）。郭璞，字景純，河東人。

之病也。珠胎故與月盈朒①，望月而胎。中秋蚌始胎珠，中秋無月，則蚌無胎。《呂氏春秋》云：“月，群陰之本。月望則蚌蛤實，群陰盈。月晦則蚌蛤虛，群陰搴。”②《淮南子》云：“蛤、蟹、珠、龜，與月盛衰。”③又云：“月死而贏蚌膲”④。語曰：“瀾蜯之精，孕爲明月。”又曰：“蚌胎之珠，隨月圓缺。”予詩云“合浦珠池瀾蜯窟，吐納清光孕明月。每年秋夕灑珠時，半天閃爍紅霞發。”⑤是也。凡秋夕，海色空明而天半閃爍如赤霞，此老蚌灑珠之候。蚌故自愛其珠，得月光多者其珠白，曬之所以爲潤澤也。

　　凡採生珠，以二月之望爲始。珠戶人招集贏夫⑥，割五大牲以禱。稍不虔潔，則大風飜攪海水，或有大魚在蚌蛤左右，珠不可得。又復望祭於白龍池。以斯池接近交阯⑦，其水深不

_____

　　①　朒，同“朒”。《說文解字》：“朒，朔而月見東方謂之縮朒。”（卷七月部）

　　②　載〔戰國〕呂不韋等《呂氏春秋》（卷九葉十一，文淵閣四庫全書本）。

　　③　載〔西漢〕劉安《淮南鴻烈解》（卷四葉八，文淵閣四庫全書本）。

　　④　載《淮南鴻烈解》（卷三葉二）。贏，“贏”之訛。屈大均《廣東新語》作“贏”（卷十五葉十一）。

　　⑤　李調元《採珠曲》句。文字略見參差。據文意，“灑”當作“曬”。下文亦如是。見《童山集》卷十六葉二，清乾隆刻函海道光增修本。

　　⑥　贏夫，“贏夫”之訛。屈大均《廣東新語》作“贏夫”（卷十五葉十二）。

　　⑦　阯，別本作“趾”。

可得珠，冀珠神移其文珠至於邊海也①。

採之之法，以黃藤絲棕及人髮紐合爲纜，大徑三、四寸，以鐵爲楄，以二鐵輪絞之。纜之收放，以數十人司之。每船楄二，纜二，輪二，帆五、六。其纜繫船兩旁以巫筐②。筐中置珠媒引珠，乘風帆張。筐重則船不動，乃落帆收楄而上，剖蚌出珠。

蚌有一珠者、數珠者，有絶無珠者，有槿得珊瑚碎枝及五色文石金銀者③，蓋有數焉。珠身以圓白光瑩細無絲絡者爲精珠，半明半暗者爲褪光珠，次肉珠，次糙珠、藥珠，大而稍匾者曰"璫珠"，所謂南海之明璫也。其曰"走珠"、"滑珠"、"磲砢珠"、"官雨珠"、"稅珠"、"蔥符珠"④、"稗珠"，古有此名，今莫能盡辨，但以精珠龍睛粉白，重一分者銀六倒，二分者四十倒，肉珠二分重者四倒。合八百顆而成一兩者曰"八百子"，則十倒。合千顆而成一兩者曰"正千"，八倒。其重七分者爲珍，八分者爲寶。故曰"七珍"、"八寶"，其價則莫可定云。

玉山

曲江縣東有玉山。卉木茂滋，泉石澄潤，相傳爲昔人宋玉

---

① 文，別本作"大"。當作"大"。
② 巫，"垂"古體。
③ 槿，"僅"之訛。屈大均《廣東新語》作"僅"（卷十五葉十二）。
④ 蔥，同"蔥"。

處①。又瓊山石白潤如玉，故名瓊山。高州海中有文鮀，其鳴似磬而生玉②。《山海經》云："文鮀狀如覆銚，……是生珠玉。"③　是粵亦有玉云。

水晶

瓊州五指山多水晶，光瑩照人，望如雪霽。取以爲假山，高至丈餘，價甚翔。其銀晶及黃紫者，多從閩漳而來。或謂色紅者火晶，可以取火。白者水晶，可取水，亦可取火。水晶所在，夜輒有火光云。

珊瑚

珊瑚，水之木也。生海中磐石之上，初白如菌，一歲乃黃。海人以鐵網先沉水底，俟珊瑚貫出其中，絞網得之。或以鐵猫兒墜海中得之。在水直而耎，見風則曲而堅，得日光乃作鮮紅、淡紅二色。其五、七株合成者名"珊瑚林"。夜有光景，常煜煜欲然。南越王以爲烽火樹是也④。狀多如栢，亦曰"烽火栢"。或謂此物貴賤並隨真珠，大抵以樹身高大、枝柯叢多、紋細縱而色殷紅如銀硃而有光澤者爲貴，色淡有髓眼者

① 宋，屈大均《廣東新語》作"采"（卷十五葉十七）。作"采"是。

② 磬，屈大均《廣東新語》作"磬"（卷十五葉十七）。作"磬"是。

③ 〔北宋〕葉廷珪《海録碎事》所引（卷五葉三十二，文淵閣四庫全書本）。葉廷珪，字嗣忠，崇安人。

④ 烽，"烽"異體。樹，"樹"之訛。本篇同。

次之。其色善變，可以古灾祥①。圓之爲珠，帶腕上。或以爲簪。其人有福澤，則益紅潤高明云。

琥珀蜜蠟

琥珀，來自雲南者多血珀，來自洋船者多金珀②、蠟蠟、水珀，廣人雕琢爲器物，特工。餘則以作丸藥之用。琥珀者，龍陽而虎陰，龍爲魂而虎魄，葢得枌液之陰精③，因已土而結者也。廣中抱龍丸爲天下所貴，以其琥珀之真也。其以油煮蠟蠟爲金珀，吸莞草易，但不香。

貝

徐聞之西，每天霽，海水清澈見底，渾然砥平，皆石也。石上多有石欄杆④、海菜、鐵樹、雲根、石菌、靈栖、土芝等物，砂中復有蠃、蛾、蜃、蜊、蠔、蚶、蝤蛑之屬，凡古之威斗、大鐘、刑鼎、瓊弁、敦牟、厄匜⑤，以及罍、缶、甗、釜、豆、區、棬、筶之狀⑥，無不畢具。磨盪既久，肌理滑瑩，皆作五色光怪。有客嘗摭拾之，凡得貝類三百餘，蠃類五百餘，蛤類二百餘，石類一百餘，樹類五十餘。其最精麗纖

---

① 古，別本作"占"。屈大均《廣東新語》作"占"（卷十五葉十八）。作"占"是。

② 洋船，屈大均《廣東新語》作"洋舶"（卷十五葉十八）。

③ 枌，同"松"。屈大均《廣東新語》作"枌"（卷十五葉十八）。

④ 杆，別本作"杆"。屈大均《廣東新語》作"杆"（卷十五葉十九）。作"杆"是。

⑤ 厄，同"卮"。匜，"匜"之訛。

⑥ 筶，"筶"之訛。

巧，如相思子、甲香、指甲贏、石贏、石蟹、石燕、珹櫐、瑇
瑁等，有六十餘種，一一不同，是皆所謂貝也。

玻璃瑠璃

玻璃來自海舶，西洋人以爲眼鏡。兒生十歲，卽戴一眼鏡
以養目光，至老不復昏曚①。又以玻璃爲方圓鏡，爲屏風。昔
漢武帝使人入海市瑠璃者，此也。《南州異物志》云：「瑠璃
本質是石，欲作器以自然灰治之。自然灰狀如黃灰，生南海
濱。」② 今西洋人不知亦用此灰否。每裁鋸爲大小物，或以鑲
嵌壁障。潘尼所謂「灼爍旁燭，表裏相形。凝霜不足方其潔，
澄水不能喻其清」者③。廣人或鑄石爲之，相去甚遠矣。

龍腦香

龍腦香，出佛打泥者良。來自番舶。粵人以樟腦亂之。樟
腦本樟樹脂，色白如雪，故謂之腦。其出韶州者曰「韶腦」。
樟腦以人力，龍腦以天生者也。凡腦皆陽氣所聚，陽香而陰
臭，而龍者純陽之精，尤香。其腦與涎皆香品之最貴者。

綿布

東粵之綿布良苦不一，最美者白氎④。史記榻布者白疊，

---

① 昏，別本作"昏"。屈大均《廣東新語》作"昏"（卷十五葉十
九）。

② 〔清〕郝玉麟《廣東通志》所引（卷五十二葉一百七十八）。

③ 〔晉〕潘尼《瑠璃椀賦》句（〔清〕陳元龍《御定歷代賦彙》
卷九十八葉六）。文字略有參差。潘尼，字正叔，中牟人。

④ 氎，"氎"俗體。

或作答是也①。其布細膩精密，皚如雪，輕如繭紙，幅廣至四、五尺，吉終爲之②。其織爲巾者，兩頭組結方勝、葳蕤及諸物象。織者每抛一梭，則念一佛③。故廣州人殯死者以爲冂衣④，是曰"西洋布"。以來自番舶者爲眞，其出於瓊者，或以吳綾越錦拆取色絲，間以鵝毳之織，織成人物花鳥詩詞。名曰"黎錦"⑤，濃麗可愛。白者爲幛，雜色者爲被，曰"黎單"。四幅相連曰"黎幕"，亦曰"黎幔"。以金絲者爲上。又有花被、假被。《漢書》：儋耳朱崖皆服布，如單被穿中央爲貫頭。卽今之黎單也。亦有織爲巾帨與裙者。裙曰"黎桶"，橫幅合縫，如井欄，皆素花假錦百褶而成。所謂"迦盤之衣"也。黃文裕賦云："布帛則攀枝吉貝，機杼精工。百卉千華，凌亂殷紅。疎絺蘄暑，密斜弨風。"⑥蓋謂瓊布也。斜謂斜文布，其文或作象眼，或屯字⑦，或大小方勝，文皆側理，故曰"斜"。

廣州有麻經、絲經，兼絲布或綿緯絲。有雙紽，布甚厚實。有榜被，絮緢所織，其緯粗如小指，或謂卽毧被，亦名"毧罽"，或方文斜文。雷州有雷被，以白綿線爲之，亦有紅

---

① 答，屈大均《廣東新語》作"荅"（卷十五葉二十一）。

② 終，別本作"絡"。

③ 佛，別本作"物"。屈大均《廣東新語》作"佛"（卷十五葉二十一）。作"佛"是。

④ 死，"死"異體。

⑤ 黎，"黎"別體。

⑥ 〔明〕黃佐《粵會賦（有序）》句（〔清〕陳元龍《御定歷代賦彙》卷三十八葉二十三）。黃佐，字才伯，號泰泉，香山人，謐文裕。

⑦ 屯，"卍"之訛。

者、紫者。崖州多織綿，儋州多織生絲。崖州組織綿線如布帛狀，繡人物花鳥其上，有十金一具者，名曰"帳房"。俗稱儋、崖二帳，是皆越布也。志曰：南方之布葛，越木綿，草本，亦越也。其曰"織貝"者，織爲貝文。《詩》所謂貝錦也①。貝或吉貝也。志稱高昌有草實如繭，絲如細纑，名曰"氎子"，織之爲布。白疊，卽吉貝也。島巨以卉服來貢，而織吉貝之精者以八筐，故曰"織貝"。臨川吳氏云"染其絲五色，織之成文曰織貝；不染五色而織之成文曰織文"是也②。綿與絲，一也。

　綿又有木棉之綿，卽攀枝花絮也。其木高四、五丈，花殷紅，朵大於杯。花落則絮蘊焉，春暮時漫空而飛，采之，其牏者可以爲褥。嶺外以爲吉貝卽木棉。非也。吉貝，草綿。如斑枝，乃木棉耳。汪廣洋詩："翠苞半拆漸吐綿，雪花填滿行人道。"又云："搓就瓊簪膩如璽，絲成氷縷細如煙。"③ 謂斑枝也。又有樹綿，一曰"樹頭綿"。以吉貝枝接烏桕④，俟生時截去烏桕，樹長可八、九尺，四季開花，夏秋尤盛。每一株，生數十年不壞。絮同木綿，德慶以上多種之。

---

① 貝錦，《詩·小雅·巷伯》語（《毛詩正義》卷十九葉八十五）。

② 吳氏，〔元〕吳澄，字幼清，號草廬，崇仁人。〔清〕朱鶴齡《禹貢長箋》引吳澄《揚州注》句（卷五葉三十一，文淵閣四庫全書本）。

③ 〔明〕汪廣洋，字朝宗，高郵人。引見汪廣洋《班枝花曲》（《鳳池吟稿》卷二葉十六，文淵閣四庫全書本）。

④ 烏桕，屈大均《廣東新語》作"烏柏"（卷十五葉二十三）。本篇同。作"烏柏"是。

葛布

粵之葛以增城女葛爲上，然不鬻於布①。彼中女子終歲乃成一疋，以衣其夫而已。其重三、四兩者，未字少女乃能織，已字則不能，故名"女兒葛"。所謂"北有姑絨，南有女葛"也。其葛產竹絲溪、百花林二處者良。采必以女。一女之力，日采祇得數兩②。絲縷以鍼不以手，細入毫芒，視若無有。卷其一端，可以出入筆管。以銀條紗襯之，霏微蕩漾，有如蜩蟬之翼。然日曬則縷，水浸則蹙縮。其微弱不可恆服，惟雷葛之精者，百錢一尺。細滑而堅，顏色若象血牙，名"錦囊葛"者，裁以爲袍，直裰，稱大雅矣。故今雷葛盛行天下。

雷人善織葛。其葛產高凉碉洲，而織於雷。爲絺者、綌者，分村而居。地出葛種不同，故女手良與沽功異焉。

粵故多葛，而雷葛爲正葛。其出博羅者曰"善政葛"。李賀《羅浮山人與葛篇》云"依依宜織江南空"，又云"欲剪湘中一尺天"謂此③。出潮陽者曰"鳳葛"，以絲爲緯，亦名"黃絲布"。出瓊山、澄邁、臨高、樂會者，輕而細，名"美人葛"。出陽春者曰"春葛"。然皆不及廣之龍江葛，堅而有肉，耐風日。凡此皆絰葛也。絰葛外，有新會細苧，蓋左思所謂"筩中黃潤"又曰"黃潤比筩"者④。凡疊布必成筩，一筩

---

① 布，"市"之訛。

② 兩，"兩"異體。

③ 李賀，〔唐〕宗室，系出鄭王後，字長吉。《羅浮山人與葛篇》見《昌谷集》（卷二葉八，文淵閣四庫全書本）。

④ 〔晉〕左思《吳都賦》句（〔清〕陳元龍《御定歷代賦彙》卷三十二葉十五、二十一）。

十端，而葛之大者率以兩端爲一連，苧則一端爲一連，他布則以六丈爲端，四丈爲疋。此其别也。

古時無木綿，皆以細麻爲布，惟粤之苧，則自上古已有。《禹貢》曰："島𡰣卉服。"傳曰："島𡰣，南海島上𡰣也。"卉，草也。卉服，葛越也。葛越，南方之布，以葛爲之，以其產於越，故曰"葛越"也。左思曰："蕉葛升越，弱於羅紈。"正義曰："卉服葛越。"[①] 蕉竹之屬。越即苧初也。漢徐氏女贈其夫以越布、鄧后賜諸貴人白越是也[②]。《漢書》云：粤地多"果布之湊"。韋昭曰："布，葛布也。"顔師古曰："布謂諸雜細布。皆是也。"[③] 其黄潤者，生苧也。細者爲絟，粗者爲苧。苧一作紵。《禹貢》曰："厥篚織貝。"傳曰："織，細紵也。"疏曰："細紵，布也。"[④] 漢志所謂"蘭干細布"也[⑤]。蘭干者，獠言紵也。翁源以爲苧霜布是也。其曰"花練"[⑥]，曰"縠纑"，曰"細都"，曰"弱折"，皆其類。許慎云：南方箭

---

① "《禹貢》曰"以下，引見〔西漢〕孔安國傳〔唐〕孔穎達疏《尚書注疏》（卷五葉十八，文淵閣四庫全書本）。文字稍參差。

② 鄧后賜，事見〔南朝宋〕范曄《後漢書》（卷十上葉十四，文淵閣四庫全書本）。

③ "《漢書》云"以下，引見〔東漢〕班固《漢書》（卷二十八下葉四十九，文淵閣四庫全書本）。文字稍參差。

④ "《禹貢》曰"以下，引見《尚書注疏》（卷五葉十八）。文字稍參差。

⑤ 蘭干細布，《後漢書》（卷一百十六葉二十三）。文字稍參差。

⑥ 練，屈大均《廣東新語》作"練"（卷十五葉二十四）。作"練"是。

布之屬皆爲荃。荃，絟也。①蕉竹之屬皆絟也。蕉布黃白相間，以蕉絲爲之，出四會者良。唐時端、潮貢蕉布，韶貢竹布。竹布罌仁化，其竹名曰"丹竹"。丹亦曰"單"。竹節長可緝絲，織之名"丹竹布"。一名"竹練"②。《庾翼與燕王書》曰"竹練三端"是也③。志稱蠻布織蕉竹、苧蔴、都落等。

麻有青、黃、白、絡、火五種。黃、白曰"苧"，亦曰"白緒"。青、絡曰"麻"。火曰"火麻"。都落卽絡也。馬援在交阯，嘗衣都布單衣。都布者，絡布也。絡者，言麻之可經可絡者也。其細者當暑服之，涼爽無油汙氣④，煉之柔熟如椿椒繭綢⑤。可以禦冬。新興縣最盛，估人率以綿布易之。其女紅，治絡麻者十之九，治苧者十之三，治蕉十之一，紡蠶作繭者千之一而已。

又有魚凍布。莞中女子以絲兼苧爲之，柔滑而曰若魚凍⑥，

① "許愼云"以下，引見〔唐〕顔師古注《漢書》"荃葛"（卷五十三葉七）。文字稍參差。

② 練，"練"之误。

③ 《庾翼與燕王書》，〔南宋〕高似孫《緯畧》引（卷四葉三，文淵閣四庫全書本）高似孫，字續古，餘姚人。竹練三端，當作"竹練三端"。

④ 爽，同"爽"。汙，別本作"汗"。屈大均《廣東新語》作"汗"（卷十五葉二十五）。

⑤ 煉，屈大均《廣東新語》作"涷"（卷十五葉二十五）。作"涷"是。

⑥ 曰，屈大均《廣東新語》作"白"（卷十五葉二十五）。作"白"是。

謂紗羅多澣則黃，此布愈澣則愈白云。外有藤布、芙蓉布，以
木芙蓉皮績絲爲之，能除蓺汁①。

又有蟲布，出新安南頭。蟲本苧麻所治，漁婦以其破敝
者，翦之爲條，縷之爲緯，以綿紗線經之，煮以石灰，漂以溪
水，去其舊染薯莨之色，使瑩然雪白。布成，分爲雙單。雙者
表裏有大小絮頭。單者一面有之。絮頭以長者爲貴，摩挲之
久，葳蕤然若西氈起絨。更或染以薯莨，則其絲勁爽，可爲夏
服。不染則柔以禦寒。粤人甚貴之。亦奇布也。諺曰："以蟲
爲布，漁家所作。著以取魚，不憂風颲。"小兒服之，又可辟
邪魅。是皆中州所罕者也。

粤布自《禹貢》始言，遷、固復言。官其地者，往往以
爲貨賂。昔孫牟調朱崖廣幅布②，蠻不堪役，遂作亂殺牟。而
士燮獻吳大帝細葛以千數③，粤人苦之。宋恭帝時，廣州獻入
筒細布，一端八丈。帝惡其精麗，蠹害女紅，卻之，詔嶺南禁
作此布④。誠慮小民淫巧，風尚侈靡，使貪史得以爲暴也⑤。

雷州婦女多以織葛爲生，《詩》正義云："葛者，婦人之

---

① 蓺汁，別本作"藝汁"。屈大均《廣東新語》作"熱汗"（卷十
五葉二十五）。作"熱汗"是。

② 事見〔南朝宋〕范曄《後漢書》（卷一百十六葉八）。孫牟，或
作"孫幸"。

③ 燮，"燮"異體。

④ "宋恭帝時"以下，事見〔唐〕李延壽《南史》（卷一葉三十
五，文淵閣四庫全書本）。

⑤ 貪史，屈大均《廣東新語》作"貪吏"（卷十五葉二十六）。作
"貪吏"是。

所有事。"① 雷州以之，增城亦然。其治葛無分精粗，女子皆以鍼絲之，乾撚成縷，不以水績，恐其有痕迹也。織工皆東莞人，與尋嘗織苧麻者不同。織葛者名爲細工，織成，弱如蟬翅，重僅數銖，皆純葛無絲。其以蠶絲緯之者，浣之則葛自葛絲自絲，兩者不相聯屬。純葛則否。葛產綏福都山中，以蔓生地上，而稚者爲貴。若繚繞樹間，則葛多枝葉，不中爲絲。采者日得觔②，城中人買而績之，分上、中、下三等爲布。陽春亦然，其細葛不減增城，亦以紡緝精而葛真云。

蕉類不一，其可爲布者曰"蕉麻"，山生或田種。以蕉身熟踏之，煮以純灰，水漂瀹令乾，乃績爲布，本蕉也。而曰"蕉麻"，以其爲用如麻，故葛亦曰"葛麻"也。廣人頗重蕉布，出高要、寶查、廣利等村者尤美。每當墟日，土人多賷蕉身賣之。長樂亦多蕉布，所當蠶，惟取其絲以緯蕉及葛，不爲綢也。綢則以天蠶食烏椿葉者織之③。史稱粵多果布之湊，然亦夏布，若蕉葛苧麻之屬耳。冬布多至自吳、楚、松江之梭布、咸寧之大布，估人絡繹而來，與綿花皆爲正貨。粵地所種吉貝，不足以供十郡之用也。蕉布與黃麻布爲嶺外所重，常以冬布相易云。

---

① 引見《毛詩正義》（卷一葉三十四）。

② 日得觔，屈大均《廣東新語》作"日得數觔"（卷十五葉二十六）。作"日得數觔"是。

③ 烏椿，屈大均《廣東新語》作"烏桕"（卷十五葉二十七）。作"烏桕"是。

程鄉繭

程鄉繭紬爲嶺南所貴①。其蠶分畦而養，各以其葉飼之。飼某葉，則爲某繭紬。其繭布，則羅浮大胡蝶繭所成云。

文昌繭

文昌繭，其蠶惟食山栗葉，故吐絲堅韌。其綢可久服弗敝。新興繭亦然。若南海官窰繭、順德龍江繭則劣②。

鳥衣

南方多鳥衣。鳥衣者，諸種鳥布所成。一曰“天鵝絨”。巨人剪天鵝細管，雜以機絲爲之，其製巧麗。以色大紅者爲上。有冬夏二種，雨灑不濕，謂之“雨紗”、“雨緞”。粵人得其法，以土鵝管或以羢物，品旣下，價亦因之。一曰“瑣袱”，出哈烈國，亦鳥毳所成，紋如紈綺。其大紅者貴，然服之身重不便。粵人倣爲之，似素紡絹而自起雲，殊不逮也。又有以孔雀毛績爲線縷，以繡譜子及雲肩袖口，金翠奪目，亦可愛。其毛多買於番舶，毛曰“珠毛”。葢孔雀之尾也。每一屏尾，價一金。一屏者，一孔雀之尾也。以其尾開如錦屏，故曰“屏”。

---

① 紬，別本作“綢”。屈大均《廣東新語》亦作“綢”（卷十五葉二十七）。本篇同。

② 底本“劣”后疑脱一“矣”字。

黎毯

方勺《薄宅編》①：“閩、廣以木綿紡績爲布，名曰‘吉貝’。海南蠻人以爲巾，上出細字，雜花卉，尤工巧。卽古所謂白叠布。”② 今黎人居海南山峒，多業紡吉貝，鬻市中。婦女兼工繡毯，稱黎毯。《虞衡志》云：“黎幕出海南。黎峒人得吳越錦綵，拆取色絲，間木綿挑織而成。每以四幅聯成一幕。”③

紅藤簟

《北戶錄》：“瓊州出紅藤簟，……其色殷紅，瑩而不垢。”④ 志稱粵東多藤。於海南者爲最。瓊州有赤、黃、白、青諸藤，又有苦藤、圭藤、土藤，皆堪爲器用。按《方言》謂簟爲笙，亦曰“篷籧”。紅藤席，較嘉紋諸席，更屬經用。朱彝尊詞：“縠紋細織暹羅席。方花盈尺。”⑤

---

① 薄，“泊”之誤。方勺，〔北宋〕婺州人，字仁聲，自號泊宅翁。《泊宅編》有四庫全書本。

② 引見〔清〕郝玉麟《廣東通志》（卷五十二葉五十）。與《泊宅編》（卷中葉五、六，文淵閣四庫全書本）文字大異。

③ 引見〔南宋〕范成大《桂海虞衡志》（葉十五，文淵閣四庫全書本）。文字稍有參差。

④ 引見〔唐〕段公路《北戶錄》（卷三葉九、十，文淵閣四庫全書本）。

⑤ 〔清〕朱彝尊《後庭花》詞句（《曝書亭集》卷二十七葉八，景上海涵芬樓藏原刊本）。朱彝尊，字錫鬯，秀水人。縠紋，或作“紅藤”。

蠟丸

南方草木入藥者甚夥。市人製丸裹蠟，俗稱“廣丸”，遠方攜用頗驗。

竹器

《惠州志》：竹器出長樂。又《肇慶志》：“竹器出高要諸橋諸鄉。”①《瓊州志》：“出綿樓②，器爲酒壺、茶甌之屬。”③

鼻烟

烟草，今在處有之。按熊人林《地緯》云④：“粵中有仁草名‘金絲醺’，可辟瘴氣。多吸之，能令人醉，亦曰‘烟酒’。”⑤又有鼻烟。製烟爲末，研極細，色紅，入鼻孔中，氣倍辛辣。貯以秘色磁器及玻璃水玉瓶盒中。價換輕重，與銀相等。來自西域市舶。今粵中亦造之，足以饋遠。

羽毛紗緞

廣南尚羽毛紗緞，悉攜自番舶，以出賀蘭者爲上。紅毛諸

---

① 引見〔明〕陸鰲等《肇慶府志》（地理三葉八十，明崇禎六年刻本）。

② 樓，同“棕”。

③ 引見〔明〕戴熺、歐陽璨《瓊州府志》（卷之一下葉百十七）。文字稍有參差。

④ 熊人霖，〔明〕進賢人。

⑤ 見〔清〕陳元龍《格致鏡原》所引（卷二十一葉三十七，文淵閣四庫全書本）。文字稍有參差。陳元龍，字廣陵，海寧人。

處，亦有販至者，卽不能同其軟薄矣。今粵地亦製羽毛繝，以
絲織成之，頗適於用。按毲氈，舊產罽賓國，今諸洋俱有之。

潮布

潮陽產絨布，極重密，足蔽風雨，俗稱"潮布"，行用遠
近。"梁四公說：南海商人賚火浣布二端。杰公遙識之，曰：
此火浣布也。一是緝木皮所作，一是績鼠毛所作①。以問商
人，具如杰公之說。因問木、鼠之異，曰：木堅毛柔，是
異也。"②

廣紗

廣之線紗與牛郎綢、五絲、八絲、雲緞、光緞，皆爲嶺外
京華東西二洋所貴。

紙③

東莞出蜜香紙，以蜜香木皮爲之。色微褐，有點如魚子。
其細者光滑而韌，水漬不敗。以襯書，可辟白魚。南浙書殼皆
用栗色竹紙④，易生粉蠹。至粵中必以蜜香紙易之，始不蠹。
最堅厚者曰"純皮"，過於桑料。細者曰"紗紙"，染以紅黃

---

① 鼠，"鼠"異體。
② 引見〔北宋〕李昉等《太平御覽》（卷八百二十葉十六，文淵
閣四庫全書本）。文字稍有參差。
③ 紙，當作"紙"。屈大均《廣東新語》亦作"紙"（卷十五葉二
十九）。底本目錄作"紗"。
④ 殼，屈大均《廣東新語》作"殼"（卷十五葉二十九）。

以帷燈，恍若空轂，以其細點如沙亦曰"沙紙"。晋武帝賜杜預蜜香紙萬番①。《嶺表錄異》："廣……州……多棧香……以作紙，名爲香皮。"② 是此紙也。長樂有穀紙，厚者八重爲一，可作衣服。浣之，至再不壞，甚煖，能辟露水。穀紙自昔見重。唐蕭倣爲嶺南節度使，敕諸子以穀紙繕補殘書。子廩諫曰："州距京師且萬里，書成不可露齎，必將貯以囊笥③，貪者伺望，得薏苡之嫌乎？"倣曰："善。吾思偶不及此。"④ 此穀紙之故事也。從化有流溪紙。紙出流溪一堡。有上流紙艔、下流紙艔，二艔專以運紙，故名。其竹名曰"紙竹"，與他竹異。男女終歲營營，取給篁簹，絶無外務。其法，先斬竹投地窖中，漬以灰水。久之乃出，而椎練漬久，則紙潔而細，速則粗而滲。粗者一名"後紙"。

① 晋，同"晉"。事見〔晉〕嵇含《南方草木狀》所述（卷中葉五）。

② 引見〔唐〕劉恂《嶺表錄異》（卷中葉八，文淵閣四庫全書本）。文字稍有參差。

③ 囊，"囊"異體。

④ 引見〔北宋〕歐陽修《新唐書》（卷一百一葉十四）。文字稍有參差。

卷　六^①

雌雄鐘

五仙觀大禁鐘，洪武初永嘉侯朱亮祖所鑄，然不敢擊。歲乙酉，有司命擊之，城中嬰兒女死者千餘。於是嬰兒女皆著絳衣，繫小銀鐘以厭之。越一年城破，乃止勿繫。鐘有雌雄。其雌者尚飛入白鵝潭^②，往往與城中鐘相應。

銅皷^③

《通志》^④：銅皷在南海廟中者二，大者徑五尺，高稱之，中^⑤〔空無底，鈕垂四懸，腰束而臍隆起，旁有兩耳，通體作

---

① 底本“卷六”前有“南越筆記”。此刻本卷七、八、九、十、十一、十二同。南越，“粵東”之誤。

② 尚，別本作“向”。屈大均《廣東新語》亦作“向”（卷十六葉一）。

③ 皷，底本目錄作“鼓”。別本亦同。

④ 以下引見〔清〕郝玉麟《廣東通志》（卷六十四葉三至六）。文字稍有參差。

⑤ 以下缺一頁。〔 〕中內容據別本補入。

絡索連錢及水瀩紋，色微青，艷若補翠。小者殺大者五之一，高亦稱之，製類大者。考《後漢書》注、《廣州記》，俚獠鑄銅爲鼓。《宋史》：蠻號有銅鼓者，曰“都老”。今之銅鼓，蓋諸峒獠所遺。然今廟中所藏，內有鐫云“漢伏波將軍所鑄”，何以稱焉。張穆《異聞錄》云：昔馬伏波征蠻，以山溪易雨，製銅鼓。粵人亦謂雷、廉至交阯，海濱卑淫，革鼓多痺緩不鳴，無以振威，故伏波鑄銅爲之，狀亦類鼓，名曰駱越之鼓。此又一説也。廉州有銅鼓塘，欽州有銅鼓村，靈山有銅鼓嶺，文昌、萬州亦有銅鼓嶺，皆以掘得銅鼓而名。廟中銅鼓一，得之唐節度使鄭綯所獻，一得之潯州知府所獻。

韶州鐵鼓

韶州忠惠公祠有鐵鼓。一面微損，擊之有聲。先時，江中有一蛟，舟行者多爲所害，公以鐵爲鼓及船，使役人乘之，一日夜來往五羊，得蛟，斬之。至今蛟骨二段存祠中。

鐵柱

制畧小。志載：“鐵柱十有二，周七尺五寸，高一丈二尺。五代南漢鑄建乾和殿，宋柯取其四植於帥府正廳①。〕今藩廨鐵柱其一也。一沒於城東濠，一沒於司直泥淖中，餘莫知所在。”②

---

① 宋柯，其後脱“述”字。柯述，〔北宋〕泉州南安人，字仲常。
② 引見〔清〕郭爾阤《南海縣志》（卷之二葉五十，清康熙三十年刻本）。文字稍有參差。

秦犧尊①

英德峽山廟有秦犧尊，制作奇古。嘗爲權貴人取去，舟出峽，風濤大作，乃復還廟中。

瓊州錯

瓊州有黎金，似銅鼓而圓小，上三耳，中微其臍，黎人擊之以爲號。此即錯也。古時蠻部多以爲銅共②，以銅爲器。富者鳴銅鼓，貧者鳴錯，以爲聚會之樂。

番刀

粤多番刀。有曰"日本刀"者，聞其國無論酋王鬼子，始生即以鑌銕百斤淬之溪中③，歲凡十數煉。比及丁年，僅成三刀。其修短以人爲度，長者五、六尺爲上庫刀，中者腰刀，短小者解腕刀。初冶時殺牛馬以享刀師。刀師卜日乃冶，以毒藥入之。刀成，埋諸地中。月以人、馬血澆祭，於是刀往往有神，其氣色陰晴不定。每值風雨，躍躍欲出，有聲，匣中鏗然。其刀惟刻"上庫"字者不出境。刻漢字或八幡大菩薩單槽雙槽者，澳門多有之。以梅花鋼、馬牙鋼爲貴。刀盤有用紫銅者，鏤鑲金銀者，燒黑金者，皆作梵書花草，有小七在刀室中④，謂之"刀奴"。其水土既良，錘煅復久，以故光芒炫目，

---

① 犧，"犧"之誤。底本目録作"秦犧尊"不誤。
② 共，"兵"之誤。
③ 鑌銕，別本作"鑌鐵"。
④ 七，別本作"匕"，同"匕"。

犀利逼人。切玉若泥，吹芒斷毛髮，久若發硎，不折不缺。其人率橫行疾鬭，飄忽如風，常以單刀陷陣①，五刀莫禦。其用刀也，長以度形，短以趨越，蹲以爲步，退以爲伐，臂以承腕，挑以藏撇，豕突蟹奔，萬人辟易，真島中之絕技也。其奧者，以金銀雜純鋼煉之。卷之屈曲如游龍，首尾相連，舒之勁直自若，可以穿鐵甲，洞堅石。上有龍虎細紋，或旋螺花，或芝麻雪花。礬之以金絲礬則見，所謂繞指鬱刀也。刀頭凡作二層。一層金羅經，一置千里鏡，澳巨往往佩之。又有兩刀如劍，隱出層紋，可沾積毒藥，然皆不可多得。外有紅毛西洋諸刀，鏤鏨亦異。其割食者，首以珊瑚琥珀嵌之，柄以金珠古窰鑲之，率奇瑰奪目，輕薄如紙，可割裁，充文房玩器。有交蠻長刀，有槽無脊，輕利頗如日本，而精瑩鋼銳遜之。有苗刀，其紋以九簾爲上，輕便斷牛。有交趾刀，甚長，亦有槽無脊，精美如倭，然亦不可多得。尋常戰鬭之用，惟以惠陽刀爲良。

粵人善鳥鎗

粵人善鳥鎗，山縣民兒生十歲即授鳥鎗一具，教之擊鳥。久之，精巧命中，置於肘上背物而擊之，百步外錢孔可貫。鳥鎗以新會所造爲精，鎗成，置於掌上，擊物而鎗不動，掌亦無損。然後架之於肘用之，其人在前，則轉身而橫擊之，無不妙中。鎗既錘煉精熟，夜必懸於牆，否則曲而不直。引藥又宜長帶在身，使人氣溫煖，方易著火。炭則以糯穀爲之，葢沙砲貴長，鳥鎗貴輕，而藥皆宜乾燥也。外有三眼鎗者，有置於刀鎗

---

① 陷，別本作“陷”。作“陷”是。

之末本未互用者①，有交鎗者。其曰"瓜哇銃者"②，形如強弩，以繩懸絡肩上，遇敵萬銃齊發，貫甲數重。其曰"沙砲"者，以百煉精鐵爲之。長者一丈五、六，或二丈。每一發可斃人於三箭地外。其爲製也，皮宜厚，腹宜光滑，口宜稍大於身，使彈子易於噴撒。彈子多至升許，一發斃數十百人。雜以快鈀藤盾，長短相救，用之戰陣，可以每戰輒無敵矣。

西洋銅镜③

西洋大銅镜者，重三千斤，大十餘圍，長至二丈許，藥受數石。一發，則天地晦冥，百川騰沸，蟄雷震燁，崩石摧山，十里之內，草木人畜無復有生全者。紅毛巨擅此大器，載以巨舶，嘗欲窺香山澳門，脅奪市利。澳巨乃倣爲之，其製比紅毛益精云。

覿面笑

澳門所居，其人皆西洋舶巨，性多點慧④。所造月影、海圖、定時鐘、指掌櫃，亦有裨民事。其風琴、水樂之類，則淫巧詭僻而已。如機銃者，名"覿面笑"，笈藏於衣級之中。小石如豆，齧皮函外，鐵身摩戛，火透函中。蓋皆精鐵分合而

---

①　鎗，"槍"之誤。本未，"本末"之誤。屈大均《廣東新語》作"有置於刀槍之末本末互用者"（卷十六葉九）。

②　瓜哇，"爪哇"之誤。銃，"銃"異體。

③　镜，"銃"之誤。本篇同。屈大均《廣東新語》正作"銃"（卷十六葉十）。底本目録作"西洋銅銃"不誤。

④　點，"黠"之誤，別本作"黠"。作"黠"是。

成，分之二十餘事，邈不相屬。合之各以牝牡橐籥相茹，納紐篆而入蝸戶，栝轉相制，機轉相發。外以五、六鐵榧榧之，大四寸，圍長六、七寸，以帶繫置腰間。帶有銅圈，可揷機銳二十枚。鋁彈亦懷於身，用時乃入彈，重八、九分，用止二枚，不可多，用則壞銳。危急時一人常有二十銳之用，百不失一，此亦防身之奇技也。

佛山眞武廟會

佛山有眞武廟，歲三月上巳，舉鎭數十萬人競爲醮會，又多爲大炮以享神①。其紙炮，大者徑三、四尺，高八尺，以錦綺多羅洋絨爲餙②，又以金縷珠珀堆花墨子及人物，使童子年八、九歲者百人，倭衣倭帽牽之。藥引長二丈餘，人立高架，遙以廟中神火擲之，聲如叢雷，震驚遠邇。其榔炮，大者徑二尺，內以磁礨，外以篾以松脂、瀝靑，又以金銀作人物龍鸞餙之，載以香車，亦使綵童推挽。藥引長六、七丈，人立三百步外放之。拾得炮首，則其人生理饒裕。明歲，復以一大炮酬神。計一大炮，紙者費百金，榔者半之。大紙炮多至數十枚，榔炮數百。其眞武行殿則以小爆構結龍樓鳳閣，一戶一窓③，皆有寶鐙一具④。又以小炮層累爲武當山及紫霄金闕，四圍悉點百子鐙。其大小鐙、燈裙、燈帶、華蓋、瓔珞、宮扇、御

---

① 炮，屈大均《廣東新語》作"爆"（卷十六葉十二）。本篇同。

② 餙，別本作"餝"。本篇同。

③ 一戶一窓，屈大均《廣東新語》作"一戶一牕"（卷十六葉十三）。

④ 鐙，屈大均《廣東新語》作"鐙"（卷十六葉十三）。本篇同。

爐諸物，亦皆以小炮貫串而成。又以錦繡爲飛橋複道。兩旁欄
楯，排列珍異花卉，莫可算。觀者駢闐塞路，或行或坐，目亂
煙花，鼻厭沉水。簪珥礙足，簫鼓喧耳，爲淫蕩心志之娛，凡
三、四晝夜而後已。

龍門木槍

龍門健兒多以棉木爲槍，長三丈餘。三人持之，一進一
退，以四尺爲率。從地上挑起人馬，敵不能近，謂之"八步
長槍"。

水翻車

水翻車一名大輔車。從化之北，凡百餘里，兩岸巨石相
拒，水湍怒流。居民多以樹木障水爲翻車。子瞻詩："水上有
車匕自翻。"[1] 其輪大三、四丈，四周悉置竹筒，筒以吸水，
匕激輪轉，自注槽中，高田可以盡溉。西寧亦然，每水車一
輛，可供水碓十三、四。

木牛

木牛者，代耕之器也。以兩人字架施之。架各安轆轤一
具，轆轤中繫以長繩六丈，以一鐵環安繩中，以貫犁之曳鉤。
用時一人扶犁，二人對坐架上。此轉則犁來，彼轉則犁去，一
手而有兩牛之力，耕具之最善者也。

---

① 匕，當同重文號"々"。《東坡全集》作"水上有車車自飜"
（卷二十三葉十六）。下文"吸水匕激"，亦當作"吸水水激"。

羅浮銅龍銅魚

羅浮冲虛觀，當宋時，有道士於朝斗壇下得銅龍六，銅魚一。細玩之，非金，非石，非銅鐵。其龍皆具四足而微鱗，魚則空洞，其中無孔。堅若窰瓷，輕如木葉。葢神物也。蘇長公嘗以爲異。

大甑

廣州光孝寺有大甑，六祖時飯僧之用。大徑丈，深五、六尺。韶州南華寺亦有之，大與相若。當飯僧時，城中人爭持香粳投之。

太平粵海二關

粵東省境，共通西江、東浙、南楚諸處者爲太平關，在韶州。其東南接諸洋面及粵西、閩、滇各省海運商販者爲粵海關。各關口俱濱海岸。粵地出產繁多。陳若冲記中所云"人物富庶，商賈阜通"①，故市中出納喧闐，盛於他處。

十三行

按余靖志云："番禺大府……號爲都會……海舶貿易，商賈輻輳。"② 今諸番歲攜毯氍毹氈諸物與中土互市，皆隸屬也。

① 陳若冲記，指〔南宋〕陳若冲《連山縣記》。所引見〔明〕李賢等《明一統志》（卷七十九葉五，文淵閣四庫全書本）
② 所引見〔清〕郝玉麟《廣東通志》（卷五十一葉十五）。文字略有參差。

廣州城南設有十三行，悉交易番貨出入者。

花邊錢

花邊錢以銀鎔爲錢樣，面有水草、燭臺諸紋，間有作人馬形者。邊輪有花，俗稱“花邊錢”。其大小遞分減爲五等輕重，皆有度，便於鬻物，市中間用之。

端硯

《嶺南雜記》：“端硯出肇慶羚羊峽東。有上巖、中巖、下巖之別，有水坑、旱坑之分，有舊坑、新坑之目。……其石之精粗美惡，人人聚訟，皆由身不至端溪，……究莫能辨眞石也。……大約不論石之大小，眼之有無，細潤光嫩者爲上。其發墨與否，久而後貴，初出未有不發墨也。其眼亦不論大小，以層次分明色澤圓活者爲佳。”① 魏泰《東軒筆錄》云：“端硯有三種：石色青紫，襯手而潤，叩之清遠，有青絲圓小鸚鵒眼乃巖石②。巖有上巖、中巖、下巖，品最貴。其次赤色，呵之乃潤，鴝鵒眼，色紫，紋漫而大，乃西坑石。其下青紫色，向明側視，有碎星光點，如沙中雲母，乾而少潤，謂後歷石。”③《通志》又據《嶺南雜記》云：“宋時舊坑今無所得石。至於城外廟前肆中所賣，皆屏風巖旱坑之石，卽新坑不可得矣。”④

---

① 所引見〔清〕吳震方《嶺南雜記》（卷上葉十六）。

② 鸚，別本作“鴝”。

③ 所引見〔北宋〕魏泰《東軒筆錄》（卷十五葉二，文淵閣四庫全書本）。文字略有參差。魏泰，字道輔，襄陽人。

④ 所引見〔清〕郝玉麟《廣東通志》（卷五十二葉一百四十九）。文字略有參差。

按："長安李觀察家藏一硯，當時以爲寶。下刻字云：'天寶八年冬端溪東州石，刺史李元書。'劉原甫取視之，大笑曰：'天寶安得有年？自改元帥稱載矣！且是時州皆稱郡，刺史皆稱太守，安得獨爾耶？'出《唐書》示之，莫不嘆服。"①

石墨

陸應陽《廣輿記》："石墨：出始興小溪中，長短如墨。人或取以畫眉。"② 《通志》："一名畫眉石。"③ 顧微《廣州志》："懷化縣邑塹得石墨甚多，精好寫書。"④

丹砂

《輿地志》：連昔昔產丹砂⑤。按：葛洪修道羅浮山。鮑倩南海守絕粒，取白石煮食之。嘗夜訪葛洪於羅浮之冲虛觀。今蓬萊開遺履軒乃二仙夜談之所⑥。潘茂名煉丹高州之東山，服食仙去。何仙姑，增城何泰女，食雲母粉，遂得輕身往來羅浮山頂。

---

① 按語出〔明〕陸應陽《廣輿記》（卷之十九葉二十九，明萬曆間刻本）。文字略有參差。"帥"字衍。

② 所引見〔明〕陸應陽《廣輿記》（卷之十九葉十六）。文字略有參差。

③ 引見〔清〕郝玉麟《廣東通志》（卷五十二葉一百四十三）。

④ 所引見〔清〕郝玉麟《廣東通志》（卷五十二葉一百四十三）。〔南朝宋〕顧微所撰《廣州記》已佚。

⑤ 連昔昔產丹砂，"連昔"疑當作"連州"。〔清〕阮元《廣東通志》云："連州產丹砂。"（卷九十四葉二，清道光二年刻本）。

⑥ 蓬，"蓬"之誤。開，"閣"之誤。

自鳴鐘

《廣州志》：自鳴鐘出西洋，以索轉機，機激則鳴，晝夜十二時皆然①。按：自鳴鐘每交一時，又有衆音並作，鏗鏘如度曲聲，少頃乃止。今謂之樂鐘，又謂之八音鐘。

龍鬚席

《肇慶志》："龍鬚草出廣寧。生巖崖間，似蒲而細。"② 《通志》云："亦出儋州。"③ 工人織作席墊及佩囊。諸色花紋細密，光緻瑩潤，間有裏，餙邊稜，裝鑲底面，加以紗緞綵繒，曲盡其妙。志又稱："龍鬚席甚有名，以廣寧金渡村者爲佳。高明、長樂亦有之。"④ 織手微不及，然猶不及西洋茭文席也。余視學肇慶，以此出題使諸生作賦，並使作鳳尾蕉詩。皆端州產也。

木瘿

廣多木瘿，以荔支瘿爲上，多作旅螺紋⑤，大小數十，微細如絲。

---

① 晝，"畫"之誤。
② 引見〔清〕史樹駿《肇慶府志》（卷二十二葉十二，清康熙十二年刻本）。
③ 引見〔清〕郝玉麟《廣東通志》（卷五十二葉四十四）。
④ 引見〔清〕史樹駿《肇慶府志》（卷三葉四十六）。
⑤ 旅，當作"旋"。

茅君

新會茅筆，以白沙所居圭峯，其茅多生石上，色白而勁。以茅心束縛爲筆，作字多樸野之致。白沙嘗稱爲茅君。故今人傚之。

石灣鋼瓦

南海之石灣善陶。凡廣州陶器，皆出石灣，尤精鋼瓦。其爲金魚大鋼者，兩兩相合，出火則俯者爲陽，仰者爲陰。陰所盛則水濁，陽所盛則水清。試之盡然。諺曰：“石灣鋼瓦，勝於天下。”

佛山多冶業

廣州佛山多冶業。冶者必候其工而求之，極其尊奉。有弗得，則不敢自專，專亦弗當。故佛山之治遍天下[1]，石灣陶業亦然。

粵中多尚屐

粵中婢媵多著紅皮木屐，士大夫亦皆尚屐。沐浴乘涼時，散足著之，名之曰“散屐”。散屐以潮州所製拖皮爲雅。或以抱木爲之。抱木附水松根而生，香而柔韌，可作履，曰“抱香屐”。潮人刳之爲屧，輕薄而奐，是曰“潮屐”。或以黄桑、苦楝亦良。香山土地卑溼[2]，尤宜屐。其良賤至異其製以别

---

[1]　治，“冶”之誤。

[2]　溼，“濕”異體。

之。新會尚朱漆屐，東莞尚花綉屐，以輕者爲貴。廣州男子輕薄者，多長裙散屐，人皆呼爲"裙屐少年"以賤之。

西洋茭文席

粵之席以西洋茭文者爲上。其草隨舶而至，灣人得之亦能織①。然皆複而不單，單者作細方勝斜文，惟西洋國人能織。

東莞席

有莞席出東莞縣。莞叢生水中，其中莖圓美。《拾遺記》曰②："穆王時，西王母來敷黃莞薦。"③ 宋起居注曰④："廣州刺史韋朗作白莞席三百二十領。"⑤ 莞音完，又音官。蓋其爲用最古。東莞人多以作莞席爲業，縣因以名。縣在廣州之東，故曰"東莞"。

瓊州席

瓊有藤席。有定安席，有梛葉席、檳榔席，皆席之美者。檳榔，山檳榔也。葉如蘭，大三指許，長可數尺。淡白中微帶紅紫，績爲布似葛而輕，亦可作席。人知粵多奇布，不知有

---

① 灣，屈大均《廣東新語》作"澳"（卷十六葉二十二）。

② 《拾遺記》，〔晉〕王嘉撰，王嘉，字子年。

③ 見〔唐〕虞世南《北堂書鈔》所引（卷一百三十三葉四，文淵閣四庫全書本）。文字微異。

④ 宋起居注，即《宋元嘉起居注》。

⑤ 見〔北宋〕李昉等《太平御覽》所引（卷七百九葉六）。文字微異。

檳榔布與檳榔席也。又澄邁染茜草爲餇①，久而愈滑，曰“黃村席”。又瓊有紅竹籧篨，潮有流黃席。

酒器

粵酒器有鸂鶒杯。鸂鶒者，越王鳥也。其喙黃白黑色，長尺許，光瑩如漆。以爲杯，可受二升。有鶴頂杯。鶴者，海鶴也。其大者修項五尺，類淘河，而味銳頂色丹②，堅潤如金玉，以爲杯，可受一升。有鸚鵡杯。本海贏殼也，出瓊州三亞港青欄海中。前屈而朱，如鸚鵡嘴然。尾旅尖處作數層③，一空相貫，甚詰曲，可以藏酒。其色紅白青紫相間，生取者鮮明。《異物志》云④：“扶南海有大贏如甌，其體蜿蜒委曲。盛酒在中，自注至傾覆，終不盡，以伺誤相罰爲樂。”⑤ 有紅蝦杯。紅蝦大者鬚數尺，以金鑲口爲杯，可受酒升許。有顒頾杯⑥，磨海贏殼爲之。有海膽杯。海膽生島嶼石上，殼圓有粟珠，粟珠上有長刺纍纍相連，以漆灰厚襯之爲杯。一名“共命杯”，以其取一帶十也。有火雞卵杯，受一升，有纏樓杯、沉速香杯，因香之大小方圓剖成，狀千百出，以金銀鑲之。粵人

---

① 餇，“飼”異體，屈大均《廣東新語》作“飾”（卷十六葉二十二）。作“飾”是。

② 味，屈大均《廣東新語》作“哧”（卷十六葉二十三）。作“哧”是。

③ 旅，屈大均《廣東新語》作“旋”（卷十六葉二十四）。作“旋”是。

④ 《異物志》，指〔三國吳〕萬震撰《南州異物志》。

⑤ 見〔清〕郝玉麟《廣東通志》所引（卷五十二葉一百五十四）。

⑥ 顒頾，“鸝鶒”之誤。

頗尚奇器，以地之所少者相高。然大抵近山多用嬴杯，近海多用香杯，而東西洋之金銀器不與焉。

梛器

凡梛出於瓊者，處處相似，獨文昌舖前所產者大小形殊。小者至如拇指，作杯以此爲貴。梛殼有兩眼，謂之蕚。有斑纈點文①，甚堅。橫破成椀，從破成杯。以盛酒，遇毒輒沸起，或至爆裂，征蠻將士率持之。故唐李衛公有梛杯一，嘗佩於玉帶環中。梛杯以小爲貴。一種石梛，生子絕纖小②，肉不可食，止宜作酒杯。其白色者尤貴，是曰"白梛"。粵人器用多以梛，其殼爲瓢以灌溉，皮爲帚以掃除，又爲盎以植挂蘭、挂竹，葉爲席以坐卧。爲物甚賤而用甚多如此。

檳榔合檳榔包

廣人喜食檳榔。富者以金銀貧者以錫爲小合，雕嵌人物花卉，務極精麗。中分二隔，上貯灰臍、蔞鬚、檳榔，下貯蔞葉。食時，先取檳榔，次蔞鬚，次蔞葉，次灰，各有其序。蔞鬚或用或不用，然必以灰爲主，有灰而檳榔蔞葉乃回甘。灰有石灰、蜆灰。以烏爹泥製之作汁益紅。灰臍狀如臍，有蓋，以小爲貴。居者用合，行者用包。包以龍鬚草織成，大小相函，廣三寸許。四物悉貯其中，隨身不離，是曰"檳榔包"。以富川所織者爲貴，金渡村織者次之③，其草有精粗故也。

---

① 纈，別本作"纈"。作"纈"是。
② 纖，"纖"俗字。
③ 渡，"渡"之誤刻。

陽春瓦盤

陽春東有馬鞍山。山巔一古瓦盤，圍八尺許，中有清泉。登者掬飲將半，詰朝復滿，雖積雨不溢。

温坑瓦甕

永安温坑所作瓦甕，内外純黃，火炙不裂，以藏酒，味能不變。又有康禾白磁諸器，亦堅好。又越人謂石甕曰"石涌"。

卷　七

馬人

馬人一曰“馬畱”。俞益期云[①]：壽泠岸南有馬文淵遺兵，家對銅柱而居，悉姓馬，號曰“馬畱”。凡二百餘戶，自相婚姻。張勃云[②]：象林縣在交阯南，馬援所植兩銅柱以表漢界處也。援北還，畱十餘戶於銅柱所，至隨有三百餘戶，悉姓馬。土人以爲流寓，號曰“馬流人”。銅柱尋沒，馬流人常識其處，嘗自稱大漢子孫云[③]。其地有掘得文淵所製銅鼓，如坐墪而空其下。兩人舁之[④]，有聲如鼜鼓。馬流人常扣擊以享其祖。祖卽文淵也。有詠者云：“銅鼓沉埋銅柱非，馬留若著漢時衣。”[⑤] 銅船在合浦，相傳馬援鑄銅船五，以其四徃征林邑，

---

① 俞，別本作“命”。

② 張勃，〔晉〕人，撰《吳録》，已佚。

③ 事見〔北朝魏〕酈道元《水經注》所述（卷三十六葉三十四）。

④ 舁，“舁”異體。

⑤ 馬留若著漢時衣，屈大均《廣東新語》作“馬留猶著漢時衣”（卷七葉十三）。

留一於此。天陰雨，浮出湖面。樵捕者常得見之，因名湖曰“銅船湖”。鄺露詩“銅船亘奔流”又云“冒險觸銅船”是也[①]。馬人今已零落，而欽州之峝長皆黄姓。其祖曰“黄萬定”者，青州人，初從馬援征交阯有功，留守邊境。後子孫分守七峒，至宋皆爲長官司。元時以貼浪峒長黄世華有討賊功，賜金牌印信。洪武初年收之，仍爲峒長。其在時休峒者，祖曰禓純旺[②]，亦馬援戰士。永樂初，時羅峒長以事被革，移純旺孫貴成守之。其如昔、博是、澌凛、鑑山、古森五峒，亦皆以姓黄者爲長。葢皆萬定後裔，馬留之人也。然黄氏繁盛而馬氏衰矣。

黑人

《林邑記》[③]：“有儋耳民……以黑爲美。”《離騷》所謂元國，即今儋州也。其地在大海中，民若魚鱉。魚鱉性屬火而喜黑，水之象黑，儋耳民亦水之族，故尚黑也。然儋州今變華風，絶無緩肩鏤頰耳穿縋爲餙之狀[④]，獨暹羅、滿剌伽諸番以藥淬面爲黑，猶與古儋耳俗同。巨室多買黑人以守戶，號曰“鬼奴”，一曰“黑小厮”。其黑如墨，唇紅齒白，髮鬈而黄，生海外諸山中。食生物，捕得時與火食飼之，累日洞泄，謂之換腸。此或病死[⑤]。或不死即可久蓄。能時人言，而自不能

① 〔明〕鄺露《三湘得詩十章貽諸知好用達所屆》之七、之八詩句（《嶠雅》卷一葉四八）。

② 禓，疑“禤”之誤。

③ 《林邑記》，舊題〔漢〕東方朔撰。

④ 鏤，别本作“縷”。作“鏤”是。餙，别本作“飾”。

⑤ 此，别本作“比”。

言。絕有力，負數百斤。性淳，不逃徙，嗜慾不通，亦謂之
"野人"。

猺人

萬曆初，兩廣寇之劇者曰"羅旁猺"。猺每出劫人，挾
單竹三竿，炙以桐油，涉江則編合爲筏，所向輕疾，號爲
"五花賊"。其辇有九星巖，一名"竅"，深二尺許。猺輒吹
之以號衆。又有石，其底空洞，撞之淵淵作鼓聲。猺亦以爲
號。其謠曰："撞石鼓，萬家爲我虜。吹石角，我兵齊宰
剝。"而羅旁水口有竦石，狀若兜鍪①，高百仞。猺每夜隔江
呼石將軍，石應則出劫無患，不應則否。將軍陳璘以此石爲賊
響哨②，妖甚，燒巴石，頂有鮮血迸流，其怪遂絕。蓋鬼物之
所憑焉。

猺故多妖術，又所居深山，叢箐亂石，易以走險。其謠
曰："官有萬兵，我有萬山。兵來我去，兵去我還。"其大紺、
天馬諸山尤險峻。陳璘嘗以馬不能鞁人不能甲爲慮，大征時勤
兵二十萬，部分十道，凡兩踰月乃蕩平，覆其巢穴八十餘，斬
獲數千萬。今東西山尚有雲欖、雲洋諸種人，率短小蹻捷，上
下如猱玃。帶三短刀，持鐵力木弩，弩長二尺，重百斤，頭作
雙槽，釘以燋銅錯鐵，藥箭長僅尺許。無事射獵爲生，有事則
鳴小鐺舉衆蠭起，以殺人爲戲樂。雖設有猺官狼目以主之，然
薄稅輕猺，示以羈縻而已。

---

① 兜，同"兜"。
② 陳璘，〔明〕廣東翁源人，字朝爵。

猺、狼以語音相別，謠主而狼客①。狼稍馴。初，大征羅旁，調廣西狼兵爲前哨。今居山以西者，有二百餘丁，其後裔也。

諸猺率盤姓，有三種：曰“高山”，曰“花肚”，曰“平地”。平地者良。歲七月十四拜年，以盤古爲始祖，盤瓠爲大宗。其非盤姓者，初本漢人，以避賦役潛竄其中，習與性成，遂爲真猺②。袁昌祚云③：“羅旁之地，土著之民多質悍，利入猺爲雄長。客藉之民多文巧，利出猺爲圍奪，兹固長蘗之媒也。”④則備諸猺當自齊民始⑤。羅旁猺其稍馴，聽約束，與齊民無異，從不入城。有見官長者，還語其類，謂不畏中間坐者，但畏左右鷄毛官，謂皂隸也。婦人皆著黑裙，裙脚以白粉繪畫，作花卉水波紋。獞則以紅絨刺繡。猺貞而獞淫。猺之婦女不可犯。獞婦女無人與狎，則其夫必怒而去之。猺欲娶婦，入山見樵采女輒奪其衫帶以歸。度已之衫帶長短相等⑥，乃往尋求其女，負之。女父母乃往壻家，使成親。否則女仍處子，不敢犯也。西寧、東安諸生猺亦然。鄺露謂猺人以“十月祭都貝大王，男女連裾而舞，謂之‘蹋猺’。相悦，則男騰躍跳踴，背女而去。”⑦此西粤之猺俗也。

────────────

① 謠，“猺”之誤。
② 猺，“猺”之誤。
③ 袁昌祚，〔明〕東莞人，原名炳，字茂文。
④ 見〔清〕郝玉麟《廣東通志》所引（卷五十一葉二十七）。蘗，屈大均《廣東新語》作“藥”（卷七葉十七）。作“藥”是。
⑤ 備，屈大均《廣東新語》作“備”（卷七葉十七）。作“備”是。
⑥ 已，“己”之誤。
⑦ 引見〔明〕鄺露《赤雅》（卷一葉三）。文字稍異。

又謂獞人相娶日，其女卽還母家，與隣女作處，間與其夫
埜合，既有身，乃潛告其夫作欄以待，生子後始稱爲婦。婦曰
"丁婦"，男則曰"獞丁"。官曰"峒官"。峒官之家婚姻，以
豪侈相尚。壻來就親，女家於五里外以香艸花枝結爲廬，號曰
"入寮"。鼓樂導男女入寮，盛兵爲儥①。小有言則歙兵相鏖。
成親後，婦之婢媵稍忤意，卽手刃之。能殺婢媵多者，妻乃畏
憚。半年始與壻歸，盛兵陳樂，馬上飛鎗走毬，鳴鐃角伎，名
曰"出寮舞"。壻歸則止。三十里外遣瑤賹持籃迎之②，脫婦
中祖貯籃中，命曰"收魂"。蓋欲其妻悸畏而無他念也。瑤賹
者，巫也。

東粵有猺而無獞，吾故詳言猺而畧言獞。曲江猺，惟盤姓
八十餘戶爲真猺，其別姓趙、馮、鄧、唐九十餘戶，皆僞猺。
其男子穿耳，餙銀環③，衣服綵繡花邊，首裹花帕，腰刀掛弩
下，跣足。女人無袴，繫重裙，皆繡花邊。其戴版者曰"板
猺"，以油蠟膠髮裹於板上，光閃似蜻蜓羽，月整一次。夜以
高物皮首而臥④，下亦跳足⑤。婚姻不辨同姓，食多野獸。以
膏粱釀酒，七月望日，祀其先祖狗頭王，以小男女穿花衫歌舞
爲侑。性亦工巧，或製器以易鹽米。有山官約束之，號"猺

---

① 儥，當作"備"。

② 〔明〕楊慎云："巫覡號曰瑤賹。見《本草》。不知其解。"
（《秋林伐山》卷十六，明嘉靖三十五年王詢刻本）

③ 餙，別本作"飾"。

④ 皮，"庋"之誤。屈大均《廣東新語》作"庋"（卷七葉十
八）。

⑤ 跳，"跣"之誤。

"總"，歲時一謁縣令。其無板睹民猺①。耕山者花麻而不賦。耕畎者編戶與庶民同。女子鑂耳環②，婦則屏之。

連山有八排猺，性最獷悍。其臀微有肉尾，腳皮厚寸許，飛行林壁，自號"猺公"。而呼連人爲百姓，自稱猺丁曰"八百粟"。言其多也。稱官長則曰"朝廷"，月送結狀。至縣庭不跪，納糧則以委縣之里長。里長利其財物，與交好。少拂，則白刃相加矣。有猺目八人司約束。歲仲冬十六日，諸猺至廟爲會閬，悉懸所有金帛衣鑂相跨耀③。猺目視其男女可婚娶者，悉遣入廟，男女分曹地坐，唱歌達旦，以淫辭相和。男當意不得就女坐，女當意則就男坐。旣就男坐，媒氏乃將男女衣帶度量長短，相若矣，則使之挾女還家。越三日，女之父母乃送牲酒，使成親。凡女已字，頂一方板，長尺餘，其狀如扇，以髮平纏其上，斜覆花帕，膠以蠟膏，綴以琉璃珠，是曰"板猺"。未字則戴一箭竿，髮分數絡，左右盤結箭上，亦覆繡帕，自幟麥稈帽戴。出入叢箐，首頻側而不礙，是曰"箭猺"。其領袖，皆頼五色花絨垂鈴錢數串，衣用布，或靑或紅，堆花疊艸，名"猺錦"。女初嫁，垂一繡袋④，以祖妣高辛氏女，初配槃瓠，著獨力衣，以囊盛槃瓠之足與合，故至今仍其製云。《後漢書》言槃瓠諸子"織績木皮，染以艸實，好五色衣服，製裁皆有尾形"⑤。於寶

---

① 睹，"者曰"合文。屈大均《廣東新語》作"者曰"（卷七葉十八）。

② 鑂，屈大均《廣東新語》作"飾"（卷七葉十八）。

③ 跨，"誇"之誤。

④ 垂，同"垂"。

⑤ 載〔南朝宋〕范曄《後漢書》（卷一百十六葉二）。

言"赤髀橫裙，槃瓠子孫"是也①。槃瓠毛五采②，故今猺娸徒衣服斑爛。其性兇悍好鬭，一成童可敵官軍數人。又善設伏，白晝匿林莽中，以炭塗面，黑衣黑袴，爲山魈木魅之狀。見商旅則被髮而出，見者驚走，棄財物，呼曰"精夫斨我"乃已。"精夫"者，猺之渠帥也。

自洸口至連州四百餘里，嶇路艱險，商旅不敢陸行，行至從水。官軍與交通爲盜。而猺官歲入其租稅千金，縱容弗問。四方亡命者，又爲之通行囊橐③，或爲鄉導，分受鹵獲。其巢窟與連山相對，僅隔一水。官兵至，盡室而去，退則擊我惰歸。跟蹡叢薄中，不可蹤跡。拒敵則比偶而前，執鎗者前卻不常以衞弩，執弩者口銜刀而手射人，矢盡則刀鎗俱奮，度險則整列以行，遯去必有伏弩。徃時常勤五省之兵征之。

德慶有樫猺山、樫翁山，皆熟猺所居。猺曰"樫猺"，猺之長曰"樫翁"也。又有樫馬山，猺馬之所生，故曰"樫馬"。又猺人多以其人爲馬。馬多力，善走，倏忽百里。故羨之而以爲名。其曰"狑人"者，猺之別種。狑猶《詩》所謂"盧令令"也④。

猺人者，舊居文昌東北百里東猺山。其人如猿，故云"猺"。《詩》"遭我乎猺之閒"註謂"猺山名"⑤。非也。猺，

①　於寶，"干寶"之誤。引見〔晉〕干寶《搜神記》（卷十四葉二，文淵閣四庫全書本）。

②　匏，屈大均《廣東新語》作"瓠"（卷七葉十九）。作"瓠"是。

③　橐，"橐"異體。

④　《詩·齊風·盧令》詩句（《毛詩正義》卷八葉二十七）。

⑤　《詩·齊風·還》詩句（《毛詩正義》卷八葉五）。

犬類也。猱人一作狙人，莊生所謂狙公也。與狑人皆高髻雕題，狀若猩狒，散居林莽，饑拾橡栗。莊生"賦芧朝三暮四"之言①，殆謂是也。

黎人

黎母山，高大而險，中有五指、七指之峯。生黎獸居其中，熟黎環之。熟黎皆漢語，常入州縣貿易，暮則鳴角結隊而歸。生黎素不至城，人希得見。歲壬子，忽有生黎二十餘獻物上官。旗書"黎人向化"四字，以梹榔木竿懸之。一人貟結花沉一塊，大如車輪。外色白，內有黑花紋。一人抱油速一樹，長七八尺。二人舁一黑猪熊，二人舁一黃鹿，貌皆醜黑，蓬跳短衣及腰②，以三角布掩下體，觀者以爲鬼物也。當額作髻，髻有金銀鈀，或牛骨簪。其縱插者，生黎也。橫插者熟黎。以此爲別。

婦女率著黎補，以布全幅上與下緊連，自項至脛不接續，四圍合縫，以五色絨花刺其上。裙袨作數百細摺，用布至十餘丈。長不能行，則結其半於腰間，纍纍如帶重物。椎髻大釵，釵上加銅環，耳墜垂肩，面湼花卉蟲蛾之属③，號"繡面女"。其繡面非以爲美。凡黎女將欲字人，各諒已妍媢而擇配④，心

---

① 《莊子》作"狙公賦芧曰朝三而暮四"（〔晉〕郭象《莊子注》卷一葉十九，文淵閣四庫全書本）。

② 跳，屈大均《廣東新語》作"跣"（卷七葉二十一）。

③ 湼，"湼"之俗。

④ 已，"己"之訛。媢，"媢"之訛。

各悅服。男治爲女紋面①，一如其祖所刺之式，毫不敢訛，自謂死後恐祖宗不識也。又，先受聘則繡手，臨嫁先一夕乃繡面。其花樣皆男家所與，以爲記號，使之不得再嫁。古所謂雕題者，此也。題，額也。雕，繡也。以針筆青丹湼之，有花卉蟲魚之屬，或多或少。而世以爲黎女以繡面爲絕色，又以多繡爲貴，良家之女方繡，婢媵不得繡。皆非也。

黎婦女皆執漆扁擔，上寫黎歌數行，字如蟲書，不可識。男子弓不離手，以藤爲之。藤生成如弓，兩端有稍②，可掛弦，弦亦以藤。箭鏃以竹，無羽，但三丫爲菱角倒鈎，入肉必不能出。被射者以身就竹林下，屈垂竹尾，繫箭笴於其上，以多人按定被射者，使身不動，徐放竹尾，鏃卽出，然筋骨俱已散碎，敷以藥散，僅不死而已。

生黎最兇悍，其弓重二百餘斤，戈以標刀，甲以角，盔以香木皮。熟黎弓則以雜木，若擔竿狀。棕竹爲弦，筋竹爲箭笴而不甚直，鐵鏃鋒銳有雙鈎，一小繩繫之，臨射始直箭端，遇猛獸③，一發卽及。獸逸而繩絆於樹，乃就獲焉。凡欲買沉香者，使熟黎土舍爲導，至生黎峒，但散與紙花、金勝及鋤頭長一尺者、箭鏃三角者，或絨線、針布等物，生物則喜。每峒置酒餉客，當客射牛中腹，卽以牛皮爲鍋，熟而薦客。人各置一碗，客前滿酌椒酒，客能飲則一一嘗之，否則竟勿嘗也。如或嘗或不嘗，彼則以爲有所輕重，雖盡與客沉香，必要於隘

---

① 治，屈大均《廣東新語》作"始"（卷七葉二十一）。

② 稍，屈大均《廣東新語》作"弰"（卷七葉二十二）。宜作"弰"。

③ 獣，"獸"之俗。

路而殺客，其兇暴若此。生黎以熟黎勾引，嘗出盜劫，男婦
盡室以行，蹻捷如飛，官兵不能追逐。惟婦女以黎褓太長，行
稍緩，往往被擒，乃稍屈伏。其別種有生岐者，尤獷悍，雖生
黎亦輒畏之。大抵五指山中多生黎，小五指山中多生岐。岐，
隋所謂苞也。黎，漢所謂俚也。俚亦曰“里”。《漢書》曰
“九真蠻里”又曰“歸漢里君”是也①。熟岐稍馴善，其巢居
大種者，爲乾腳岐，與熟黎同俗。半生半熟者次之。

計黎疆圍凡一千二百餘里，絕長補短，可四百有奇。山勢
盤旋贏然，黎舉種盡落居其外，岐居其中。二、三十里間輒有
一峒。峒有十數村，土沃煙稠，與在外民鄉無異。第層峯疊
巘，林竹叢深，水毒山嵐，氛翳四塞，外人不能恒入。故諸獠
得以負固爲患。

黎有二種：五指山前居者爲熟黎，山後爲生黎。熟黎亦
有二種：與生黎近者爲三差黎，與民近者四差黎，征猺稍稍
加焉。熟黎者，生黎之粮莠，而粮長又熟黎之蟊賊。凡生黎
蠢動，皆熟黎爲之挑釁。而熟黎之奸欺，又粮長之苛求所激
也。粮長者，若今之里長。其役黎人如臧獲，黎人直稱之爲
官，而粮長當官亦呼黎人爲百姓。凡征猺任其科算，盡入私
囊。詰之則曰：“此生黎也，激之恐變。”其奸欺若是。官或
詣黎村徵粮，所至宜一一嘗其酒饌。黎人喜官公平，乃相戒速
完國課。如遺其一，即瞋恚，陰挾弓矢伏林間，凶其水草之性
矣。赴州縣課而額髻直豎一雄雞尾②，橫挿骨簪，斯則其冠冕

---

① 　見〔南朝宋〕范曄《後漢書》（卷七葉十二、卷一下葉十）。九
真蠻里，當作“九真蠻夷”。

② 　髻，“髻”俗體。

也。官必歡言笑語，受其所獻，賞以銀牌、紅布。彼欣然持歸，供之香火爲遺愛。或鄙其裸裎，使著衣見，彼遞相傳語①，見者遂希，爲納糧亦怠。

　　黎多符、王二姓，非此二姓爲長，黎則不服。欲立長，則繫一牛射之，矢慣牛腹而出②，則得立。黎長不以文字要約，有所借貸，以繩作一結爲左券。或不能償，雖百十年子若孫皆可執繩結而問之，負者子孫莫敢諉。力能償，償之，否則爲之服役。貿易山田亦如是。黎死無子，則合村共縶其婦。欲再適，則以情告黎長，囊其衣帛，擇可配者投於地。男子允則拾其囊。婦乃導歸宿所，攜挾牲牢徃婚焉③。父母死，斂所遺財帛會黎長與衆痊之④。以爲父母恩深，我無以報，不敢享其遺貲，而旁人亦不敢竊取，懼其鬼能祟人云。每扛負諸物，惟以一肩，登高陟嶮，不更移，曰祖宗相沿如是，不敢更也。其愚孝又有如此。

　　黎善咒鬼能作祟。或與客商牴牾，卽咒其已亡父母。逾時，其人身如火熾，頭腹交痛。知其故，勿暴其過，第曰：獲罪土神，請爲飯謝。覓酒脯與之祭於地，喃喃其詞。祭畢，夫婦分而啖之，病人歘然起矣。其或士商與貿易欺以膺物，則出伏路旁，執塗人以歸，極其箠楚⑤，俾受者通信於家，訟其人，償以原物，始釋之。如其人不可得，訟其同侶。聞官遣熟

---

① 遞，別本作"遞"。
② 慣，屈大均《廣東新語》作"貫"（卷七葉二十四）。作"貫"是。
③ 牲，別本作"牷"。
④ 痊，屈大均《廣東新語》作"瘞"（卷七葉二十四）。作"瘞"是。
⑤ 箠，"棰"異體。

黎持牒曉之，雖不識字，覘印文而亦釋遣焉。其俗最重復仇，名“筭頭債”。然不爲掩襲計。先期椎牛會衆，取竹箭三，刃其餘①，誓而祭之。遣人齎此矢告讎，辭曰：“某日某時相報，幸利刃鍜矛以待。”讎者謀於同里，亦椎牛誓衆，如期約，兩陣相當，此一矢來，彼一矢往，必斃其一而後已。或曲在此，曲者之妻於陣前橫過呼曰：“吾夫之祖父負汝，勿斃吾夫，寧斃我可也。”其直者妻即呼其夫曰：“彼妻賢良如是，可解鬬。”亦即釋焉。如已報矣。若力微不能敵，則率同里避之。報者至，見無人相抗，即焚其茅葦，曰：“是懼我也，可以雪吾先人恥矣。”凱還，不再出。

輋人

　　澄海山中有輋戶，男女皆椎跣，持挾鎗弩，歲納皮張，不供賦。有輋官者，領其族。輋巢居也。其有長、有丁、有山官者，稍輸山賦。賦以刀爲準者曰猺。猺所止曰“冚”，曰“峒”，亦曰“輋”。海豐之地，有曰“羅輋”，曰“葫蘆輋”，曰“大溪輋”。興寧有大信輋。歸善有窰輋。其人耕無犂鋤，率以刀治土，種五穀，曰“刀耕”。燔林木，使灰入土，土煖而蛇蟲死，以爲肥，曰“火耨”。是爲畲蠻之類。志所稱伐山而營，蓺草而播，依山谷采獵，不冠不屨者是也。潮州有山輋。其種二：曰平鬃，曰崎鬃，亦皆猺族。有莫猺號“白衣山子”，散居溪谷。治生不屬官，不屬峒首，皆爲善猺。其曰“斗老”，與盤、籃、雷三大姓者，頗桀驁難馴。樂昌有偒猺，

---

① 餘，屈大均《廣東新語》作“棶”（卷七葉二十五）。作“棶”是。

多居九峯司諸山。其始也苦於誅求，以其田產質客戶，竄身猺中①，規免旦夕，久之性情相習，遂爲真猺。相率破犯條要，恣行攻劫，爲地方之害，卽善猺亦且畏之。猺或作獠。《漢書》江都王建"遣人通越繇王"是也②。越東多猺而無獞，獞惟粤西多有之。自荔浦至平南，獞與民雜居不可辯。大抵屋居者民，欄居者獞。欄架木爲之，上以棲人，下以棲羣畜，名"欄房"，亦曰"高欄"，曰"麻欄子"。狼人則不然。自荔浦至平南多獞人，自潯陽至貴縣多狼人。粤東惟羅定、東安、西寧有狼人。蓋從粤西調至征戍羅旁者，族凡數萬，每人歲納刀稅三錢於所管州縣，爲之守城池，灑掃官衙，供給薪炭，性頗馴畏法。

瘋人

粤中多瘋人，仙城之市，多有生瘋男女行乞道旁。穢氣所觸，或小遺於道路間，最能染人成瘋。高、雷間，盛夏風濤蒸毒，氣瘴所乘，其民人生瘋尤多，至以爲祖瘡，弗之怪。當壚婦女，皆繫一花繡囊，多貯果物，牽人下馬獻之，無論多少，估人率稱之爲同年，與之諧笑。有爲五籃號子者云："垂垂腰下繡囊長，中有檳門花最香。一笑行人齊下騎，殷勤紫蠏與瓈漿③。"蓋謂此也。是中瘋疾者十而五、六。其瘋初發，未出顏面。以燭照之，皮肉頰紅如茜，是則賣瘋者矣。凡男瘋不能

---

① 竄，"竄"之俗。

② 引見〔東漢〕班固《漢書》（卷五十三葉七，文淵閣四庫全書本）。

③ 瓈，"瓊"俗字。

賣於女，女瘋則可賣於男，〔一賣而瘋蟲卽去，女復無疾。自〕陽春至海康①，六、七百里板橋茅舍之間，數錢妖冶，皆可怖畏，俗所謂過癩者也。瘋爲大癩，雖緣濕熱所生，亦傳染之有自。故凡生瘋，則其家以小舟處之。多備衣糧②，使之浮游海上，或使別居於空曠之所，母與人近③。或爲瘋人所捉而去，以厚賂遺之乃免。廣州城北舊有發瘋園。歲久頹毀。有司者倘復買田築室，盡收生瘋男女而養之，使瘋人首領爲主，母使一人闌出④，則其患漸除矣。

蛋家⑤

蛋家本鯨鯢之族，其性嗜殺。彼其大艟小艑，出沒江海上。水道多岐，而呂朋之分合不測，又與水陸諸兇渠相爲連⑥。故多蛋家賊云。

諸番

諸番之在廣東者，曰"婆利"，曰"古麻剌"⑦，曰"狼牙修"，曰"占城"，曰"真蠟"，曰"瓜蛙"⑧，曰"暹羅"，

----

① 〔 〕內文字原泐，據別本補。

② 偹，"備"異體。

③ 母，"毋"之誤。

④ 母，"毋"之誤。

⑤ 底本目錄作"蜑家"。

⑥ 相爲連，屈大均《廣東新語》作"相爲連結"（卷七葉三十三）。

⑦ 剌，"剌"之誤。本篇同。譯名中作"刺"者均爲"剌"之誤。

⑧ 瓜蛙，屈大均《廣東新語》作"爪哇"（卷十五葉三十）。當作"爪哇"。

曰"滿剌加"，曰"大泥"，曰"蒲甘"，曰"投和"，曰"加羅希"，曰"層檀"，曰"赤土"。其直安南者[1]，曰"林邑"，曰"槃槃"，曰"三佛齊"，曰"毉蘭丹"[2]，曰"頓遜"，曰"州湄"，曰"浡泥"，曰"闍婆"，曰"扶南"，曰"彭亨"，曰"毗騫"，曰"天方"，曰"錫蘭山"，曰"西洋古里"，曰"榜葛剌"，曰"蘇門答剌"，曰"古里班卒"，是皆南海中大小島尼，[見於《明祖訓》、《會典》者也。其不可][3] 攷者，有"輦"、"羅蘭"、"頓田"、"離其"、"門毒"、"右笪"、"羅越"、"佛遊"[4]、"訶陵"、"箇羅"、"哥谷羅"、"婆露"、"獅子"、"摩逸"、"佛朗機"諸國，則未嘗入貢懋遷有無者也。

安南本漢交阯地。洪武初朝貢。其物有金銀器皿、熏衣香、降真香、沉香、速香、木香、黑線香、白絹、犀角、象牙、紙扇。

占城本古越裳氏界。洪武二年，其主阿荅阿首遣其神虎都蠻來朝貢。其物有象、犀、象牙、犀角、孔雀、孔雀翎、龍腦、橘皮、抹身香、薰衣香、金銀香、奇南香、土降香、檀香、柏香、燒碎香、花藤香、烏木、蘇木、花梨木、蕉蔓、畓紗、紅印花布、油紅綿布、白綿布、烏綿布、圓壁花布、花紅邊縵、雜色縵、番花手巾帕、虼羅綿被、洗白布泥。

暹羅在占城南。洪武四年，其王參烈昭毗牙遣使奈思俚儕剌識悉替等來朝貢，進金葉表。其物有象、象牙、犀角、孔雀

---

① 直，別本作"在"。作"在"是。

② 毉，"急"俗字。

③ ［］內文字原泐，茲據別本補。

④ 遊，屈大均《廣東新語》作"逝"（卷十五葉三十）。

尾、翠毛、六足龜、龜筒、寶石、珊瑚、金戒指、銅鼓、片
腦、米腦、糠腦、腦油腦、紫檀香①、速香、安息香、黃熟
香、降真香、羅斛香、乳香、樹香、木香、烏香、丁香、丁
皮、阿魏、薔薇水、琬石、紫梗、藤竭、藤黃、琉黃②、沒
藥、烏爹泥、肉荳蔻③、胡椒、蓽撥、蘇木、烏木、大楓子、
苾布、油紅布、白纒頭布、紅撒哈布、紅地絞節智布、紅杜花
頭布、紅邊白暗花布、細棋子花布④、織人象花文打布、西洋
布、織花［紅絲打布、剪絨絲雜色紅花］⑤被面、織雜絲竹
布、紅花絲手巾、織人象雜色紅文絲縵。

　　真臘本扶南屬國。洪武六年，其王忽兒那遣使柰亦吉郎等
來貢。其物有象、象牙、犀角、孔雀翎、蘇木、胡椒、黃蠟、
烏木、黃花木、土降香、寶石。

　　瓜哇本古闍婆國。洪武三年，其王昔里八達剌遣使八的占
必等來朝貢。其物有胡椒、蓽芰、黃蠟、烏爹泥、金剛子、蘇
木、烏木、畨紅土、薔薇露、奇南香、檀香、麻藤香、速香、
降香、木香、乳香、黃熟香、安息香、烏香、蓽撥、茄龍腦、
血竭、肉荳蔻、白荳蔻、藤竭、阿魏、蘆薈、沒藥、大楓子、
丁皮、畨木鼈子、悶蟲藥、碗石、寶石、珍珠、錫、西洋鉄、
鉄鎗、摺鉄刀、銅鼓、苾布、油紅布、孔雀、火鷄、鸚鵡、瑇

---

① 檀，同“檀”。

② 琉，屈大均《廣東新語》作“硫”（卷十五葉三十一）。

③ 荳，屈大均《廣東新語》作“豆”（卷十五葉三十一）。本篇同。

④ 細，屈大均《廣東新語》作“綿”（卷十五葉三十一）。當作“細”。

⑤ ［　］內文字原泐，茲據別本補。

玥、孔雀尾、翠①、鶴頂、犀角、象牙、龜筒。

滿剌加在占城南。永樂三年，其王西剌八兒速剌遣使奉金葉表來朝貢。其物有畨小厮、犀角、象牙、珠母殼、瑇玥、鶴頂、鸚鵡、黑熊、黑猿、白麂、鎖袱、金母鶴頂、金廂戒指、撒哈剌白芯布、薑黃布、撒都細布、西洋布、花縵、片腦、梔子花、薔薇露、沉香、乳香、黃速香、金銀香、降真香、紫檀香、丁香、丁皮、璘、胡椒、血竭、烏爹泥、肉荳蔻、沒石子、阿魏、槖鉛、片腦、肉果、瑪瑙珠、竹布、蘇合油、烏木、蘇木、大楓子、畨錫、畨鹽。

三佛齊本南蠻別種，在占城南。洪武四年，其王〔哈剌札八剌卜遣〕② 使玉的力馬罕亦里麻思奉金字表來朝貢。其物有黑熊、白獺、火雞、孔雀、五色鸚鵡、諸香、兠羅錦被③、芯布、龜筒、胡椒、肉荳蔻、畨油子、米腦。

淳泥本闍婆屬國。洪武四年，其王馬謨沙遣使亦思麻逸朝貢。其物有珍珠、寶石、金戒指、金繆環、金銀八寶器、龍腦、牛腦、梅花腦、降香、沉香、速香、檀香、丁香、肉荳蔻、黃蠟、瑇玥、龜筒、蠃殼、鶴、熊皮、犀角、孔雀、倒掛鳥、五色鸚鵡、黑小厮。

錫蘭山，正統十年，其王遣使耶把剌謨的黑啞等來朝貢。其物有寶石、珊瑚、水晶、金戒指、撒哈剌象、乳香、木香、樹香、土檀香、沒藥、西洋細布、藤竭、蘆薈、硫黃、烏木、

---

① 翠，屈大均《廣東新語》作"翠毛"（卷十五葉三十一）。當作"翠毛"。

② 〔 〕內文字原泐，茲據別本補。

③ 錦，屈大均《廣東新語》作"綿"（卷十五葉三十二）。

胡椒、琬石。

蘇門荅剌，永樂三年，其王鎖丹罕難阿必鎮遣使阿里來朝貢。其物有馬、犀牛、龍涎、撒哈剌梭眼木香、丁香、降真香、沉速香、胡椒、蘇木、錫、水晶、瑪瑙、寶石、石青、回回青、硫黃、番刀、弓。

大坭稱隸暹羅助貢國。其來貿易，有胡椒、乳香、血竭、沒藥、片腦、蓽潑、烏爹泥、土檀、黃檀香、降香、沉香、沉粟香、丁香皮、烏木、蘇木、藤黃木、食子①、龜筒、象牙、番牛角、瑇瑁、珠殼、寶石、打麻、西洋布、竹布、茭張席、灰筒。

急蘭丹，正德四年來貿易，有胡椒、烏木、丁皮。已上凡二十國，皆嘗來徃廣東者。舊例②，貢舶三艘至粵，使者捧金葉表入京朝貢，其舶市物還國。次年，三舶復至迎勅③，又市物還國。三年三貢，或五年一貢，一貢則其舶來徃三度，皆以澳門爲津市。黃文裕云：“徃者番舶通時，公私饒給，其貿易舊例，有司擇其艮者④，如價給之，次則資民買賣。故小民持一、二錢之貨，即得握椒，展轉交易，可以自肥。廣東舊稱富庶，良以此云。”⑤

————————

①　食，屈大均《廣東新語》作“貪”（卷十五葉三十二）。作“食”是。〔明〕姚虞《嶺海輿圖》云“……降香、沒藥、烏丁泥、土檀香、蘇木、沉香、黃檀香、藤黃木、食子、龜筒、象牙……”（葉六十一，文淵閣四庫全書本）。

②　舊，“舊”俗體。

③　勅，“勅”之訛，屈大均《廣東新語》作“敕”（卷十五葉三十三）。作“敕”是。

④　艮，“良”之訛。

⑤　見〔明〕戴璟《廣東通志初稿》所引（卷三十葉二十八，明嘉靖十四年刻本）。文字稍異。

卷　八

鳳

《山海經》："南禺之山⋯⋯有鳳凰、鷓鷞。"① 南禺者，謂羅山之南番禺之東也。《莊子》云"鷓鷞發南海飛于北海"是也②。有山鳳凰者，亦鳳之類，大如鶩鴈。伏卵時，雄者以木枝雜山桃膠封其雌於巢，而畱一竅。雄飛求食以飼之。子成發封，否則窒之。又有大頭鳳卵於石，積柴封之，鷓則抉石而起。鄺露云："博白淥含之山多鳳，有高三尺者，五彩，冠似金杯，天晴則雙飛，而衆鳥隨之。又有大如鶩者，尾甚長，羽聲薨薨，響若輪轉。諸鳥見之，歛翼俛首③，伏不敢鳴，名'大頭鳳'。猺、獞間射得之。肉備衆美。輋娘握共者多以其

---

　　① 引見〔晉〕郭璞注《山海經》（卷一葉九，文淵閣四庫全書本）。

　　② 《秋水》篇作"鷓鷞發於南海而飛於北海"（〔晉〕郭象《莊子注》卷六葉十九，文淵閣四庫全書本）。

　　③ 歛，"斂"之誤。

毛爲裘①，或以鷫鸘代之。邑久逾鮮，湟而弗滓②。"③小鳳凡
數種。有曰"桐花鳳"，丹碧成文，羽毛珍異。其居不離桐
花，飲不離露。桐花開則出，落則藏。蓋以桐花爲胎以露爲命
者也。兒女子捕之，飲以蜜水，用相傳玩。漁洋有詞云："郎
似桐花，妾似桐花鳳。"④謂此也。此種蜀中亦有。又有鳳頭
雀，大小毛片皆如燕，惟頭作鳳冠而尾紅。兒女養之馴放去，
一、二日復來。有曰"金鳳"，出儋州，大如指許，身五色，
冠首修尾，儼如釵上金鳳花。有曰"鳳雞"，毛咠花班⑤，似
鷓鴣而小。尾短身圓，度之僅及荔支大。足脛微細如一髮，裊
裊欲斷。歲十月，從羅浮飛至新安田上⑥，或至東莞茶滘。人
以紅絲爲網，見輒驚入。畜久馴習，然畏寒，至臘月必死。其
聲頗似雞雛，故名曰"雞"。喉小，穀麥不能進，食惟芝蔴、
稗米而已⑦。多巢花蕚中，亦桐花鳳之類。

孔雀

孔雀產高、廉、雷、羅定諸處。截其尾，編列瓶中，足供
玩飾。《南裔異物志》云："自背及尾皆作圓文，五邑相達，

---

① 共，"兵"之誤。

② 湟，別本作"涅"。

③ 引見〔明〕鄺露《赤雅》（卷三葉一、二）。文字頗異。

④ 〔清〕王士禛《蝶恋花・和漱玉詞》句（〔清〕顧貞觀《今詞
初集》卷上葉五十四，清康熙刻本）。王士禛，字貽上，號阮亭，又號
漁洋山人，山東新城人。

⑤ 班，別本作"斑"。

⑥ 田，別本作"山"。

⑦ 蔴，別本作"麻"。

如帶千錢。"① 《虞衡志》謂："雄者尾長數尺。"② 金碧晃耀，時奮張其尾，團如錦輪。《嶺南雜記》云③："其毛羽初春而生，四月後復凋，與花相榮衰。自愛其尾，欲棲息必先擇置尾之地。捕者先施網苦④，俟其兩尾露而重，不能高翔，卽羅網笞，不肯妄飛。土人取其尾，每數十莖長短相雜爲一，價亦不甚貴。其偏身毳毛及尾毛之破碎者⑤，取以纖補服。"⑥

翠羽

《爾雅》注："翠鷸似燕紺色⑦，生鬱林。"⑧ 其羽可爲飾。按翠羽點婦人首飾，邕寀最鮮明⑨，俗稱"廣翠"。

五邑雀

羅浮諸處有五邑雀。《羅浮志》云："産羅者以鐵冠爲長。蘇公在海南見者常以兩絳者爲長。"⑩ 又《異苑》云："山鷄愛

---

① 見〔北宋〕李昉等《太平御覽》所引（卷九百二十四葉十）。

② 引見〔南宋〕范成大《桂海虞衡志》（葉十七）。

③ 記，"記"之誤。

④ 苦，殆"笞"之誤。

⑤ 偏，別本作"徧"。作"徧"是。

⑥ 〔清〕吳震方《嶺南雜記》（卷下葉四十一）。

⑦ 鷸，別本作"羽"。

⑧ 引見〔南宋〕羅願《爾雅翼》所述（卷十五葉八，文淵閣四庫全書本）。

⑨ 寀，別本作"最"。

⑩ 見〔清〕郝玉麟《廣東通志》所引（卷五十二葉八十四）。

其毛，映水則舞。魏武時，南方獻之。"① 翡翠、山雞皆出肇
慶。舊屬南海郡。

鸚鵡

鸚鵡出惠州及吳川、石城諸處。《南方異物志》云："鸚
鵡有三：一種青，……一種白，……一種五邑。……凡鳥四
指，三向前，一向後，其目下瞼眨上。此鳥兩指向前，兩指向
從②，兩瞼俱如人目。"③《廣輿記》：新興有六真院，"蔡確貶
新州，寓此。有待姬名琵琶④，畜鸚鵡甚慧，每爲確喚琵琶。
及琵琶死，鸚鵡猶呼其名。確賦詩傷之。"⑤ 有純紅者，自番
國來。

倒挂鳥

《羅浮志》：倒挂鳥一名公鳳⑥。東坡詞 "倒挂綠毛公鳳"
是也⑦。李之儀云："此鳥以十二月來，有 '收香'、'倒挂

---

① 引見〔南朝宋〕劉敬叔《異苑》（卷三葉二，文淵閣四庫全書
本）。

② 從，別本作 "後"。作 "後" 是。

③ 見〔清〕郝玉麟《廣東通志》所引（卷五十二葉八十六）。

④ 待，別本作 "侍"。作 "侍" 是。

⑤ 引見〔明〕陸應陽《廣輿記》（卷十九葉二十六）。文字稍異。
事見〔南宋〕潘自牧《記纂淵海》（卷九十七葉十三，文淵閣四庫全書
本）。

⑥ 公，別本作 "么"。本篇同。"么" 同 "幺"。

⑦ 〔北宋〕蘇軾《西江月·梅花》作 "倒掛綠毛么鳳"（《東坡
詞》葉三十四，文淵閣四庫全書本）。

子’、‘採香使’諸名。”① 蘇詩“蓬萊宫中花鳥使，綠衣倒挂扶桑暾②”，自注云：“嶺南珍禽有倒挂子，綠衣紅嘴，似鸚鵡而小。自海東來，非塵埃中物也③。”④《鳥獸考》云：“日間好焚香藏之羽翼間，夜張尾翼倒挂以放香。”⑤ 故高啓詩云：“綠衣小鳳啼愁罷，瘦影翻懸挂枝下。笑簍帳裏篆烟消，解歛餘香散中夜。”⑥ 劉績《霏雪録》云⑦：“卽桐花鳳。”⑧

了哥

《本草綱目》：釋名：“秦吉了卽了哥也。……嶺南容、管、廉、邕諸山峒中，皆有之。……如鸜鵒能效人言。”⑨《廣州志》云有三種：“眼黄者金了，爲上。眼白者銀了，爲次。

---

① 引見〔明〕徐應秋《玉芝堂談薈》（卷三十三葉九，文淵閣四庫全書本）。文字大異。

② 暾，“暾”之誤。

③ 埃，別本作“土”。

④〔北宋〕蘇軾《再用前韻》詩句（《東坡全集》卷二十二葉二十三）。

⑤ 見〔明〕慎懋官《華夷花木鳥獸珍玩考》（卷之七葉十一、十二，明萬曆九年刻本）。

⑥〔明〕高啓《倒挂》詩句（〔清〕張玉書等《御定佩文齋詠物詩選》卷四百六十七葉三，文淵閣四庫全書本）。笑簍，本作“芙蓉”。

⑦《霏雪録》二卷，〔明〕劉績撰，有四庫全書本。劉績，字孟熙，山陰人。

⑧ 見〔清〕郝玉麟《廣東通志》所引（卷五十二葉九十）。全書本《霏雪録》，未見。

⑨ 見〔明〕李時珍《本草綱目》（卷四十九葉十六，文淵閣四庫全書本）。

眼黑者，鐵了，爲下。産瓊州。"① 唐志："開元初，廣州獻之，言音頗雄重，……能識人情，慧於鸚鵡。"② 《嶺南録異記》謂"有廉州民獲赤白吉了各一頭，獻於刺史"③。《唐會要》謂"了哥形似鸚鵡而邑白，頂微黃，頂毛有縫如人分髮，出杜薄州"④。《禽蟲述》謂"生秦中"⑤。元稹詩"紅羅著壓逐時新，吉了花紗嫩麵塵"⑥，謂紗邑相似也。

潮鷄

潮鷄産南海。《述異記》謂之"伺潮鷄"⑦。沉約《袖中記》云："潮鷄鳴長且清，其聲如角。每潮至卽鳴。"⑧ 李贊皇

---

① 見〔清〕郝玉麟《廣東通志》所引（卷五十二葉八十六）。

② 見〔後晉〕劉昫《舊唐書》（卷二十九葉四，文淵閣四庫全書本）。文字稍異。

③ 似出〔唐〕段公路《北戶録》："某年普寧有廉州民獲赤白吉了各一頭，獻於刺史者。"（卷一葉六）。

④ 當據〔清〕郝玉麟《廣東通志》所引（卷五十二葉八十六）。

⑤ 見〔明〕袁達德《禽蟲述》（葉三十，明抄本）。《禽蟲述》，一卷，袁達德撰。達德，字德修，閩中人。

⑥ 〔唐〕元稹《離思五首》之三詩句。壓，別本作"厭"。麵，〔清〕徐倬等《御定全唐詩》作"麴"（卷四百二十二葉十二，文淵閣四庫全書本）。

⑦ 見〔南朝梁〕任昉《述異記》（卷上葉二十，文淵閣四庫全書本）。

⑧ 見〔清〕郝玉麟《廣東通志》所引（卷五十二葉八十三）。文字微異。沉，"沈"異體。

詩："三更津亥報潮雞。"① 余武溪亦云："客聽潮雞迷早夜。"
自注曰："番禺雞三更卽鳴。"② 南越又產長鳴雞。《幽冥錄》③
云："宋處宗買得長鳴雞，愛養甚至。恒籠置窗間④，雞遂作
人語，與處宗談論，極有深致，終日不輟。處宗因此功業大
進。"⑤ 雞名"燭夜"，見崔豹《古今注》⑥。

鴿

鴿之大者曰"地白"。廣州人稱鴿皆曰"白鴿"，不曰
"鵓鴿"。地白惟行地，不能天飛，故曰"地白"。人家多喜畜
之，以治白蟻，亦以其多子，可嘗食其子。每四十日一乳，乳
時雄者餐米，至咽米成漿液，乃吐出以餵其子。雌復受孕，性
絕淫，雌嘗乘雄，故多乳。富者畜至數百頭，惟所指使，以穀
令就掌飼之。鴿有高下之殊，其異在目。目有黑底天青者、黑
底插黃者、黃油白氣者、焦油者，以此四種爲上。其睛清而
深⑦，有重量，以日照之，精光四閃。暈邊復有血粒如石榴

---

① 〔唐〕李德裕《嶺南道中》詩句（〔南宋〕周弼《三體唐詩》
卷四葉八，文淵閣四庫全書本）。文字微異。亥，"吏"異體。

② 引見〔北宋〕余靖《武溪集》（卷二葉十一）。

③ 冥，別本作"冥"。

④ 窗，別本作"窗"。

⑤ 引見〔明〕徐應秋《玉芝堂談薈》（卷三十四葉三十二）。文字
稍異。亦見〔北宋〕葉廷珪《海錄碎事》（卷四下葉二十一）。

⑥ 燭，同"燭"。〔晉〕崔豹《古今注》作"燭夜"（卷中葉七，
文淵閣四庫全書本）。

⑦ 睛，屈大均《廣東新語》作"睛"（卷二十葉十九）。作"睛"
是。

子，則極聘慧者矣①。其頭宜小，尾宜短，翼宜與尾齊。翼與尾齊則飛高，飛高則可免鷹擊之患。故鴿之佳者，價之輕重與金等。翼凡大毛十二莖，每出轂至二、三月則調毛。四調，五調，六、七調，曰“初王”，則可用，調至十一、十二則老。調者何？脫其胎毛更生新者，故曰“調”。

鷦鴣

鷦鴣，豫章以南諸郡皆有之。《采蘭雜志》：“一名花豸。”② 開翅之始，必先南騖。《酉陽雜俎》云：“飛逐月數，如正月一日飛而止，但伏巢中不能起矣。至十二月十二日起，最難採，設網取之。”③ 僧齊已詩：“好聽鷦鴣啼雨處，木蘭舟晚泊春潭。”④ 李羣玉詩：“荳蔻花入船，鷦鴣啼送客。”⑤ 鄭谷詩：“座中亦有江南客，莫向春風唱鷦鴣。”⑥《樂

---

① 聘，“聰”之誤，屈大均《廣東新語》作“聰”（卷二十葉十九）。作“聰”是。

② 見〔明〕董斯張《廣博物志》所引（卷四十五葉四十一，文淵閣四庫全書本）。

③ 見〔明〕陳耀文《天中記》所引（卷五十九葉六十七，文淵閣四庫全書本）。

④ 潭，“潭”之誤，〔唐〕釋齊已《送人往長沙》詩句（《白蓮集》卷十葉十四，文淵閣四庫全書本）。

⑤ 荳蔻，〔唐〕李羣玉《送魏珪覲》詩作“荳寇”（《李羣玉詩集》卷二葉二，文淵閣四庫全書本）。

⑥ 〔唐〕鄭谷《席上貽歌者》詩句（《雲臺編》卷中葉八，文淵閣四庫全書本）。

章集》註云①：正平調有《鷓鴣天》。按《古今注》："鷓鴣，其名自呼。"② "廣志言：鷓鴣鳴云③：但南不北。《南越志》云：其名自號'杜薄州'。……惟《本草》說鳴云'鈎輈格磔'。"④ 又云："行不得哥哥。"⑤

畫眉鳥⑥

畫眉鳥，《草堂詩餘》⑦：又名黃眉鳥。《閩書》云：好鬥善鳴⑧。"粵志謂眉長而不亂者善鳴，胸毛短者善鬥。……又必越兩日一浴，使毛羽光澤，身不生蟻，則其音流麗。"⑨ 歐陽修詩云："百囀千聲隨意移，山花紅紫自高低。"⑩ 高翥詩

---

① 〔北宋〕柳永詞集。下文所引，《鷓鴣天》似當作《瑞鷓鴣》。參〔清〕凌廷堪《燕樂考原》卷五羽聲七調，清嘉慶十六年張其錦刻本。

② 引見〔五代〕馬縞《中華古今注》（卷下葉八，文淵閣四庫全書本）。

③ 鷓，"鷓"異體。

④ 見〔明〕王可大《國憲家猷》所引（卷二十一葉十，明萬曆十年自刻本）。

⑤ 引見〔南宋〕王質《紹陶錄》（卷下葉十，文淵閣四庫全書本）。

⑥ 畫，同"畫"。眉，同"眉"。

⑦ 《草堂詩餘》四卷，不著撰人名氏，舊傳南宋人所編。

⑧ 鬥，"鬥"俗字。

⑨ 見〔清〕何焯等《御定分類字錦》所引（卷五十六葉七十二，文淵閣四庫全書本）。

⑩ 〔北宋〕歐陽修《畫眉鳥》詩句（《文忠集》卷十一葉十，文淵閣四庫全書本）。

云："春色滿山歸不得，刾桐花裏盡鵂啼。"① 廣中多刾桐，每行諸峽中，禽音倍勝他處。

鷞鳿

鷞鳿一名"越王鳥"。大如孔雀，有黃、白、黑色，喙長尺餘，狀如鳶。口句未可受二升許②，南人以爲酒爵，珍於文螺。不踐地，不飲江湖，不喍百草，不餌蟲魚，惟噉楓、楠諸木葉。故其糞香似薰陸，山人以爲香味，又治雜瘡。其名一曰"象鵰"，亦曰"越王鵰"，言其大也。古詩"山鳥狀如人"，謂此。

丹歌

海南鶴皆灰色，白者則小，去頂二寸許，毛始丹。亦能鳴舞。有水鶴亦小，狀類白鷺。其性通風雨，有風雨則鳴而上山，否則鳴而下海。尋常多在榕樹。廣人以其頂丹可貴，故曰"丹歌"。有"丹歌時引舞"之句③。

淘鵝

淘鵝卽鵜鶘，一名"逃河"。陽江人謂之水流鵝，以其大

---

① 刾，"刺"俗體。〔南宋〕高翥《春日北山二首》之一詩句（《菊磵集》葉一，文淵閣四庫全書本）。

② 未，屈大均《廣東新語》作"末"（卷二十葉十九）。作"末"是。

③ 〔唐〕趙自然詩句。見官修《全唐詩》卷三十一葉七十二，清光緒十三年上海同文書局石印版。

如鶩，能沉水取魚也。或竭小水取魚。顄下有皮袋①，嘗盛水二升許以養魚，隨水浮遊，每淘河一次，可充數日之食。漁童謠云："水流鵝，莫淘河。我魚少，爾魚多。竹弓欲射汝，奈汝會逃何。"其詞頗近樂府。

白鷴

白鷴卽白雉。周成王時，越裳貢白雉。建武中，南越徼外蠻獻白雉。唐肅宗時，日南徼外蠻獻白雉。皆白鷴也。素質，黑章，喙丹。雄者有朱冠，背純白，腹有黑毛，尾長二、三尺，時啣之以自矜。神貌清閒，不與衆鳥雜，故曰"鷴"。耿介不欲近人，故曰"雉"。雉，摯也。雌雄摯而有別，終日並遊，人未嘗見其乘居而弗處②。雌雄不相戲狎，若朋友然，故曰"雉"。雌者多朱毛白中，舐朱而變爲純白，亦以黑爲邊襕，如水波形。其音味味藏喉間，甚隱而微。

珊瑚鳥

珊瑚鳥一名"山鶵"。性靜似畫眉，尤易畜。其鐵腳者，眼赤而突者，善鬥。臆間有黑毛一片圓小而長者，善鳴。雄者尾長，雌尾短。雄者音長，雌音短。

靑雛

靑雛狀如鴿。靑色，喜食橄欖烏者，囫圇吞之，肉鷴乃吐

---

① 顄，"頤"俗體。

② 弗，屈大均《廣東新語》作"匹"（卷二十葉十九）。宜作"匹"。

其核①。一名“橄欖雛”。秋深自粵西來，春半乃去。宿則倒懸一足樹杪。戈得之②，肉厚味腴。其生於檳榔林者，曰“檳榔雛”。喜食檳榔之未熟者，性亦相類。

石燕

石燕出西樵山之巖穴中。大如乳燕，足生翼未③。山人小兒羸瘦，取食之。諺曰：“嬰兒瘦，探石䴔。”香山有山燕，黑而健疾，衆鳥畏之，準也④。與此二類。

相思仔仔

相思仔仔一名“巧婦鳥”，卽鷦鷯。《詩》所謂桃蟲也。因桃蟲而變，故其形小。性絶精巧，以茅葦羽毳爲房，或一或二，若雞卵大。以麻髮懸繫樹枝，雖大風雨不斷。久畜之，可使爲戲及占卦，名“和鵲卦”。其身小，其曰“相思仔仔”者，小也。相思者，身紅、黑相間如紅荳。紅豆者，相思子也。

吉吊雀

吉吊雀一名“挑㞕挑㞕”，產東莞大奚山中。狀如鴝鵒而大，靑首翠翮，其名自呼曰“挑㞕挑㞕”。其出則風。

---

① 鵬，屈大均《廣東新語》作“爛”（卷二十葉十三）。作“爛”是。
② 戈，屈大均《廣東新語》作“弋”（卷二十葉十三）。當作“弋”。
③ 未，屈大均《廣東新語》作“末”（卷二十葉十三）。作“末”是。
④ 準，屈大均《廣東新語》作“隼”（卷二十葉十三）。作“隼”是。

元鈎雀

元鈎雀産高明粟砦山中，每鳴必雨。

鈎割雀

鈎割雀四、五月夜半向東飛鳴，如云"鈎割"，則年豐，"鈎鈎割"，則年必歉。

卷 九

虎

羅浮有啞虎，不嘯不咥。相傳葛真人上昇，留二丹粒以與其隸黃野及啞虎食①，爲羅浮四菴守者。今冲虛觀葛真人像旁有黃野及一蹲虎，是必啞虎也。然土人皆云山中虎率不嘯不咥，從不傷人，八、九十歲老人未嘗聞有虎哮吼，亦可異也。

犀

犀角出暹羅者，內凹外凸，氣微星②。出占城者，四周圓整。注沸酒且香。照之有血暈者，價兩倍。飲食中以犀角攪之，有毒則白沫生。

山牛山馬

瓊州多山牛。牛也而兩睛紅，常百十成群，見人吆喝弗

---

① 隸，通作"棣"。弟子。
② 星，屈大均《廣東新語》作"腥"（卷二十一葉二）。當作"腥"。

避。或曰山牛有四眼，以其眼上有兩旋毛，狀似四眼，故云。瓊州又多山馬，似鹿而大，千百爲羣。角彎而内向，無岐[①]。眼下復有二眼，日閉夜開以燭物。善入棘叢。黎人得之，以其皮易布，可爲卧具禦溼[②]。其毛牛也，不識者以爲山牛也。

果下牛果下馬

果下馬出高涼郡[③]，《爾雅》所謂“犤牛”也。郭璞云：“犤牛絶卑小，可行果樹下，故又呼‘果下牛’。”[④] 粵謠云：“果下馬，果下相逢爲郎下。果下牛，果下相逢爲儂留。”果下馬者，以其小而堅壯，亦名“石馬”。粵人凡物之小者皆曰“石”。然果下馬非有種，焉中偶然産之[⑤]，不可常得，故其價倍於常。

熊類不一[⑥]

熊類不一，多出黎母山中。有人熊、豬熊、狗熊之名。熊多力，黎人搏而獲之，一峒畢賀，以熊多則其地不祥。首名樂會有熊無數[⑦]，自山中出，捕得百餘首，自是頻年大旱，蓋旱徵云。

---

① 岐，通作“歧”。

② 溼，屈大均《廣東新語》作“溼”（卷二十一葉二）。作“溼”是。

③ 馬，“牛”之誤。

④ 引見〔晉〕郭璞注〔北宋〕邢昺等疏《爾雅注疏》（卷下葉二十七，文淵閣四庫全書本）。文字頗異。

⑤ 焉，疑“馬”之誤。别本或作“然果下馬非有種焉山中偶然産之”，則似不誤。

⑥ 類，“類”之誤。底本目録作“熊類不一”不誤。

⑦ 首名，别本作“前明”。此本避諱作“首名”。

罵罵①

罵罵者，如人面，脣黑，身有毛，反踵。見人亦笑，笑則上脣掩目。大者丈餘，俗呼爲"山都"。酈氏云："山都形如崑崙。青毛，有尾，見人輒閉目張口而笑。"②罵罵見人，則握手而笑。人以竹筒置擘③，姑與之握。握則必笑，笑而上脣掩目，因曲擘以錐穿其脣於額，格而殺之。《吳都賦》云"猩猩啼而就擒，罵罵笑而被格"是也④。

狒狒

狒狒狀如獼猴，紅髮鬣鬚，人言而鳥音，能知生死，笑似罵罵，上吻覆額。得之，生飲其血，可見鬼物。是皆人熊之屬也。又云：熊名"子路"。獦人於熊舘呼之"子路可出"，熊卽出；"子路可閞"，熊卽閞。有緣者⑤。土司猺獞取其皮，爲駿馬障坭，塵不敢揚，威懾虎豹。一尺百金。其牝曰"羆"，披髮人立，力能拔樹，指爪利如鋒攢，遇虎、豹、樵、牧，皆抗其喉，掜鮮血飲之。其脂亦曰"羆白"，味過於前掌後蹯也。

---

① 罵，本書或作"䲜"，均"䝐"之訛。《説文解字》："䝐，周成王時，州靡國獻䝐。人身，反踵，自笑，笑即上脣掩其目。食人。北方謂之土螻。《尔疋》云：'䝐䝐，如人，被髮。'一名梟陽。从刁，象形。"（卷十四内部）

② 引見〔明〕酈露《赤雅》（卷三葉五）。文字稍有參差。

③ 擘，別本作"臂"。本篇同。

④ 〔晉〕左思《吳都賦》句（〔南朝梁〕蕭統編〔唐〕李善、呂延濟、劉良、張銑、呂向、李周翰等注《六臣註文選》卷五葉二十四）。

⑤ 緣，屈大均《廣東新語》作"綠"（卷二十一葉六）。

猩猩

猩猩人面猨身，一名“熊人”，謂其熊而人也。曰“紅人”，則謂其毛髮純紅也。性機警，通八方言，聲如幼女子，啼亦清越。間學蟲鳥語音，一一曲肖，蓋獸中之百舌也。最嗜酒，人以酒滿注甕中，復置高屐其旁①，猩猩見輒毀罵而去，去已復還。姑以指染酒嘗之，遂至醉，著屐而笑，人因縛取。問之曰：“汝飲我酒，須還我血。”猩猩許以血一升，卽得一升，不能多。血以染緋，久而不變，最可貴。

騰豽②

騰豽者，生高要西七十五里騰豻嶺。狀類沐猴，頭正方，髮長丈許，覆其面。欲有所視，輒搖頭以兩手披之。一名“騰豻”，上樹甚捷，故以名。東粤無豽狼③，惟此嶺有之，疑亦人熊之類。

猿

大庾嶺有白猿洞。洞多梅樹，白猿嘗扳挂其上，花與猿皓然莫辨也。行者聞風生，始知為白猿吟嘯。復有緋猿善啼，啼必三聲。高州青山鎮，其山多猿。有黃緋者絕大，毛彩殷鮮。有黃邑玉面者，有身面俱黑者。羅浮則有金絲猿，毛如織絨，其啼聲絕大。瓊州多猿，射之輒騰躍樹杪，於四周伐去竹木，

---

① 屐，俗“屐”。本篇同。
② 豽，“豽”俗體，別本作“豽”。本篇同。
③ 狼，同“狼”。

然後張網得之。嘗於石巖深處得猿酒，葢猿以稻米雜百花所造。一石六輒有五、六升許①，味最辣，然絕難得。封川之北三十里有猿嶺，多猿，牡黃而牝黑。牝能嘯，牡不能也。或云，純黑者雄，金絲者雌。雄者能嘯，雌不能。瓊州又有石猿，小者拳許。飲以井水卽長。又有黑猿，能磨墨，磨畢跳入筆筒中。

猴

瓊州多猴，以小者爲貨②，曰“拳猴”。大者曰“獼猴”，亦曰“母猴”。母非牝也，母音轉爲馬，故又曰“馬猴”。

狨

東粵山中有狨，大小類猿。色純黃，名“金線絨”。一名“猱”，以其毛柔長可緝籍也③。尾絶自愛，中藥矢卽自齧其尾。蹻善捷緣木，獼猴絕怖畏之，其以獼猴爲食也。甚怪。

猓然

猓然生從化山中。似猴，身黑面白，其尾長過於身，數以尾自度其身以自娛。其自愛尾，亦似狨。

畨狗

蠔鏡澳多産畨狗，矮而小，尾若獅子，可值十餘金。然無他技能，畨人顧貴之。其視之奴囝也，反不如狗。寢食與俱，

---

① 一石六，六，“穴”之誤。
② 貨，別本作“貴”。作“貴”是。
③ 籍，屈大均《廣東新語》作“藉”（卷二十一葉八）。

甘肥必先飼之，坐與立，畲狗惟其所命。故其地有唔曰①：
"寧爲畲狗，莫作鬼奴。"

獺

粵人多以水獺占水旱。水獺一名"猵獺"，類青狐而小，
啄尖足駢②，能知水信高下爲穴，故云。善捕魚，一歲二祭
魚。《淮南子》云："畜池魚者，必去猵獺。"③ 廣人謂蛋家男
曰"獺公"，婦曰"獺婆"。以其能入水取魚也。其以猿爲雌
者，挿翹山獺也。語云："猿鳴而獺候。"《莊子》云："猨猵
狙以为雌。"④ 言非類爲牝牡也。鄺氏云："山獺性淫而無偶，
猺女採樵，歌歟爲猿聲以誘之，山獺聞之，即躍抱猺女，因扼
殺之。"⑤ 以其骨續骨，解箭毒。以陰莖入藥，名"挿翹春"。

蒿豬

蒿豬一名箭豬，即封豕也。封者，大也。故象亦曰"封
獸"。封豕初本泡魚，泡魚大如斗，身有棘刺，故化爲毫豬。
毫在項脊間，尺許如箸，白本黑端，人逐之則激毫以射人。婦
女以金銀鑲之爲簪，能止頭癢，除白屑。其毫如蒿，然亦曰
"蒿豬"。

---

① 唔，"語"之誤。

② 啄，屈大均《廣東新語》作"喙"（卷二十一葉十）。作"喙"
是。

③ 引見《淮南鴻烈解》（卷十五葉二）。

④ 引見〔南宋〕林希逸《莊子口義》（卷一葉四十九，文淵閣四
庫全書本）。狙，或作"狙"。

⑤ 引見〔明〕鄺露《赤雅》（卷一葉十四）。文字頗異。

嬾婦①

嬾婦卽山豬。雄大而多力，口旁出兩牙，長六、七寸，甚猛利。肉味美多脂。以機軸紙織之器置田間，則不敢近。齒長，輒入海化爲巨魚，狀若蛟螭，而雙乳垂腹，名曰"奔鮶"。諺曰："朝爲泡魚，暮爲蒿豬。朝爲嬾婦，暮爲奔鮶。"則婦女之不能服勤者也②。以奔鮶油爲燭，照飲酒則紫熖生花，照讀書則昏昧作暈。箭豬以魚始，山豬以魚終，物之相變如是。

香狸

南越有狸無狐，雷州產香狸。所觸草木生香，臍可代麝。《木草》稱"靈貓，……自爲牝牡者也"③。亦名"果狸"。其食惟美果，故肉香肥而甘。秋冬百果皆熟，肉尤肥。香狸外，有玉面狸。白面紅爪牛尾。亦食果，飲則以水淘淡乃食④。有貓狸，文如錦錢。有火狸，毛邑如金錢豹。其錢差大，歲久化爲豹。有藤狸，生長藤間，食藤實，而多倒挂。

---

① 嬾，"懶"異體。

② 勤，"勤"異體。

③ 木，"本"之誤。引見〔明〕李時珍《本草綱目》（卷五十一上葉五十五）。

④ 飲，屈大均《廣東新語》作"飯"（卷二十一葉十二）。作"飯"是。

香麞

香麞味甘性溫，食之不畏蛇毒。臍名"麝香"，非麞也。狸之似麞者也。猺女當春時多採生香麝子以爲佩，動則香氣遠聞。山歌云："生麝香吹猺女風。"

竹豚

竹豚卽竹𪕌。穴地食竹根。毛鬆，肉肥美亦鬆。內一、二臠可盈盤①。色紫，味如甜笋。血鮮飲之益人。猺中以爲上饌，故謂之"竹豚"。

獴猽

《爾雅》："蒙頌，猱狀。"郭璞注："卽蒙貴也。狀如蜼而小，紫黑色。健捕鼠，勝如貓。九真、日南出之。"② 《海語》云："獴猽有白，有黑，有黃，有貍狀，酷類貓而大。足高而尾結，捕鼠捷於貓也。諸國皆產，惟暹羅者良。舶估挾至廣，常貓見而避之。豪家每十金易一云。"③ 今粤人有自番舶購者正類此，稱之曰"洋貓"，大抵卽獴猽也。《爾雅翼》：貓又

----

① 內，屈大均《廣東新語》作"肉"（卷二十一葉十二）。作"肉"是。

② 這段文字原作："蒙頌，猱狀（注：卽蒙貴也，狀如蜼而小，紫黑色，可畜，健捕鼠，勝於貓。九眞、日南皆出之）。"（〔晉〕郭璞注〔北宋〕邢昺等疏《爾雅注疏》卷十一葉十一）

③ 引見〔明〕黃衷《海語》（卷中葉五，文淵閣四庫全書本）。文字略有參差。

名猫奴①。《記事珠》云：“猫有名‘白鳳’、‘紫英’、‘錦帶’、‘雲圖’者。”②

象牙

《嶺表錄異》：“廣之……潮、循州多野象。”③ 牙小而紅。《通志》云：“牙以文爲真，以紅爲貴。不文則假，不紅則枯。”④ 按象牙多出滇南、粵西。裁爲梳具，東省所製特佳。工聚業精，流播閨閣。凡在他省，往往販取用之。

----

① 此引未見於今本《爾雅翼》。

② 此段文字見〔清〕王初桐《貓乘》所引（卷一葉一，清嘉慶三年自刻本）。

③ 〔唐〕劉恂《嶺表錄異》（卷上葉十）。

④ 引見〔清〕郝玉麟《廣東通志》（卷五十二葉一百四十一）。

卷　十

龍涎[①]

南海，龍之都會。古時入水采珠貝者，皆繡身面爲龍子，使龍以爲己類[②]，不吞噬。在今日，人與龍益習，諸龍戶率視之爲蝘蜓矣。新安有龍穴洲，每風雨，即有龍起，去地不數丈。朱鬐金鱗，兩目煜煜如電。人與龍相視久之，弗畏也。其精華在浮沫，時噴薄如瀑泉如雨。爭承取之，稍緩則入地中矣。是爲龍涎。或謂龍涎者，多積於海上枯木，如鳥遺狀。其色青黎，其薌腥。雜百花焚之，翠烟千結，蜿蜒蟠空[③]，經時不散。可以剪分香縷，然多不真。從番舶來者，出大秦、波斯。於雨中焚之，煏爆有聲則真。又羅浮多龍潭，嘗有人小遺潭中，菴僧見之，使之蒲伏土上，俄有白氣千百道從谷中起，

---

①　底本目録作"龍"。

②　已，"己"之訛。

③　蜒，"蜓"之誤。

迅雷乘風①，雨如注，海上舟船已破溺無數矣。人必蒲伏土上
乃免，若在木石之間必爲龍所掣。又新興有天露山，其頂有
潭，歲旱以石投之，聲震如雷，卽雨。又有井干湖，其深莫
測，歲旱以土掊擊之，亦有雨。又化州有石龍，其首蟠州廨之
左，其尾注於江中。身多竅穴，每爲風潮所激，則噴沙如雪，
霏霏滿空。有時鳴以一歲，鳴以二、三歲。其聲隱隱，與鵝鸛
同。在左如右，在西如東。有探其尾於惡湍之下者，皆得古
錢。或爲五銖，或爲開元，或古或近，或缺或全。紫碧交散，
青黃雜煇。其爲數，歉不八九，盈不二十，雖百十人各有所給。
又茂名靈湫山有一龍井，晉時有潘茂名真人者，以金鑄五龍納
井中。自永嘉至今，每遇旱，高凉太守出五金龍祭之，雨立至。

唇氣②

東莞合蘭海，其水旋洄而黝黑，三江之所會，有龍窟焉。
嘗有積氣如黛，或如白霧，鼓舞吹噓，倏忽萬化。其爲城、
闕、樓、臺、塔、廟諸狀，人物車騎錯出於層峰疊巘之間，尤
極壯麗。舟行其中弗見也。自外望之，變幻斯見。卽之轍遠，
離之復近。雖大風雨不能滅，人以爲蛟蜃之氣所爲云。其氣或
大或小，晴則大，陰則小，五色光芒不定。或如旌旂戈甲，則
兆其地有兵革。如倉廩，則兆其地豐登。居人每候之以知災
祥。歲正月初三、四、五日必一見，不見則以爲怪。或謂此乃
海氣，春晴始見。非也。此蜃氣也。蜃者，千歲之雉所化，其
爲物最神。

---

① 迅，"迅"異體。
② 唇，"蜃"之誤。底本目錄作"蜃氣"不誤。

海市

海市多見於靖康墟。當晦，夜光忽生，水面盡赤，有無數燈火往來，螺蚌鮫人之屬，喧喧笑語，聞賣珠鬻錦數錢量米麥聲，至曉方止。則海市也。或曰：海上有珊瑚之市，在虎頭門西。蓋卽海市。或曰：其地故有沉洲，每月出，輒有鬼物就海中爲市，所謂"沉洲夜市"也。葢南海唇氣有氣而無声①，海市有聲而無氣，以此爲別。而靖康海市又與青州不可②。靖康海市見於夜，青州見於晝。《番禺雜記》云③："海邊有鬼市，半夜而合，雞鳴而散。人從之，多得異物。"④ 殆所謂狼謊之民也。《水經注》："狼腨之民，寅夜爲市。以鼻嗅金，卽知美惡。"⑤ 疑卽此種。

海鰌⑥

海鰌出，長亘百里，牡蠣、蚌、蠃積其背，峄岏如山。舟

---

① 唇，"蜃"之誤。

② 可，"同"之誤。

③ 《番禺雜記》，〔北宋〕鄭熊撰，已佚。

④ 引見〔北宋〕曾慥《類說》（卷四葉十六，文淵閣四庫全書本），文字稍異。又〔明〕張自烈《正字通》引〔南宋〕陸游《避暑漫抄》作"海邊有鬼市半夜而合雞鳴而散人從之多得異物"（寅集中葉四十二，清康熙二十四年清畏堂刻本）。

⑤ 〔北宋〕葉廷珪《海録碎事》引《異物志》云："狼腨之民，夜爲市，以鼻齅金，知好惡。"（卷十五葉二十五）

⑥ 底本目録作"海鮹"，誤。

人誤以爲島嶼，就之，徃徃傾覆。晝噴水爲潮爲汐，夜噴火氣，面盡赤，望之如天雨火。

怪魚

近海上之地，怪魚甚多，其狀不一，閒洋時隨風鼓舞①，徃徃飛入舶中，人不敢取。有一魚長數十丈，其首有二大孔，噴水上出，遇舶則昂首注水舶中，須臾而滿。亟以巨甕投之，連吞數甕，則逝。有一魚觜長丈許，有齟刻如鋸，能與力戰而勝，以救海舶。又有魚長二十餘丈，性最良善，或漁人爲惡魚所困，此魚輒爲漁人解圍。又大風雨時，有海怪被髮紅面，乘魚而徃來。乘魚者亦魚也，謂之"人魚"。人魚雄者爲海和尚，雌者爲海女。能爲舶祟。火長有祝云："母逢海女②，母見人魚。"人魚之種族有盧亭者，新安大魚山與南亭竹沒老萬山多有之。其長如人，有牝牡，毛髮焦黃而短，眼睛亦黃，面鼇黑③，尾長寸許，見人則驚怖入水。徃徃隨波飄至，人以爲怪，競逐之。有得其牝者，與之媱④，不能言語，惟笑而已。久之，能著衣，食五穀。携至大魚山，仍沒入水，蓋人魚之無害於人者。人魚長六七尺，體髮牝牡亦人，惟背有短鬣微紅，知其爲魚。間出沙汭，能媾人。舶行遇者，必作法禳厭⑤。海和尚多人首鼇身，足差長，無甲，亦怪事也。

---

① 閒，屈大均《廣東新語》作"開"（卷二十二葉五）。

② 母，"毋"之誤。本篇同。

③ 鼇，"鱉"之誤。

④ 媱，屈大均《廣東新語》作"婬"（卷二十二葉六）。作"婬"是。

⑤ 禳，"禳"之誤。

鱘魚①

鱘一作暨，魚之大者，長二丈餘，脊若峯刃②，嘗至南海廟前，謂之來朝。或一年數至，或數十年一至。若來敷③，則人有沒疾④。志稱南海歲有風魚之災。風，颶風。魚，謂暨魚也。有黑二種⑤。來輒有風，故又曰"風魚"。

潛龍鯊

南海有巨魚曰"潛龍鯊"，蓋魚種而龍者也。有網得者，長五尺許，重百斤。其小魚從者數千，至不可網。肉甚甘，諸骨柔脆，惟鱗堅不可食。鱗大者如掌，可爲帶及酒器侘⑥，小者中雜佩。脊一行，腹二行，鱗皆十三。兩翅兩行，鱗皆三十。

黃雀魚

惠州產黃雀魚。八月化爲黃雀，十月後復化爲魚。

鼠鮎

鼠鮎者，產於南海。每暴尾沙際以紿鼠。鼠見之，謂且失水，舐而將食之，被卷入水而去。

---

① 鱘，"鯸"之誤。鯸，海豚之屬。底本目録作"鯸魚"不誤。
② 峯，"鋒"之誤。
③ 敷，屈大均《廣東新語》作"數"（卷二十二葉六）。作"數"是。
④ 沒，屈大均《廣東新語》作"疫"（卷二十二葉六）。作"疫"是。
⑤ 有黑二種，別本作"有黑白二種"。別本是。
⑥ 侘，別本作"飾"。別本是。

烏賊

烏賊腹中有墨，吐之以自衛。嘗浮水上，鳥見之以爲死矣，往啄之，被卷入水。

魚

廣州魚多池塘所畜者。鱅、鯿、魤[1]、鯪、鯽[2]，皆以魚秧長之。鯿一名"鯇"。語曰："網魚得鯇，不如啗茄[3]。"言不美也。魤之美在頭，鯉在尾，鱅在腹。語曰："魤魚頭，鯉魚尾，鱅魚之腹甘且旨。"又曰："水鯪土鯽，病人宜食。鯪浮鯽沉，可以滋陰。"蓋鯽属土，其性沉，長潛水中。鯪属水，其性浮游，長躍水上。鯽食之可以實腸，鯪食之可以行氣。鯽守而鯪行，故以爲美也。

江海魚之美者，語有曰："第一鱠，弟二鯛，第三第四馬膏鯽。"又曰："黃白二花，味勝南嘉。"又曰："寒鱭熱鱸。"黃者，黃花魚。白者，白花魚也。又"春曰黃花，秋曰石首"也。凡有鱗之魚皆属火，二花不然。其功補益而味甘，故美。

鱭魚至冬益肥，故曰"寒鱭"。鱸至夏益肥，故曰"熱鱸"。言一以寒而美，一以熱而美也。凡鱸魚，以冬初從江入海，趨鹹水以就煖；以夏初從海入江，趨淡水以就凉，漁者必惟其時取之。語曰"魚鹹産者不入江，淡産者不入海"，未盡

---

① 魤，屈大均《廣東新語》作"鯇"（卷二十二葉八）。本篇同。

② 鯽，屈大均《廣東新語》作"鯽"（卷二十二葉八）。當作"鯽"。本書作"鯽"者，《廣東新語》均作"鯽"。

③ 啗，"啗"之誤。

然也。

白花魚鹹淡之水皆有，黃花魚惟大澳有之。大澳者，鹹水之邊也。自十月至十一月，以日昃盡浮出水，漁者必有暮取之①。聽其聲稺則知未出大澳也。聲老，則知將出大澳也。聲老者，黃花魚嘯子之候也。其嘯子必於大澳，故於大澳取之。取鱮及黃皮蜆、鱭、青鱗，亦皆聽其聲。聲齊則開罛取之。

鱘魚以孟夏隨鱭魚出，其性喜浮遊，網入水數寸即得。或候其自海入江，逆流至潯州之銅鼓灘，觸石壁不能西上，則多得。語曰："黃魚不上雙魚石，三鱉不上銅鼓灘。"三鱉者，鱘魚也。

黃魚每新水長則出。嘉魚以孟冬天大霧始出，出必於端溪高峽間。其性潔，不入濁流，嘗居石巖，食苔飲乳以自養。霜寒江清，潮汐不至，乃出穴噓吸雪氷。

凡嘉魚在蜀中兩穴者②，以三月出穴，十月入穴。在粤中大小湘峽者，以十月出穴，三月入穴，西水未長則四、五月猶未入穴。蜀嘉魚畏寒而嘉熟③，粤嘉魚不然。白沙詩"兩山斷處小湘峽，十月嘉魚出水鮮"是也④。

鯹魚、鱛白，皆以仲春出。大者重數十斤，入自太洋，望之如黑雲。至虎門則鯹魚之稺者多變爲鱘。魚者輒合圍取之。

---

① 有，別本作"於"，屈大均《廣東新語》作"以"（卷二十二葉九）。當作"於"或"以"。

② 兩，同"兩"，屈大均《廣東新語》作"丙"（卷二十二葉九）。

③ 嘉熟，屈大均《廣東新語》作"喜熱"（卷二十二葉十）。作"喜熱"是。

④ 〔明〕陳獻章《小湘峽食嘉魚》詩句（《陳白沙集》卷五葉七十一）。

又鱠魚大至時，其下堆積至數十百丈，不可底極。以鎗刺一魚，取之。次魚飲其血，復上，復鎗刺取之。如是者相連不斷，不可勝取。故鱠魚時節所在，人民醲飫多糟之，爲終歲食。葢鱠魚放卵，雄者爲雌者含卵口中①，卵不分散，故類繁。彼此尾相啣，無一斷續，故得其一則千萬源源可得。

竹魚產二禺連口。以盛夏出，色如篠葉青翠。鱗下多朱砂點，味甘。馬膏鯽以臘月出，至三、四月。有馬伍者，以九、十月出。似鱸而肉厚，爲馬膏鯽之次，故曰“馬伍”。

貼沙一名“版魚”，亦曰“左魪”，身扁，喜貼沙上，故名。市歸以貼墻壁，兩三日猶鮮，即比目魚也。一名“鰈”，一邊青綠，一邊白。一目在青綠邊，亦有兩目合而爲一者。《吳都賦》云：“雙則比目，片則土餘。”②

河魨以番禺茭塘所出者爲美。自虎頭門至茭塘六、七十里許，其河魨小，色黃而味甘，少毒，與產他縣大而板牙包白者異，其價賤，土人以當圍蔬③。秋時竟爲河魨之會，以火燔刺以沸湯沃延④，浣至再三，雜肥肉烹之，皮骨脫落，斯可食矣。河魨終歲皆有，入秋尤宜多食，益胃煖人，可減一衣。產婦每以爲補，其腴在膈，即肝也。俗以爲八珍之一云。

鮄魚狀如鱸，肉鬆少刺，味甘，大者重數十斤，出海豐。

鱘魚多產端州，以春時出浮陽，見日則眩。漁者輒於陽处

---

①　舍，“含”異體。

②　〔晉〕左思《吳都賦》作“雙則比目片則王餘”（〔清〕陳元龍《御定歷代賦彙》卷三十二葉二十八）。

③　圍，別本作“園”。作“園”是。

④　延，屈大均《廣東新語》作“涎”（卷二十二葉十）。

取之①。一曰"鱘龍魚"，長如丈②，有甲無鱗，魚之最貴者也。

鮎魚出流水者，色青白；出止水者，青黃。故以灘瀨中者爲美。

鯧魚狀如鯿，圓頭縮尾，狹鱗，肉厚而細。一脊之外，其刺與骨皆肥美。新安人每以奉客。味甘以平，食之肥健益氣。一名"鏡魚"，以其圓也。

魦有犁頭魦③、劍魦、班點魦、虎鹿鋸魦。背鬐而腹翅，大者丈餘，皮有沙，圓細如珠，可以治木發光潤。海水將潮，天將雨，毛皆起湮，雖千里外不爽。一名"潮鯉"。腹中有兩洞以貯水養子。子必二，皆從胎生。朝出口，暮則入臍。其肉淡而鬆，以翅作銀絲菜，稱珍品。

蠟魚廛陽江，似鯽而白，肉柔膩，性喜溫煖。臘月時，漁人立水中，魚爭附足，可掇也。紅者肉稍粗。

鯃魚一名"狼藉"。

笋魚如笋，長尺許，與鰽、鰻二魚皆惠州出。

鰽魚大者盈丈。鰻魚大如指許，長七、八寸。脊骨美滑，宜羹。龜魚大如小兒臂，有腹無口，其足三十，如笋簪。

章魚足有八，一名"章舉"。昌黎南食詩其五爲章舉魚是也。

石冷魚似蝦蟆而黑，生石穴中。倒挂魚鮮食醉人，宜鮓，出萬州。

---

①　処，"處"異體。

②　如，屈大均《廣東新語》作"至"（卷二十二葉十二）。

③　魦，"鯊"異體，今作"鯊"。

鳳尾魚一名"馬鱭"，其子宜醃。

葵鯉出羅旁水口，圓如葵扇。

已上皆魚之尾者①。大率出於海者十之七，出於江者十之三。然皆美於池塘者也。其最微細而美者，曰"鱗魚"。春時自巖穴中出，狀似初化魚苗。宜乾之，食以薑醋。曰"銀魚"。以秋九月出，九月有風曰"銀魚風"。予詩"九月銀魚出水長，銀魚風起水泱泱"是也②。其出惠州豐湖之第一橋下者③，長二黍許④，光滑無鱗，表裏朗徹⑤。以白磁盆泡之，與水無異，惟見兩目瑩漆，希貴弗多。漁者但量器計值，煮以湖上清醒泉及姚坑水，有味無渣。而出於清明節者尤美。曰"鵝毛魚"。取之不以網罟，乘夜張燈火艇中，鵝毛魚見光輒上艇，湏臾而滿。多則滅火，否則艇重不能載。其氣味絕香，一曰"香魚"。

外有錦鱗魚者，大可二指，長寸許，身有橫理十二道，鱗如錯錦，具五色。尾長於身，如帶，金彩縷縷。以盤盂畜之，於午日中投花一二瓣，皆爭覆陰，不得者忿而相鬬。翩反鼓舞，各有態度。鬬罷，復比目而游。

又有金魚者，分鯉、鯽二種。春深咬子，咬子者，雄以口咬雌者眼，子則出腹。子出腹，宜卽取之，否則雌者還食之

---

① 尾，屈大均《廣東新語》作"美"（卷二十二葉十二）。作"美"是。

② 屈大均《題惠陽葉氏園》之四詩句（《翁山詩外》七言絕句一葉三十六）。

③ 豊，別本作"豐"。作"豐"是。

④ 黍，"黍"之誤。

⑤ 徹，別本作"澈"。

矣。或不食，則子著蘼藻間，遇雷雨，輒隨電光而去。子初出，色黑。鯄黑而紅，而黃，則純金矣。以鬣小、三尾、五尾者爲貴。謂之"蝦尾咬子"。又名"趺子"。當趺子時以大蝦蓋之，則多蝦尾，屄屄又以撒開象木芙蓉葉者爲貴①，謂之"芙蓉尾"。此二種則魚之可玩者。

魚花

魚花產於西江。粵有三江，惟西江多有魚花。南海有九江村，其人多以繚魚花爲業，曰"魚花戶"。取者上自封川水口，下至羅旁水口，凡八十里。其水微緩，爲魚花所聚。過此則魚花希少矣。魚花之步凡數十。步皆有餉，魚花戶承之。歲納於朝。當漁山種時②，雄者擦雌者之腹，則卵出，卵出多在藻荇間，雄者出其腹中之膜覆之，卵乃出子。然見電則子不出矣。土人謂魚散卵曰"汕"。膜者，魚之精也。子曰"花"者，以其在藻荇之間若生③。又方言凡物之微細者皆曰"花"也。亦曰"魚苗"。

魚生

粵俗嗜魚生，以鱸、以鰀、以鰽白、以黃魚、以青鱗、以雪魿、以鯇爲上。鯇又以白鯇爲上。以初出水潑剌者，去其皮

---

① 當衍一"屄"字。屈大均《廣東新語》作"屄又以撒開象木芙蓉葉者爲貴"（卷二十二葉十三）。

② 漁，"魚"之誤。山，屈大均《廣東新語》作"汕"（卷二十二葉十三）。皆通作"散"。散，產也。

③ 生，屈大均《廣東新語》作"花"（卷二十二葉十三）。作"花"是。

劍，洗其血鮏①，細劍之爲片。紅肌白理，輕可吹起，薄如蟬翼。兩兩相比，沃以老醪，和以椒芷，入口氷融，至甘旨矣，而鱘與嘉魚尤美。

鱔

鱔之族有曰"鰻鱺"，背有肉鬣連尾，無鱗，口有舌，腹白，大者長數尺，脂膏最多。其有黃脈錦紋者，名"金絲鰻鱺"。善穿深穴。冬時穴熱乃出，名"走風鰻"。有白"白繕"②，以産池塘中烏耳者爲佳。有曰"黃鱔"，黃質黑章，多涎沫。大者長二、三尺，小者佳。有曰"藤鰻"。其曰"泥鰍"，長二、三寸，無鱗，以涎沫自染，曰"温魚"。與泥鰍相似而多肉，與諸鱔皆喜伏水土之下，味甘，可以滋陰。大抵鱔與魚相反，魚屬火，可以滋陽。故蛋人多子，以多食魚。又方書，魚鰾白爲丸，可以種子。鱔屬水，滋陰。故患痰火者宜食之。白鱔，或塞箈或裝籠取之③，箔鱔爲佳。黃鱔以釣，或以坑田掘取之。凡鱔，畜於盆中，夜以火照之，其騰而搶火，火輒滅者，噴火蛇也，與鱔相類，而頷下有細鱗數片，食之殺人。故凡食鱔者，不可不慎。諺曰："魚浮鱔沉，沉者滋陰。雖則滋陰，其毒亦深。"

鱟

鱟大者尺餘，如覆箕。其甲瑩滑而青綠，眼在背，口藏

---

① 鮏，同"鯹"，魚臭。
② 有白，"有曰"之誤。"白繕"，"白鱔"之誤。
③ 箈，同"箔"。

在腹，其頭蜻蜓而足蠏。足蟹而多其四，尾三稜，長一、二尺。其血碧。凡諸血皆赤，惟鱟碧色。碧生於鹹，赤生於淡。海之水鹹，故色碧。鱟之血與海水同，得鹹之氣多故也。其子如粒珠，出而爲鱟者僅二，餘多爲蠏，爲蟳蝦、麻蝦及諸魚族。蓋淡水之魚多生於魚，鹹水之魚多生於鱟。鱟乃諸魚蝦之母也。鱟乃候也，善候風。諸水族亦候之而出，故曰"鱟"。性喜羣遊。雌常負雄於背。背有骨如扇，作兩截，常張以爲帆，乘風而行。雌雄相積，雖遇驚濤不解，名曰"鱟帆"。漁者每望其帆取之。持其雄，則雌者不去。如持其雌，則雄去矣。然失雄亦不能獨活，故曰"鱟媚"。取之又多以夜，凡海中夜行，舉棹撥浪，則火花噴射。鱟、蟹之属，緣行沙潭，亦一一有火花。水鹹成火。漁者每拾一火，則得一鱟、蟹之属焉。

珠鱉

珠鱉產高州海中，其背隆起者有珠，珠或從口吐出。六足珠鱉，味甚味[1]。

玳瑁

玳瑁產廉、瓊，一作瑇瑁龜。夜伏沙汀，注目上視，與月爭光，月之精華因入焉，而爲文介。漁人捕得之，覆其背，卽不能去。比曉，其介文采益鮮明，因陀於沙而磨瑩焉。自脊兩分，得十四版，以厚而黃多有物形者爲貴。

---

[1] 味甚味，別本作"味甚美"。別本是。

毛龜

毛龜出韶州，大如錢，以水養之，其毛披放，色碧綠。置之几案①，可辟蠅。有六目龜，出欽州。本兩目，其四目乃金黃花紋，圓長中黑，與真目排比，狀似六目，故名。有卜龜出雷州，俯行者靈。有巨龜出惠州，背生樹木，望之儼如洲渚，然不常見。有紅、白二龜，在文昌北石井中。旱禱之，紅出則雨，白出則否，亦龜之神者。

蟹

蟹類甚多。有曰"小娘蟹"，其螯長倍於身。大者青綠如錦，味與諸蟹同。而新安人賤之，惟熟其螯以進客。有擁劍。五色相錯，螯長如擁劍然②。新安人以獻嘉客者，曰"進劍"，爲敬之至。有飛蟹，小者如錢，大者倍之。從海面飛越數尺，以螯爲翼。網得之，味勝常蟹。此三者，蟹之異者也。尋常以膏蟹爲上。蟹之美在膏，而其容善於俯仰。螯以八足之折，故曰"跪"。仰以二螯之倨，故曰"螯"。螯者，敖也。以螯敖人，故昔人食蟹上螯，今則尚膏。

崖州③

環瑗水鹹④，獨崖州三亞港水淡，故產石蟹。石上有脂如

---

① 几，"几"之誤。
② 劒，"劍"異體。
③ 底本目錄作"崖州石蠏"。
④ 瑗，"瓊"之俗。

飴膏，蟹食之，粘螯濡足而死①。輒化爲石，是爲石蟹。取時以長鈎出之，故螯足不全。或謂石蟹浮游海中，見風則堅。誤也。

羅浮仙蟹

仙蟹産羅浮阿耨池旁。形如錢大，色深紅，明瑩如琥珀。大小數十羣行，見人弗畏。以泉水養之，可經數月。見他水則死。相傳仙人擲錢所變。

----

① 粘，"粘"之誤。屈大均《廣東新語》作"粘"（卷二十三葉六）。

卷十一

蟛蜞

凡春正二月，南風起，海中無霧，則公蟛蜞出。夏四、五月，大禾既薅，則母蟛蜞出。其白者曰"白蟛蜞"，以鹽酒醃之，置荼蘼花朵其中，曬以烈日，有香撲鼻。生毛者曰"毛蟛蜞"。嘗以糞田，飼鴨，然有毒，多食發吐痢。而潮人無日不食，以當園蔬。故諺有曰："水潮蚏，食鹹解。"鹹解者，以毛蟛蜞入塩水中經兩月，熬水為液，投以柑橘之皮，其味佳絕。解其渣滓不用，用其精華，故曰"解"也。蚏者，蛤之屬。諺曰："蟶蛑、蛤、蚏。"三者形狀相似，而廣州人惟食蛤，不食蟶蛑、蚏。蚏惟潮州人食之，故名曰"水潮蚏"。蚏有一種生海泥中，長二、三寸，大如指，兩頭各有兩岐。以其狀怪，故曰"蛏"。氣味甘温，能去胸中煩悶。然病後不可食，食惟白蟛蜞，稱珍品。

蠔

蠔，鹹水所結，其生附石，魂礧相連如房，故一名"蠣房"。房房相生，蔓延至數十百丈。潮長則房開，消有房闔①。
開所以取食，闔所以自固也。鑿之，一房一肉。肉之大小，隨
其房。色白而含綠粉。生食曰"蠔白"，醃之曰"蠣黃"。味皆
美。以其殼累牆，高至五、六丈不仆。殼中有一片瑩滑而圓，
是曰"蠔光"。以砌照壁，望之若魚鱗然。雨洗益白。小者珍珠
蠔，中嘗有珠。東莞、新安有蠔田，與龍穴洲相近。以石燒紅，
散投之，蠔生其上。取石得蠔，仍燒紅石，投海中，歲凡兩投
兩取。蠔本寒物，得火氣其味益甘，謂之種蠔。又以生於水者為
天蠔，生於火者為人蠔。人蠔成田，各有疆界，尺寸不踰，踰則
爭。蠔本無田，田在海水中。以生蠔之所謂之"田"，猶以生白
蜆之所謂之"塘"。塘亦在海水中出，無實土也。故曰"南海有
浮沉之田"。浮田者，蕹簿是也。沉田者，種蠔、種白蜆之所也。

蟶

蟶比黃蜆而大，聞雷則生，故文從雷。粵故有蟶田，在番
禺市底之南。春初取小蟶種之，至冬乃取，故曰"蟶田"。田
在鹹海中，亦白"蟶塘"②，猶夫白蜆之塘也。蟶與蠔、白蜆、
蝤、蚶雖生於天，亦恒生於人。惠、潮多蚶田。蚶與沙蚶、蟶
皆味甘，性溫，益人。蚶從甘，不用調和，自然甜美，愈大愈
嫩。志稱嶺南炙之名"天臠"是也。一名"花蟶"。沙蚶不可
種，故粵人貴沙蚶而賤蟶。蟶凡沙坦皆有。冬月時，漁者以足
取之，謂之"踢蟶"。蟶以天寒乃肥。其以仲秋孕者，腹黑。
廣人有釀蟶之食，以白者為貴。

---

① 有，屈大均《廣東新語》作"則"（卷二十三葉七）。作"則"是。
② 白，"曰"之誤。

白蜆

番禺海中有白蜆塘。自獅子塔至西江口，凡二百餘里，皆產白蜆。歲二、三月，南風起，霞氣蔽空，輒有白蜆子飛落，微細如塵，然落田輒死。落風中得鹹潮之力乃生。秋長冬肥，積至數丈乃撈取。予有謠云：“南風起，落蜆子。生於霧，成於水。北風瘦，南風肥。厚至丈，取不稀。殷勤祭沙潭，莫使蜆子飛。”[1] 外有黑蜆、黃蜆，一名“扁嬴”。遇風雨亦輒飛徙。蛋女率於黑沙泥處取之。貧者以爲蔬，然味不如白蜆。凡生於海者曰“白蜆”，生於江者曰“黑蜆”、“黃蜆”，而金陵蜆者，生大海中，獨珍。劉鋹時取以自奉，禁民不得採。亦曰“金口蜆”。有無耳蜆，產韋涌。相傳宋帝昺幸韋涌時，食蜆而美之，曰：“惜不令其無耳。”至今帝泊舟處，蜆皆無耳，甘美異常。進蜆漁人配祀將作大匠梁公廟中，人稱“蜆子丈人”云。蜆之美，可以解蠱。以爲腊，不能水土者宜之。白蜆多生於霧。每當春暖，白霧瀰空，濛濛霡霂之中，土人知爲白蜆也。名“落蜆天”。

蛤

蛤生田間，名“田雞”。冬藏春出。籌火作聲，呼之可獲。三月三日農以其聲卜水旱。聲小，水小。聲大，水大。諺曰：“田雞聲啞，田好稻把。田雞聲嚮[2]，田好蕩槳。”又：

---

[1] 屈大均《白蜆謠》詩句（《翁山詩外》雜體一葉四）。

[2] 嚮，屈大均《廣東新語》作“響”（卷二十三葉十一）。作“響”是。

"田雞上晝鳴，上鄉熟。下晝鳴，下鄉熟。終日鳴，上下齊熟。"唐詩："田家無五行，水旱卜䖯聲。"① 䖯，蛤也。或謂大聲曰"䖯"，小聲曰"蛤"。韓退之《南食》其四曰"蛤"②。未知是此否。珠蜯亦名"蛤"，然非嘗食③。一種肖田雞而無腰股，鳴長聲，俗呼爲"蚓"。主療，卽螻蟈云。

璅蛣

璅蛣狀如珠蜯④，殼靑黑色，長寸許。大者二、三寸，生白沙中，不汙泥淖，互物之最潔者也。有雨肉柱⑤，能長短，又有數白蠏子在腹中，狀如榆莢⑥，合體共生，常從其口出，爲之取食。葢二物相湏。璅蛣寄命於蟹，蟹托身於璅蛣。郭璞謂"璅蛣腹蟹"⑦、葛洪謂"小蟹不歸而蛣敗"是也⑧。

---

① 〔唐〕章孝標《長安秋夜》詩句（〔北宋〕王安石《唐百家詩選》卷十七葉十三，文淵閣四庫全書本）。

② 《南食》，指〔唐〕韓愈《初南食貽元十八協律》（《東雅堂韓昌黎集》卷六葉十二）。

③ 非，別本作"未"。嘗，別本作"常"。

④ 蜯，同"蚌"。

⑤ 雨，"兩"之誤。屈大均《廣東新語》作"兩"（卷二十三葉十一）。

⑥ 英，屈大均《廣東新語》作"莢"（卷二十三葉十一）。

⑦ 〔晉〕郭璞《江賦》句（〔清〕陳元龍《御定歷代賦彙》卷二十五葉三）。

⑧ 〔晉〕葛洪《抱朴子內外篇》作"川蟹不歸而蛣敗"（卷一葉二十四，文淵閣四庫全書本）。

蠃

蠃種最多，以香蠃爲上。産潮州，大者如盤、盂，其殼雌
雄異聲，可應軍中之用。次則珠蠃，出東莞大步海。南漢常置
三千人採之，名其地曰“媚川都”。人曰“珠蠃戶”。有銀母
蠃①，狀若蚌，内多小珠，而珍色不及。殼厚而瑩，可以截鑲
器皿，亦名“珠母”。其肉最勝而性寒。有九孔蠃，産珠與蚌
珠類。有鸚鵡蠃，珠光隱隱可燭，文采五色類鸚鵡。有指甲
蠃，一名“紫蛸”。“《荀子》：東海有紫紶。”②紶卽蛸也③。
一名“石蛸”。味甘鹹，能利小水。江淹謂“石蛸有足翼得春
水則生華”、郭璞謂“石蛸應節而揚葩”是也④。味絶鮮美。
虛損人以米酒同煮，最補益。有馬甲柱，形形如指甲蠃⑤，殼
薄肉少，味頗清。昌黎南食詩：“章舉馬甲柱，鬭以怪自
呈。”⑥“有寄生蠃生鹹水者，離水一日卽死。生淡水者，可久
畜。殼五色如鈿。或純赤如丹砂。其蟲如蟹，有螯足，腹則蠃
也。以佳殼或以金銀爲蛻⑦，稍炙其尾卽出，投佳殼中，海人

----

① 蠃，“蠃”之誤。

② 見〔南宋〕羅願《爾雅翼》所引（卷三十一葉十三）。

③ 蛸，同“蛸”。

④ 〔南朝梁〕江淹《石蛸賦》句（《江文通集》卷一葉三十三，文
淵閣四庫全書本）以及〔晉〕郭璞《江賦》句（〔清〕陳元龍《御定歷
代賦彙》卷二十五葉三）。文字稍有參差。

⑤ 衍一“形”字。

⑥ 〔唐〕韓愈《初南食貽元十八協律》詩句（《東雅堂韓昌黎集》
卷六葉十二）。

⑦ 蛻，屈大均《廣東新語》作“殼”（卷二十三葉十二）。

名爲‘借屋’。以之行酒，行至某客前而駐，則飮。故俗以爲珍。有蝓螯者，二螯四足似彭蜞，其尻柔腕蜿屈①，則蠃每竊枯蠃以居，出則負殼，退則以螯足扞戶。稍長，更擇巨敵遷焉②，與寄居蟲異名。多足蠃亦曰‘竊釋’③。”“《越記》：負屋之螯，飼以雲母，能産白珠。”《梅華國志》：“屋蟬千歲，出海爲螯龍。”④ 葢此物也。有神仙蠃，産羅浮。曾經仙人所囓，尻端盡破。味甚甘。有流蠃，大如小拳，一名“甲香蠃”。肉亦視月盈虧。有蛤蜊生海濱土中，白殼紫脣，一名“赤口蠃⑤”。以殼爲粉曰“蛤粉”⑥，可入藥。凡蠃類，兩殼相合，皆名“蛤”，而此蠃肉殼大利於人，故曰“蜊”。有車螯者，似蛤蜊而大，甲厚而瑩，有斑點如花，絶水伴死，烏鳥信而啄之，輒爲所得。一名“沙蛤”。有海膽，生島嶼石上，殼圓。有粟珠，大小相串，粟珠上又有長刺，纍纍相連，取一帶十，如破其一，餘皆死，粘於石上⑦。殼破流漿，終不得起。肉色黃鮮，以作醬味佳。已上諸蠃，皆舉其知名者。史稱

---

① 尻，別本作“尻”。腕，屈大均《廣東新語》作“脆”（卷二十三葉十二）。

② 敵，“殼”之誤。屈大均《廣東新語》作“殼”（卷二十三葉十二）。

③ 釋，屈大均《廣東新語》作“蟬”（卷二十三葉十二）。作“蟬”是。

④ 以上均見〔清〕孫之騄《晴川蟹録》引《廣東新語》（卷之一葉六，清刻晴川八識本）。

⑤ 赤口蠃，別本作“赤白蠃”。

⑥ 殼，“殼”異體。

⑦ 粘，“粘”之誤。

楚、越之地，飯稻羹魚，果隋蠃蛤①，不得賈而足，地勢饒食。蓋謂此。

蚌

蚌，川澤處處有之。凡狹而長者，皆曰"蚌"。廣而圓者，皆曰"蛤"。車白與蜆，皆蛤属。車白卽車螯。土人以爲沙白者也。

弔

弔，介之属也。產瓊州海口港中。蛇頭鼉身，水宿不棲。其膏甚輕利，貯以銅瓦，皆滲出。惟雞卵盛之，則不漏。以治諸腫毒，功同熊胆。

穿山甲

穿山甲一名"鯪鯉"。似鯉有四足，能陸能水，其鱗堅利如鐵。黑色，絕有氣力，能穿山而行，蓋陸之魚也。楊孚《異物志》②："鯪鯉吐舌，螻蟻附之，而因吞之。又開鱗甲，使螻蟻入之，乃奮迅而舐取之。"③

---

① 隋，通作"蕛"。〔南朝宋〕裴駰《史記集解》引徐廣注：《地理志》作"蕛"（卷一百二十九葉十，清文淵閣四庫全書本）。

② 《異物志》，一卷，〔東漢〕楊孚撰。《隋書》名《異物志》，《舊唐書》名《交州異物志》）。

③ 見〔北宋〕李昉等《太平御覽》所引（卷九百四十七葉十一），文字略有參差。

銀魚

銀魚産惠州豐湖第一橋下，以秋九月出。九月有風，曰"銀魚風"。長二黍許，光滑無鱗，表裏融徹。以白磁盆溷之，與水無異。出於清明者尤佳。又有紅蝦，産潮州、番州、南巴諸處。色奪榴花，頭可製杯。見《異物志》。又《通志》云："儋州有紅蟹。"① 張藉詩云②："大魚如柳葉，小魚如針鋒。"③

河豚

《海語》："河豚出於江河者，皆不盈尺。海中大者如豕，有重數十斤者。"④《通志》："味美在肝而有毒。……吳中以初春而粤中以秋，薦爲河豚之會。中其毒者，水磨降香汁，搗橄欖汁，飲之可解。"⑤

江瑶柱

《爾雅》注："蜃小者玉珧，卽江瑶柱也。"⑥《安南異物名記》云："江瑶如蚌而稍大，中肉腥而膃不中口，僅四肉牙佳耳。長四寸許，圓半之，白如珂雪，一沸卽起，甘解脆

---

① 〔唐〕段公路《北戶錄》作"儋州出紅蟹"（卷一葉十二）。

② 藉，"籍"之誤。

③ 〔唐〕張籍《長塘湖》詩句（《張司業集》卷二葉十七，文淵閣四庫全書本）。

④ 引見〔明〕黃衷《海語》（卷中葉十二）。

⑤ 引見〔清〕郝玉麟《廣東通志》（卷五十二葉一百十二）。

⑥ 見〔清〕郝玉麟《廣東通志》所引（卷五十二葉一百十五）。

美①，不可名狀。此所謂柱也。"②《通志》："……馬甲柱，惠
州美其名曰'西施舌'。"③《瓊州志》：江瑤以柱爲珍，崖州
者佳。按江瑤又名"海月"。謝朓詩"挂席拾海月"④，指此。
蘇長公曾云："荔枝風味，惟江瑤柱可以敵之。"⑤

海鏡

《嶺表錄異》："海鏡，廣人呼'豪菜盤'。兩片合以成形，
殼圓，日照如雲母。內光，有小肉如蚌胎，腹中有小紅蟹子，
其小如荳黃，而頭足俱備。海鏡饑則蟹子走出取食，蟹飽歸
腹，海鏡亦飽。"⑥《通志》云："甚殼爲明瓦⑦，圓如鏡。崖
州產者佳。"⑧

牡蠣

牡蠣，"《本草衍義》云：牡蠣附石而生，魂礧相連如房，
故曰'蠣房'。一名'蠔山'。初生海畔，身如拳石。四面漸

---

① 解，《南越筆記》作"鮮"。別本作"佳"。作"解"誤。

② 見〔明〕楊慎撰〔清〕胡世安箋《異魚圖贊箋》所引（卷四葉
十，文淵閣四庫全書本）。

③ 引見〔清〕郝玉麟《廣東通志》（卷五十二葉一百十五）。

④ 朓，當作"朓"。作謝朓誤，當為謝靈運《遊赤石進帆海》詩
句（〔南朝梁〕昭明太子蕭統《文選註》卷二十二葉十三）。

⑤ 見〔清〕張英等《御定淵鑑類函》所引（卷四百四十三葉二十
八，文淵閣四庫全書本）。

⑥ 引見〔唐〕劉恂《嶺表錄異》（卷上葉八）。文字頗異。

⑦ 甚，別本作"其"。別本是。

⑧ 引見〔清〕郝玉麟《廣東通志》（卷五十二葉一百十九）。

長，有一、二丈者。一房內有蠔肉一塊，每潮來則諸房皆開。有小虫入，則合之充腹。"① 韓昌黎詩："蠔相粘爲山，十百各自生。"② 《通志》謂"蠔以左顧者爲雄，故曰'牡蠣'。粵人以爲常饌，其殼用以壘墻，亦可燒灰塗壁。"③ 《嶺南雜記》云："蠔殼砌墻，鱗鱗可觀。"④ 志又云："介與鱗相若。粵中獲介之利居多，鏤甲爲珍，……亦生民所資也。"⑤

黃甲

粵中少螃蟹，惟黃甲到處有之，味畧帶腥。陸龜蒙有《蟹志》⑥。呂亢作《蟹圖》⑦。黃甲、蟳、蟛諸種俱不載。又萬州出石蟹，宜治眼疾。白香山《眼病》詩："案上漫鋪龍樹論，盒中虛撚决明光。"⑧

---

① 見〔明〕楊慎《升菴集》所引（卷八十一葉十四，文淵閣四庫全書本）。文字稍異。

② 〔唐〕韓愈《初南食貽元十八協律》詩句（《東雅堂韓昌黎集》卷六葉十二）。

③ 引見〔清〕郝玉麟《廣東通志》（卷五十二葉一百十八）。

④ 引見〔清〕吳震方《嶺南雜記》（卷下葉四十四）。文字微異。

⑤ 引見〔清〕郝玉麟《廣東通志》（卷五十二葉一百十三）。

⑥ 〔唐〕陸龜蒙《蟹志》載〔北宋〕姚鉉《唐文粹》（卷四十九葉十六、十七，文淵閣四庫全書本）。

⑦ 〔北宋〕呂亢《臨海蟹圖》見〔南宋〕洪邁《容齋四筆》所述（卷六葉九，文淵閣四庫全書本）。

⑧ 《白氏長慶集》作"案上謾鋪龍樹論，盒中虛撚决明丸"（卷二十四葉十九，文淵閣四庫全書本）。

瓦屋子

南人名蚶爲"瓦屋子"。《嶺表録異》云："瓦屋子，盖蚌、蛤之屬也。南中舊呼爲'空慈子'，盧尚書鈞改爲'瓦屋子'，以以其殼上有稜如瓦①，故名。殼中有肉，紫色而滿腹。廣人尤重之，多炙以薦酒，俗呼爲'天臠肉'。"② 《通志》："惠、潮多種蚶，有蚶田。"③《南越志》："凡蛤之屬，開口聞雷鳴，不復閉口。"④ 楊萬里詩："鮓帶桃花楚水蛼。"⑤ 蛼卽蚶字。

蝦

蝦之種類甚多，小者以白蝦大者以蟛蝦爲美。蟛蝦産鹹水中，大者長五、六寸，出水則死。漁人以絲粘網其深四尺有五寸長六尺者⑥，仄立海中。絲柔而輕，蟛蝦至，則髮尾穿胃，弗能脱也。兩兩乾之爲對蝦，以充上饌。鮮者肉肥白而甘。其次曰"黃蝦"、"白蝦"、"沙蝦"。最小者銀蝦，狀如綉針。以絑布爲網，網大丈有二尺，以二簹戚繫之，口向上流。取蝦卵及禾蟲，亦復如是。銀蝦稍大者出新安銅鼓角海，名"銅鼓蝦"。以鹽藏之，味亦美。其蝦醬則以香山所造者爲美，曰

---

① 以以，衍一"以"。

② 引見〔唐〕劉恂《嶺表録異》（卷中葉九）。文字微異。

③ 引見〔清〕郝玉麟《廣東通志》（卷五十二葉一百十四）。

④ 見〔清〕郝玉麟《廣東通志》所引（卷五十二葉一百十八）。

⑤ 〔南宋〕楊萬里《小飲俎豆頗備江西淮浙之品戲題》之二詩句（《誠齋集》卷八葉九，文淵閣四庫全書本）。

⑥ 粘，別本作"結"。作"粘"是。

"香山蝦"。其出新寧大襟海上下二川者，亦香而細，頭尾與鬚皆紅，白身黑眼。初醃時，每百斤用鹽三斤，封定缸口。俟蝦身潰爛，乃加鹽至三十斤，於是味大佳，可以久食。一種名"蝦春"。粵方言，凡禽、魚卵皆曰"春"。魚卵亦曰"魚春子"。唐時，吳郡貢魚春子，卽魚子也。然蝦春非蝦之卵也。江中有水蝨，大僅如豆。其卵散布，取之不窮。產新會者卵稍粗，滋味益好。燒之通紅，紅故鮮明多脂而可口。次則番禺深井江勒海所產，村落間家有數甕，終歲醃食之，或以入糟，名"泥蝦"。又，丹蝦產惠州西湖，其色青，煮熟丹紅，絕鮮美。諺云："湖上漁家，白飯丹蝦。"白飯者，水晶魚也，長不盈寸，大不過分，其色瑳潔，無乙有丙。八、九月有之。

水母

水母生海中，以鹹水之渣滓爲母，故名"水母"。鮮煮輒消釋出水，一名"海蛇"[①]。氣最腥，爲蟲之所宅。蟲者，蝦也。水母以蝦爲浮沉，故曰"水母目蝦"。性冷，能化物，不能自化，脾胃弱者勿食。乾者曰"海蜇"，腹下有腳紛紜，名曰"蜇花"。八月間乾者，肉厚而脆，名"八月子"，尤美。

黃魚蟲

黃魚蟲一名"天蝦"，色白，狀如蛺蝶。四、五月間從空飛入水，化而爲蟲。黃魚食之而肥，名"黃魚蟲"。漁人取其未化者炙食之，云味甘美。或以爲蝦所化，以其自天，故曰

---

① 蛇，屈大均《廣東新語》作"虵"（卷二十四葉八）。作"虵"是。

"天蝦"。崔豹云："海間有飛蟲如蜻蛉，名蟠紺。七月群飛闇天，尸人食之，云蝦所化。"[1] 或曰：腐艸爲螢，朽麥爲蚍。蚍爲蝦。天蝦者，蚍之所化。未知然否。

---

[1] 〔北宋〕唐慎微《證類本草》所引（卷二十二葉八十六，文淵閣四庫全書本）。文字微有不同。

卷十二

五色蝶

越南蛺蝶，翅紋鮮麗。羅浮有五色蝶，能作繭，可携至遠方。"《羅浮志》云：蝴蝶洞有仙蝶，文彩陸離，爲仙人彩衣所化，大如盤而五色。人得其繭，蝶亦化出，數日卽有一蝶來引之而去，雖數千里外藏之箱篋，亦化出也。"①

粵土多蟻

粵土多蟻。廣志謂有飛蟻、木蟻，黑黃大小數積②，善囓物。《嶺南雜記》云："新構房屋，不數月爲其蝕壞傾圮者有之。"③ 粵志：潮人土人以蟻害稼，有蟻祖廟在大馬蟻山。"歲五月，群蟻來朝。……有詠者云：'馬蟻山頭馬蟻朝，年年五

---

① 見〔清〕吳震方《嶺南雜記》所引（卷下葉五十一）。文字稍異。

② 積，別本作"種"。別本是。

③ 壞，"壊"異體。引見吳震方《嶺南雜記》（卷下葉五十二）。文字稍異。

月趂江潮。'"① 蟻祖，主蟻之神。猶《周禮》翨氏、蟈氏之命其官也。《嶺表錄異》云："廣州多蟻，其窠如薄絮，囊連枝帶葉。"② 彼人以布袋貯之，賣與養柑者以辟蠹。《雞肋編》謂之"養柑蟻"③。

紅蝙蝠

羅定州産紅蝙蝠。《北戶錄》云："瀧州有蝴蝶，背深紅，惟翼脉淺黑，名'紅蝙蝠'。多雙伏紅蕉花間，採者獲其一，則一不去。"④ 又《南方草木狀》載鶴子草蟲化蝶⑤。《丹青野錄》又載綵裙化蝶⑥。

蚺蛇膽

有蚺蛇膽。《嶺南雜記》："蚺蛇，粵西及南海州縣有之。"⑦《北戶錄》云："大者長十餘丈，圍七、八尺，多在樹上侯麞鹿⑧，過者吸而吞之。至鹿消，卽繆大樹上出其頭角，

---

① 引見〔清〕周碩勛《潮州府志》（卷三十九葉六十，清光緒十九年重刊乾隆二十七年刻本）。

② 引見〔唐〕劉恂《嶺表錄異》（卷上葉四）。

③ 引見〔南宋〕莊季裕《雞肋編》（卷下葉二十三，文淵閣四庫全書本）。

④ 引見〔唐〕段公路《北戶錄》（卷一葉十四）。文字頗異。

⑤ 事見〔晉〕嵇含《南方草木狀》（卷上葉二、三）。

⑥ 〔明〕方以智《通雅》引作"丹青野史謂綵裙化蝶"（卷四十七葉二）。

⑦ 引見〔清〕吳震方《嶺南雜記》（卷下葉四十八）。

⑧ 侯，"候"之誤。

乃不復動。土人伺之，以竹籤籤煞之，取其胆。"① 按蚺蛇胆
諸說不一，《嶺南雜記》謂"捕之之法，度其出入之地，先釘
羅椿數行②，狹僅容其身，壯士持橄欖棍，其中一人出外颺婦
人裙以招之，蛇望見卽昂頭，高五、六尺來逐。人退入羅椿
內，蛇到狹處，蜿蜓屈伸間③，人持棍擊之，且退且擊。視其
首俯地，則無懼矣。以葛藤繫其頸而牽之。每擊一下，則皮肉
蹙縮成泡而血凝，卽護身胆也。其力大減，多以亂真。真者乃
在腹內，價過兼金。"④《瓊州志》云："遇人擊傷，胆卽至傷
處護之，……故獨重膚胆，腹中之胆無用也。"⑤ 《廉州志》
云："上旬在頸，中旬在心，下旬在尾。性耐死，取胆釋之，
猶活。"⑥ "《廣州志》云：胆有三：一曰旱胆，能療目；一曰
水膽，能止瀉；一曰護身膽，爲熬刑藥。"⑦ "《南裔異物志》
又云：蚺蛇牙長六、七尺，土人尤重之。云辟不祥，利
遠行。"⑧

---

① 引見〔唐〕段公路《北戶錄》（卷一葉八）。文字稍異。

② 椿，別本作"橁"。本篇同。別本是。

③ 蜓，"蜒"之誤。

④ 引見〔清〕吳震方《嶺南雜記》（卷下葉四十八）。

⑤ 引見〔清〕蕭應植、陳景壎纂修《瓊州府志》（卷之一下葉百
十二）。

⑥ 引見〔明〕張國經《廉州府志》（卷之四葉二十三，明崇禎十
年刻本）。

⑦ 見〔清〕郝玉麟《廣東通志》所引（卷五十二葉一百二十九）。
文字微異。

⑧ 見〔清〕郝玉麟《廣東通志》所引（卷五十二葉一百二十八）。
文字微異。

蚊子木

越南蚊蚋，大小纖細不一，善螫人，冬月不斷。《本草拾遺》云："嶺南有蚊子木，葉如冬青、枇杷，熟則拆裂而蚊出①。"② 元微之謂"蚋子之下有蟆子，蟆子之下有浮塵子"③。皆蚊屬也④。人蒙絮被自蔽輒通透，故昔人有"已微於蠢蠢，仍害及人人"之句⑤。

十二時辰蟲

"《酉陽雜俎》載：南方有避役蟲，一名'十二時辰蟲'。……夏日常見於籬落間。見者多稱意事。"⑥ "《嶺南異物志》言其首隨十二時變易。""《博物志》言其陰多緗綠，日中變易，或青或綠，或丹或黃。""《北戶綠》言不能變十二色⑦，但黃、褐、青、赤四色而已。"據《本草》引"陸佃言，蜥蜴

---

① 拆，別本作"折"。作"拆"是。

② 〔明〕李時珍《本草綱目》作"藏器曰嶺南有蚊子木葉如冬青實如枇杷熟則蚊出"（卷四十一葉三十三）。

③ 實爲〔五代〕王周《蚋子賦（有序）》句（〔清〕陳元龍《御定歷代賦彙》卷一百四十葉十）。

④ 蚊，"蚊"之誤。

⑤ 〔唐〕元稹《浮塵子三首（并序）》之二詩句（《元氏長慶集》卷四葉七，文淵閣四庫全書本）。

⑥ 見〔清〕張英等《御定淵鑑類函》所引（卷四百四十九葉二十）。文字稍異。

⑦ 綠，"錄"之誤。

能十二時變易。"① 《禽蟲述》云： "守宮長細五色者名蜥
蜴。"② 則此蟲卽蜥蜴矣。説者謂守宮點婦人臂，終身不滅，
偶則落。故前人句云： "守宮落盡猩紅色，明日低頭出洞
房。"③ 然《春秋考異郵》云：以其常在屋壁，故名"守宮"，
亦名"壁宮"④。則餂臂之説⑤，大抵不⑥。

蝍蛆⑦

蝍蛆能伏蛇，每自口入食蛇腹。山行，筒置蝍蛆，蛇不
能近。又能嗅龍腥。天將雨，爭就木最高處，蓋聞龍腥故也。
廣中多蝍蛆而少蜈蚣，絕無蠍。蝍蛆多生古墻中，盛暑輒
出⑧，大者有珠。雷常搜而擊之。

蛤蚧

蛤蚧惟雷、瓊爲多。長五、六寸，似蜥蜴四足，有毛，尾

---

① 《嶺南異物志》以下內容，均見〔明〕李時珍《本草綱目》所
引（卷四十三葉十五、十六）。文字稍異。

② 引〔明〕袁達德《禽蟲述》（葉十，明抄本）。

③ 成化間妓女楊玉香詩句，見〔明〕徐應秋《玉芝堂談薈》（卷
六葉八十三）。

④ 〔三國吳〕陸璣撰〔明〕毛晉注《毛詩陸疏廣要》作"所謂守
宮者亦以其常在屋壁間有守之象"（卷下之下葉七十，文淵閣四庫全書
本）。

⑤ 餂，別本作"餂"。

⑥ 大抵不，別本作"大抵不一"。別本是。

⑦ 蝍，別本作"蝍"，本篇同。作"蝍"是。

⑧ 輒，別本作"則"。

絕短。嘗自呼其名以鳴。一歲則鳴一聲，有鳴至數十聲者，人以爲神。羅浮亦有之。《方言》曰：“桂林之中，守宮……能鳴。”① 卽此。一名“吉虔蛇”②。吉虔者，象其聲也。其背色綠，有黃斑點，若古錦。自旦至暮，常變十二種色。有得其一，閉於籠中玩之，止見變黃、褐、赤、黑四色。多居古木竅間，人以其聲與色之異，喜捕取之。得其雌雄合者益陽。

斷草烏③

斷草烏似小蛇，大僅指許，長五、六寸。頭如龍形而小，身純烏。其行也，百草沾之立斷。人見斷草，輒跡得之。故蛇每離地丈許，使身如矢直以入穴，使不沾草，故人莫得而取之。以酒煮食，愈麻風。

海珠

海珠狀如蛞蝓，大如臂，所茹海菜。於海濱淺水吐絲，是爲海粉。鮮時或紅或綠，隨海菜之色而成。晒晾不得法，則黃。有五色者，可治痰。或曰：此物名“海珠母”，如墨魚，大三四寸。海人冬養於家，春種之瀕海田中。遍插竹枝，其母上竹枝吐出，是爲海粉。乘濕舒展之，始不成結，以點羹湯佳。

---

① 引見〔西漢〕揚雄撰〔晉〕郭璞注《方言》（卷八葉八，文淵閣四庫全書本）。

② 虔，別本作“慶”。宜作“慶”。

③ 烏，別本同。屈大均《廣東新語》作“烏”（卷二十四葉二十一）。作“烏”是。正文不誤。

害人蟲

害人蟲有數種：一曰蜞，有青、黃二種。青者生三山樹葉中，名曰"飛蜞"。聞聲輒飛，刺人取血。專集耳後，使人不知。始如鍼，血飽則如指，隨手拔去，稍遲深入膚理矣。凡山行，以無患子，或蒜，或薑汁，或茶子末塗身，則飛蜞不敢近。黃者生地下，吮血如螞蝗，入水則死。螞螞蝗一名"水蛭"①，池澤處處有之，入人肌肉咂血。誤吞之，則生子腹中，啖食臟血，飲黃土水數升可解。或以蠭蠶②，則螞蝗化水而死。有狗鼻蜞者，生陰濕處，似山蜞而長，好入犬、豕鼻中吮血。間入人鼻，血出不止。口含釀醋，塞兩耳，自抵其首，則此物倏然而出③。被刺時人不可拔，重力拍之則自墮。有沙蝨者，生水中，大不過蟣，喜入皮膚害人。以茅根竹葉刮之，或以苦苣汁塗之，可愈。或以火炙身，則隨火去。有飛蛟者，生於瘴霧，有三足，無身，呼吸間入人肺腑，則食漸減而斃。或入魚腹、牛馬腹中，令食之者劇病。先毒物以毒人，蟲之最惡者也。然亦搖④、黎中乃有之。又有蛇蠱，狀如蜘蛛而足短，最毒，出瓊州。見者以爲蜘蛛也，易視之，忽爲所中。有謠云："生恨蜘蛛無結網，無絲無緒最傷人。"⑤

---

① 螞螞蝗，衍一"螞"字。

② 蠭，同"蜂"。

③ 倏，別本作"倏"。

④ 搖，別本作"猺"。別本是。

⑤ 此篇"取血"以下文字，別本誤植於《石背蟲》篇篇末。

雨師雲師

霍山有雨師、雲師。雲師如蠶，長六寸。雨師如蜎，長七、八寸。每出則有雲有雨，山人以爲驗。

蠱①

粤東之估，往贅西粤土州之婦人寡者曰"鬼妻"，人弗娶也。估欲歸，則必與要約。三年返，則其婦下三年之蠱；五年，則下五年之蠱，謂之"定年藥"。愆期，則蠱發膨脹而死。如期返，其婦以藥解之，輒得無恙。土州之婦蓋以得粤東夫壻爲榮，故其諺曰："廣西有一留人洞，廣東有一望夫山。"以蠱留人，人亦以蠱而留。粤東諸山縣，人雜猺蠻，亦往往下蠱。有挑生鬼者，能於權量間，出則使輕而少，入則使重而多，以害商旅。蠱主必敬事之，投宿者視其屋宇潔淨，無流塵蛛網，斯則挑生鬼所爲。飲食先嚼甘草，毒中則吐，復以甘草薑煎水飲之，乃無患。入蠻村不可不常攜甘草也。挑生鬼亦蠱之屬，蓋鬼而蠱者也。凡下蠱皆出於獚，出於獚之婦，若猺、狼則不能下蠱。蠱有鬼，名曰"藥鬼"。藥鬼之所附獚婦，恒不得自縊。代代相傳，必使其蠱不絕以爲神。其中於人得解者，或吐出生魚、生蝦、生鴨子之屬，皆藥鬼之爲之。粤東無獚，故無藥鬼。

恩平蚯蚓

恩平蚯蚓生恩平水中，屯結，每水一升可得蚯蚓數十許。

---

① 蠱，同"蠱"。文中二形並見。

色黃濁，飲之立蠱。又羅旁之水多有柯木葉、木犀花葉浸其中，飲之亦輒脹滿以死。所謂水蠱者是也。

白蠟蟲

粵人以蟲大如蟣虱者芒種後置之菁細樹上[1]。樹狀類冬青。蟲食樹汁，吐沫粘嫩莖上[2]，化爲白脂。至秋取之，以水煮鎔，濾成蠟。文理瑩徹，若石膏然。以之澆燭入藥，甚適用。蟲嫩時白色，作蠟及老則赤黑。其結苞於樹枝，初若黍米，入春漸長如雞頭子大，色紫赤，纍纍抱枝，宛如樹之作實，是稱"蠟種"。亦"白蠟子"。子內有白卵，一苞數百。次年立夏，以箬葉包之，繫於樹上。芒種後苞拆，白卵化蟲，乃復上樹作蠟也。黃蠟成於蜜蜂，白蠟成於此蟲，各有其能若此。白蠟瓊州最多。以之爲炬，大者可五、六觔，每夜讌，用至數百石，其價頗賤。諺曰："東家白蠟蟲，西家黃蠟蜂。養蜂得蜜食，養蟲得燭紅。"[3]

禾蟲

夏雨過多，禾中蒸鬱而生蟲。或稻根腐而生蟲，稻根色黃。禾蟲者，稻根所化，故色黃。大者如筋許[4]，長至丈。節節有口，生青，熟紅黃。霜降前禾熟，則蟲亦熟。以初一、二

---

① 蟲，屈大均《廣東新語》作"蟲"（卷二十四葉十九）。本篇同。作"蟲"是。

② 粘，"粘"之誤。

③ 此篇"化爲白脂"以下文字，別本錯簡，誤植於《害人蟲》"輒飛刺人"之後。

④ 筋，"節"之誤。

及十五、六乘大潮斷節而出，浮游田上。網取之，得醋則白漿自出。以白米泔濾過，蒸爲膏，甘美益人。蓋得稻之精華者也。貧者多醃爲脯，作醢漿以食之①。

蠡蜜

蠡蠱多産於陽春，以爲貨。蠡爲房於岩石林木間者，其釀白蠡脾，謂之"山蠡"，亦曰"蠡糖"。霜後割之，白如脂，味勝家蠡。家蠡取以夏、冬爲上，秋次之，春易發酸。冬曰"梅花糖"，最甘香，唐詩云"天寒割蠡房"②。然其性熱，多食發濕熱病，生蟲㿗。新興有薑蠡，尤忌。不若川蠡温、西南蠡凉爲可嗜。又海濱巖穴野蠡窠蠡曰"石蠡"，多泛溢於草間石鏬，露積日久，必宿蛇虺之毒，不可食也。

蠟蠡③

蠟蠡出陽春，嘗附橄欖樹而生。雖有首足，與木葉無別，須木葉凋落乃得之。土人以置篋笥，每遇蠱毒必鳴，鳴則自呼。又以其聲之清濁卜禍福。粤以雞卜，又以蠟蠡卜。人罕知之。史稱昆蟲之所長，聖人不能與爭，其謂此歟？

天蠡

天蠡産陽江，嗜食樟、楓葉。歲三月，熟醋侵之④，抽絲

---

① 漿，別本作"醬"。

② 〔唐〕杜甫《秋野五首》之三詩句（〔清〕仇兆鼇譔《杜詩詳註》卷二十葉四，文淵閣四庫全書本）。

③ 底本目録作"蠟蜂"。

④ 侵，別本作"浸"。別本是。

長七、八尺，色如金，堅韌異常，以作蒲葵扇緣，名"天蠶絲"。亦有成繭者，大如家蠶數倍。《禹貢》"厥篚檿絲"①，或卽此類。然不可繰爲絲。入貢者，齊、魯之山繭也。有沙柳蟲，腹中絲亦可作緣。

石背蟲

石背蟲生荔枝樹上，喜食荔枝花蕋。荔枝多虛花，花十子乃一。又以石背之爲賊，場師必務去之。石背閩中尤多。冬伏荔枝葉下，荔始花，蟲亦生子。一生十二粒，數應一歲，閏則增其一。荔花時，石背輒溺，溺則金枝脫蒂，雨時尤盛。其背堅如石，故曰"石背"。廣中荔花所苦多雨耳，石背無甚害也。

金鷄蟲

金鷄蟲食龍眼花立盡。歲大寒節，場師必搖樹使金鷄蟲盡落，乃掃除而溺之江。非大寒節，雖搖樹，蟲亦不落也。有黃蟲者，狀類蠶蟲，春社後江岸地中乘日暮而出，食百樹葉，色轉翠，葢葉之所化也。與金鷄亦相類。

綠金蟬②

綠金蟬一名"金花蟲"。大者如班貓③，有文采，其背正綠，如金貼。有翅生甲下，喜藏朱槿花中④。

---

① 見〔西漢〕孔安國傳〔唐〕孔穎達疏《尚書注疏》（卷五葉十三）。

② 緣，"綠"之誤。正文不誤。

③ 班貓，屈大均《廣東新語》作"斑貓"（卷二十四葉十）。

④ 朱，別本作"木"。別本是。

卷十三

荔支

《羅浮志》："荔有數種，……産增城者尤佳。挂緑爲上。……出新興者香荔，實小核焦而香美，……荔支之最珍者也。"[①] "白樂天《荔枝圖》曰：如離本枝，一日色變，二日香變，三日味變，四、五日外色香味盡去矣。"[②] 畨榴、洋桃皆粤産。《虞衡志》云："五稜子，形甚詭異，瓣五出，如田家碌碡狀，味酸，久嚼微甘，謂之洋桃。"[③] 志云能解嵐瘴之毒，中蠱者以自然汁飲之，卽吐而愈。或曰：種自外洋來，故名。按畨榴，俗又名"秋果"。土人鬻物者，多以葵葉編傘，當市梢隙處以蔽風日[④]。

---

① 引見〔清〕宋廣業《羅浮山志會編》（卷七葉二十二）。

② 〔北宋〕王十朋《東坡詩集注》引作"白樂天荔支圖序荔支生巴峽間若離本支一日而色變二日而香變三日而味變四五日色香味盡去矣"（卷二十五葉十一）。

③ 引見〔南宋〕范成大《桂海虞衡志》所述（葉二十八）。

④ 梢，別本作"稍"。別本是。

龍眼

《草木狀》云："龍眼似荔枝，但枝葉稍小，殼青黃色，形圓如彈丸，……肉白而帶漿，其甘如蜜。一朵五、六十夥作穗①，如蒲萄然。荔枝過則龍眼熟，故謂之'荔枝奴'，言常隨其後也。"②《通志》："龍眼曰……'早花'者，以六月六日可食。"③ 按龍眼粵地多有之。熟時，兒童販賣者填街盈籠。

柑柚

柑柚，廣中多產之。其佳者有獅頭、羊額諸名。"裴淵《廣州記》云：柚有雷柚，實如斗大。"④《廣州志》："柚有大小紅白數種。產於增城者小而尖長，甚芬郁，名'香柚'，十月熟。一種如斗大者，曰'斗柚'，十二月熟。餘皆八月熟。又有名'賀正柚'，至正月始熟。"⑤《羅浮記》云：羅浮香柑有赭、黃二色。《潮州志》云："潮果以柑爲第一品。"⑥《肇慶志》云："乳柑產四會上林者佳。"⑦《北戶錄》載："新州

---

① 夥，別本作"顆"。別本是。

② 引見〔晉〕嵇含《南方草木狀》（卷下葉三）。

③ 〔明〕戴熺、歐陽璨《瓊州府志》作"龍眼曰荔奴早花者以六月六日可食"（卷三葉二十三）。

④ 〔清〕宋廣業《羅浮山志會編》引作"裴淵廣州記橘屬別有柚號曰雷柚實如斗大"（卷七葉二十四）。

⑤ 見〔清〕郝玉麟《廣東通志》所引（卷五十二葉十九、二十）。

⑥ 引見〔清〕吳穎《潮州府志》（卷一葉九十三）。

⑦ 引見〔清〕史樹駿《肇慶府志》（卷之二十二葉三）。

出變柑，有苞大於升者，且皮薄如洞庭之橘也，他柑之所弗及，相傳移植不百里，形味俱變，因以爲名。"①

香櫞佛手

《本草》陳"藏器云：枸櫞生嶺南，實如盞。……蘇頌曰：'……彼人呼爲香櫞子，形長如小瓜。……'"李"時珍曰：……木似朱欒……植之近水則生。實如人手有指，俗呼爲'佛手柑'。……清芬襲人。"② 按今粵人呼爲"五指香櫞"。內典以佛手爲抵羅綿手。白香山詩"十指剝春葱"③，謂女手也。

化州橘紅④

《嶺南雜記》："化州仙橘，相傳仙人羅辨種橘於石龍之腹……唯此一株。在蘇澤堂者爲最，清風樓次之，紅樹又次之……凡近州治聞譙樓更鼓者，其皮亦佳。"⑤ 志云今廣東柑、橘、橙、柚之皮皆充用。按廣陳皮入藥者，化州爲上，新會次之。新會卽岡州地。《本草》云：橙、橘同屬，能下氣消痰，與柑、柚性極不同。形質大小粗細，固自有辨，醫方多誤用，宜慎之。

檳榔

《南裔異物志》："檳榔無花而實，……堅如乾棗。以扶留

---

① 引見〔唐〕段公路《北戸録》（卷三葉二）。文字稍異。

② 引見〔明〕李時珍《本草綱目》（卷三十葉三十七）。

③ 〔唐〕白居易《箏》詩句（《白氏長慶集》卷三十一葉三）。

④ 底本目録作"化州橘紅"。

⑤ 引見〔清〕吳震方《嶺南雜記》（卷上葉二十七）。文字稍異。

古貴灰并食，則滑美，下氣及宿食消穀。"① "《南中八郡志》云：土人以爲貴，歆客必先進。"②《雞林玉露》曰③："檳榔，食之醺然頰赤。東坡詩所云'紅潮登頰醉檳榔④'也。"⑤ 雖婦女亦競啖之。婚禮用以當委禽。志稱今產瓊州。廣志又謂椰樹高六、七丈，無枝葉，其實大如寒瓜，其漿美如蜜，飲之乃醉。今產文昌。志云：清漿升許，微酒氣，名曰"椰酒"。《虞衡志》云："椰酒，新者極清芳。"⑥ 按椰子，蒂可作念珠，皮可爲器皿。

橄欖

橄欖一名"諫果"。《草木狀》云："樹身聳枝，皆高數丈。其子深秋方熟，味雖苦澀，咀之芬馥，勝含雞舌香。"⑦《通志》："粵中多種烏橄，其利多。白欖種者少，號曰'青子'。"⑧ 按粵產，實繁纖長而小，鮮時亦登果盤，可醒酒。

---

① 見〔北朝魏〕賈思勰《齊民要術》所引（卷十葉十六，景上元鄧氏群碧樓藏明鈔本）。

② 引見〔清〕張英等《御定淵鑑類函》（卷三百九十七葉十五）。

③ 雞，"鶴"之誤。《鶴林玉露》，〔南宋〕羅大經撰。

④ 潮，"潮"之誤。

⑤ 所引原作"蓋美食之則熏然頰赤若飲酒然東坡所謂紅潮登頰醉檳榔者是也"（羅大經《鶴林玉露》卷之一葉六，明刻本）。

⑥ 〔南宋〕范成大《桂海虞衡志》作"瓢中酒新者極清芳"（葉二十一）。

⑦ 引見〔晉〕嵇含《南方草木狀》（卷下葉三）。

⑧ 引見〔清〕郝玉麟《廣東通志》（卷五十二葉二十三）。文字稍異。

"正味森森苦且嚴"①，東坡咏句也。

桄榔

桄榔木，海南所產。《虞衡志》云："……直如杉，又如樓櫚。有節如大竹，一幹挺上，高數丈，花數十穗。"②《草木狀》謂"皮中有屑如麪……木性如竹，紫黑色，有文理，工人解以製奕枰"。③ 按桄榔性堅韌，可爲器，作轎幹尤佳，世爭購之。

綿木

《肇慶志》："新興產綿木，其質柔韌，以爲負擔，雖負重不折，爲輿檳最佳。"④

波羅蜜

《虞衡志》："波羅蜜大如冬瓜，外膚礧砢如佛髻。削其皮食之，味極甘。子瓤悉如冬瓜，生大木上，秋熟。"⑤《廣州府志》又載："波羅樹無花結果，果成，或生一花。花甚難得，卽優鉢曇花也。"⑥

---

① 〔北宋〕蘇軾《橄欖》詩句（《東坡全集》卷十三葉十七）。

② 引見〔南宋〕范成大《桂海虞衡志》（葉三十二）。文字稍異。

③ 引見〔晉〕嵇含《南方草木狀》（卷中葉三）。文字稍異。

④ 引見〔明〕鄭一麟《肇慶府志》（卷三葉四十三，明萬曆十六年刻本）。

⑤ 引見范成大《桂海虞衡志》（葉二十九）。文字稍異。

⑥ 見〔清〕郝玉麟《廣東通志》所引（卷五十二葉二十一）。文字大異。

食竹衣竹

《廣州志》："韶州出丹竹，亦曰'單竹'。節長二尺，練以爲麻織之，是名'竹布'，故曰'南越食竹衣竹'。"① 按唐開元間，嶺南有調有貢。韶州調以竹子布，亦有名絲而無以爲織者。志又載陽江出天蠶，其食必樟、楓葉。歲三月熟，酸浸之，抽絲長七、八尺，色如金，堅韌異常，以作蒲葵扇緣，名曰"天蠶絲"。

廣漆

廣中産漆，售行他省，皆稱"廣漆"。粵中工人製造几、匣、器皿，無不精雅。髹器中，磨研最細者，退光爲上。次之《瓊州志》漆器："疊漆、雕漆，有剔紅、剔黑諸色。"② 《虞衡志》云："南漆如稀飴，氣如松脂，霑霑無力。"③ 《通志》謂廣漆色甚明光而不甚粘，出陽春、新興、德慶。《廣州志》又載："海上有花如芍藥，曰'到粘子'。漬以爲膠，可代柿漆，謂之'海漆'。"④ 陸應陽謂東坡造⑤。

---

① 見〔清〕郝玉麟《廣東通志》所引（卷五十二葉一百六十六）。文字稍異。

② 見〔清〕郝玉麟《廣東通志》所引（卷五十二葉一百六十二）。

③ 引見〔南宋〕范成大《桂海虞衡志》（葉三十二）。文字稍異。

④ 見《大清一統志》引《輿地紀勝》（卷三百五十葉五十四，文淵閣四庫全書本）。

⑤ 引見〔明〕陸應陽《廣輿記》（卷之十九葉三十五）。

菩提樹

菩提樹，子可作念珠。《廣州志》云："訶林有菩提樹，梁智藥三藏攜種，樹大十餘圍，根株無數。"①《通志》謂"葉似柔②，寺僧採之，浸以寒泉，歷四旬，浣去渣滓，惟餘細筋如絲，可作灯帷、笠帽。"③《瓊州志》又稱："金剛子，産瓊山④，圓如彈，堅實不朽，可爲數珠。"⑤ 按菩提子，每顆面有大圈文如月，周羅細點如星，謂之"星月菩提"。又有木槵子，色較黑而質更堅結，亦可爲念珠。大姚諸處，俗亦呼爲"菩提子"。

紫檀花梨鐵力諸木

紫檀、花梨、鐵力諸木，廣中用以制几、匣、床、架。《古今注》："紫梅木出扶南，色紫，亦謂之'紫檀'。"⑥《廣州志》："花櫚色紫紅，微香。其文有若鬼面，亦類狸斑，又名'花狸'。老者文拳曲，嫩者文直。其節花圓暈如錢，大小相錯者佳。"⑦《瓊州志》云："花梨木産崖州、昌化、陵水。鐵力木理甚堅緻，質初黃，用之則黑。黎山中人以爲薪，至

---

① 見〔清〕郝玉麟《廣東通志》所引（卷五十二葉五十三）。

② 柔，屈大均《廣東新語》作"柔桑"（卷二十五葉十九）。作"柔桑"是。

③ 引見〔清〕郝玉麟《廣東通志》（卷五十二葉五十三）。

④ 瓊，"瓊"異體。

⑤ 見〔清〕郝玉麟《廣東通志》所引（卷五十二葉一百六十二）。

⑥ 見〔晉〕崔豹《古今注》（卷下葉二）。紫梅木，"紫梅木"之誤。

⑦ 見〔清〕郝玉麟《广东通志》所引（卷五十二葉五十二）。

吳、楚間則重價購之。"《通志》云："一名'石鹽',一名
'鐵稜'。"①

烏木

烏木,瓊州諸島所産。土人折爲箸,行用甚廣。志稱出海
南,一名"角烏",色純黑,甚脆。有曰"茶烏"者,自番
舶②,質堅實,置水則沉。其他類烏木者甚多,皆可作几杖。
置水不沉,則非也。

梅

梅花,惟嶺南最早,冬至雷動地中則梅開。故廣中梅於一
之日已花,二之日成子,得春獨早。故羣卉資之以爲始。韶州
梅,長至已開,臘月大雪,梅復開尤盛,有於舊蒂而作新花
者。其地屬嶺北,故梅以臘以正月開,廣則秋未冬初③,梅且
開盡,徃徃不待長至,以地煖故早。梅嶺多梅。唐《六帖》
言:"庾嶺梅花,南枝已落,北枝未開。"④ 而宋之問有"魂隨

---

① 二引均見〔清〕郝玉麟《廣東通志》(卷五十二葉五十二)。

② "自"前脱"來"。屈大均《廣東新語》正作"來自番舶"(卷
二十五葉四十八)。

③ 未,"末"之誤。

④ 〔北宋〕陳師道《後山詩註》引作"白氏六帖云大庾嶺梅花南
枝落北枝開"(卷五葉五,文淵閣四庫全書本)。《六帖》,有二種,一
〔唐〕白居易撰,三十卷;一〔南宋〕孔傳撰,三十卷。後合爲《白孔
六帖》。

南翥鳥，淚盡北枝花"之句①。好事者徙徙植梅其上。宋淳熙間知軍事管銳植三百株②。明正統中，知府鄭迷復補植。正德中，糸政吳廷舉增植及松至萬五千餘株③。有某推官女亦植梅三十株，鐫詩於石。崇正初年④，博羅張郎中萱植三百株。知府趙孟守題曰"梅花國"，書額於紅梅驛以旌之。

楓

楓喜風，故從風。嶺南楓多生山谷間。羅浮連亙數嶺皆楓。每風起，則楓鳴。風去，楓聲不止，不與眾材俱寂，故謂之"楓"。楓者，風之所聚，有瘿則風神⑤，曰"楓子鬼"。嵇含云⑥："楓老有瘿。中夜大雷雨瘿暗長，一枝長可數尺，形如人，口眼悉具，謂之'楓人'。越巫取之作術，徙徙有神。"⑦

榕

榕，容也。以其材無所用，爲斧斤所容，故曰"榕"。葉

---

① 〔唐〕宋之問《度大庾嶺》詩句（《宋之問集》卷下葉十一，常熟瞿氏鐵琴銅劍樓藏明刊本）。

② 淳，別本作"湻"。

③ 糸，"參"俗體。

④ 崇正，屈大均《廣東新語》作"崇禎"（卷二十五葉四）。

⑤ "之"前脫"聚"。屈大均《廣東新語》正作"有瘿則風神聚之"（卷二十五葉六）。

⑥ 嵇，"嵇"脫筆。

⑦ 引見〔晉〕嵇含《南方草木狀》（卷中葉一）。文字大異。

甚茂盛，柯條節節如藤①，巫其幹。及三人圍抱，則枝上生根，連綿拂地，得土石之力，根又生枝如棟柱。互相撐抵，望之有若大廈。直者爲門，曲者爲窗牖②。瓏龍四達③，人因目之曰"榕廈"。其中常産香木，炎精所結，徃徃有伽俑焉。粤人以其香可來鶴，子可肥魚，多植於水際。又以其細枝曝乾爲火枝，雖風雨不滅。故今州縣有榕鬚之徵。其脂乳可以貼金接物，與漆相似，亦未盡爲不材也。性畏寒，踰梅嶺則不生。故紅梅驛有數榕，爲炎寒之界。又封川西三十里分界村，二廣同日植一榕，相去三丈許，而東大西小，東榮西瘁。東榕又不落葉。咫尺間，地之冷暖已分如此。自韶州西北行，榕多直出不甚高，與廣州榕婆娑偃蹇者異。高州道中榕夾路巫陰，凡百株，狀甚詭怪，皆束千百根以爲一身。有紅、白、大葉、小葉諸種。有子無花，子落時常如密雨。中多嶺西副使吳廷舉所植，父老稱"吳公榕"。新興東北一帶亦有之。先是宋延祐間，有倉振者知新州，夾道植榕。其後高芝復植松。於是行族歌之曰④："倉榕高松，手澤重重。高松倉榕，夾道陰濃。"而僉事劉洵者，修高、倉故事，自高要南岸至新興，令里胥分地植榕，遣官以時驗勤怠，至今榕樹存者大十圍。又歸善葉春及知惠安，令民植榕。下教曰：榕者容也。其陰大，當馳道植，自白水至雒陽，五丈而樹。田間恐妨穀，凡植幾本以報。嗚呼！遠者種德，近者種樹。吾無德，且種樹。此皆仁人之澤

---

① 節，別本作"莭"。宜作"節"。

② 窗，別本作"窗"。

③ 龍，有殘泐，當爲"瓏"。

④ 族，"旅"之誤。

也。其榕凡四百二十一本云。

筆管樹

筆管樹，卽梡樹也。廣州故屯田道署有一樹，通體根鬚蟠結，大可數十把①。鼓短而勁②。葉初發，細卷如辛夷之蕾。葉開則色殷紅，望之如花。其樹無花，葉卽其花。葉至冬而落，春間乃發。初發又如筆管，粤人因名爲"筆管樹"。舊有一碑在樹腹，兵婦得之以搗衣，有聞石聲清越者求之，則冢宰李默所譔《孤樹哀談記》也③。默常爲屯田副使居此④，故有之。

梛

梛生瓊州，栽時以鹽置根下，則易發。樹高六、七丈，直竦無枝，至木末乃有葉如束蒲，長二、三尺。花如千葉芙蓉，白色，終歲不絕。葉間生實如匏繫，房房連累，一累二十七、八實⑤，或三十實。大者如斗，有皮厚苞之，曰"梛衣"。皮中有核甚堅，與膚肉皆緊著。皮厚可半寸，白如雪，味脆而甘。膚中空虛，又有清漿升許，味美於醴，微有酒氣，曰

---

① 把，屈大均《廣東新語》作"抱"（卷二十五葉十一）。

② 鼓，屈大均《廣東新語》作"枝"（卷二十五葉十一）。作"枝"是。

③ 事見〔清〕宋犖《西陂類稿》（卷二十八葉五，文淵閣四庫全書本）。《孤樹哀談》，〔明〕李默（字古冲）撰。〔明〕黃虞稷《千頃堂書目》（卷五葉二十五，文淵閣四庫全書本）謂〔明〕趙可與撰。

④ 常，通作"嘗"。

⑤ 累，屈大均《廣東新語》作"房"（卷二十五葉二十五）。

"梛酒"。蘇軾詩"美酒生林不待儀"[1]，言梛子中有自然之酒，不待儀狄而作也。瓊人每以檳榔代茶梛代酒以歚賓客，謂椰酒久服可以烏鬚云。瓊州多椰子葉。昔趙飛燕立爲皇后，其女弟合德獻諸珍物，中有椰葉席焉[2]。椰葉之見重也，自漢時始。瓊州人無分男女，首皆戴笠，以竹絲爲之。其用椰葉爲笠者，貴之也。以爲席，則賤之矣。

番禺多桂

番禺多桂。《山海經》云："賁隅之東，八桂生焉。"[3] 故舟楫多采桂爲之。故曰：番禺之桂，爰始爲舟。

肉桂

肉桂，一名"越桂"。飲食中古稱蜀薑越桂。越桂以高州肉桂爲珍。雜檳榔食之，口香竟日。秦時羅浮有桂父者，象林人也。嘗服肉桂及葵，以龜腦和之。《列仙傳》贊云："偉哉桂父，挺直遐畿。靈葵内潤，丹桂外綏。"[4] 蓋謂是也。

洋桃

洋桃，其種自大洋來，一曰"羊桃"。樹高五、六丈，大

---

① 〔北宋〕蘇軾《椰子冠》詩句（《東坡全集》卷二十四葉十一）

② 席，別本作"蓆"。本篇同。

③ 見〔明〕楊慎《升菴集》所引（卷六十三葉五）。本作"桂林八樹在番隅東"（〔清〕吳任臣《山海經廣注》卷十葉二，文淵閣四庫全書本）。

④ 載《列仙傳》（卷上葉十五，文淵閣四庫全書本）。《列仙傳》，舊題〔漢〕劉向撰。

者數圍。花紅色，一蒂數子，七、八月間熟，色如蠟，一名
"三歛子"，亦曰"山歛"。歛，稜也。有五稜者名"五歛"。
以糯米水澆則甜，名"糯羊桃"。廣人以爲蔬，能辟嵐瘴之
毒。中蠱者搗自然汁飲，毒卽吐出。脯之，或白蜜漬之，持至
北方，不能水土與瘧者皆可治。蘇長公詩"恣傾白蜜收五
稜"①，謂此。

冬桃匾桃

冬桃，似橄欖而圓，色綠，味甘酸。有匾桃，似桃而匾，
一曰"偏桃"。大者若鴨卵，色青黃，味酸微甜。

望果

望果，一名"蜜望"。樹高數丈，花開繁盛，蜜蟲望而喜
之，故曰"蜜望"。花以二月，子熟以五月。色黃，味甜酸，
能止船暈，飄洋者兼金購之。有夭桃者與相類，樹高亦數丈，
巨者百圍。正月花，六、七月子熟，大如木瓜，味甜，酢以羹
魚尤善。凡渡海者，食之不嘔浪。然年荒乃多結實，粵謠云：
"米價高，食夭桃。"

黎檬子

黎檬子，一名"宜母子"。似橙而小，二、三月熟，黃
色，味極酸，孕婦肝虛嗜之，故曰"宜母"。元時，於廣州

---

① 〔北宋〕蘇軾《次韻正輔同游白水山》詩句（《東坡全集》卷二
十葉三十五）。

荔支灣作御果園，栽種果木樹大小八百株①，以作渴水。里木卽宜母子也。吳萊詩："廣州園官進渴水，天風夏熟宜檬子。百花醞作甘露漿，南國烹成赤龍髓。"② 蓋以里木子榨水煎糖也。

人面子

人面子，以增城水東所產爲佳。子如大梅李，其核類人面，兩目、鼻、口皆具，肉甘酸，宜爲蜜煎。仁絶美，以點茶，如梅花片，光澤可愛，茶之色香亦不變。水東在城南雁塔下，其樹僅數十株。子皮薄，落之使潰爛，乃乾其核囊之。其仁皮寬，稍搖卽脫去。此樹最宜沙土，沙土鬆則根易發，數歲卽婆娑偃地。山居家，其祖父欲遺子孫，必多植人面、烏欖。人面賣實，烏欖賣核及仁，百餘年世享其利。番禺大石頭村婦女，多以斷烏欖核爲務。其核以炊，仁以油及爲禮果。有詠烏欖者云："祇應人面子，與爾共成仁。" 蓋粵中惟此二果以仁重，故諺語云爾。

蠅樹③

西樵多種茶。茶畦有蠅樹，葉細如豆。葉落畦上，則茶不生蟲。旱則蠅樹降水以滋茶，潦則蠅樹升水以燠茶。故茶恒

---

① 果木，屈大均《廣東新語》作"里木"（卷二十五葉三十三）。作"里木"是。

② 〔元〕吳萊《嶺南宜檬子解渴水歌》詩句（〔清〕顧嗣立《元詩選》初集卷四十三葉四十二，文淵閣四庫全書本）

③ 蠅，"蠅"之俗。本篇同。

無旱潦之患。又夏秋時，蝇皆集於蝇樹，不集茶，故茶不生蝨而味芳好。葢蝇樹者，茶之所賴以爲潔者也。

藥樹

化州、石城之間有藥樹，狀似木棉。其精液色白，見風則黑。是名“藥脂”。土人以濡箭鏃爲暝藥以射虎[1]，虎三躍而斃。山猪中藥箭，則嚙木槵根以自療。土人知之，用藥箭，必含一木槵子或橄欖，葢藥樹與橄欖性相犯故也。

柊葉

有柊葉者，狀如芭蕉葉，溼時以裹角黍，乾以包苴物，封缸口。葢南方地性熱，物易腐敗，惟柊葉藏之可持久。卽入土千年不壞。柱磋上以柊葉墊之[2]，能隔溼潤，亦能理象牙使光澤。計粤中葉之爲用柊爲多，蒲葵次之。有油葵者，以樱葉而性柔[3]，以作簑衣，耐久不減蒲葵。諺曰：“油葵簑[4]，蒲葵笠。朝出風乾，暮歸雨溼。”又曰：“只賣葉，休賣花。花貧葉富，二葵成家。”廣州竹枝詞云：“五月街頭人賣葉，卷成片片似芭蕉。”謂柊葉也。“參差葉尾作簑篷”，謂蒲葵也。篷形方，大三尺許，以施於背遮雨，名曰“葵篷”。葵曰“蒲葵”者，以葉如蒲而倒乖，葢蒲之木也。

---

① 暝，别本作“瞑”。别本是。

② 磋，同“礎”。

③ 以，屈大均《廣東新語》作“似”（卷二十五葉五十二）。作“似”是。

④ 簑，同“蓑”。

油葵

油葵生陽江、恩平大山中。樹如蒲葵，葉稍柔，亦曰"柔葵"。取以作簑，禦雨耐久。諺曰："蒲葵爲扇油葵簑，家種二葵得利多。"

馬纓丹

馬纓丹一名"山大丹"。花大如盤，蕊時凡數十百朵。每朵攢集成毬，與白繡毬花相類。首夏時開，初黃色①，蕊鬚如丹砂，將落復黃。黃紅相間，光豔炫目②。開最盛最久，八月又開，有以"大紅繡毬"名之者。又以其瓣落而蒂枝蠹起槎枒成③，與珊瑚柯條相似，又名"珊瑚毬"。名"大紅繡毬"者，以開時也。名"珊瑚毬"者，以落時也。唐詩"越人自貢珊瑚樹"④，意卽此。

步驚花

步驚花有幽香，步行遇之，往往驚爲蕙蘭，故曰"步驚"。永安人每以嫩葉乾之，持入京師作人事。

---

① 色，"色"脫筆。

② 豔，"豔"異體。

③ "成"後脫"簇"。屈大均《廣東新語》作"槎枒成簇"（卷二十五葉五十三）。

④ 〔唐〕張謂《杜侍御送貢物戲贈》詩句（〔五代後蜀〕韋縠《才調集》卷九葉十五，文淵閣四庫全書本）。

槌子

槌子一名"員子"，多生則歲歉。永安人每以爲驗。

泡木

泡木，高明、高要皆有之。千百成行，出於江海堰沙水間，乃無始以前之木，質不朽爛，火之不然。漁人斲之以繫筶，尚其性甚浮故也。

海苔樹

海苔樹出陽江海中石上，狀如樹枝①，柅如鐵②，亦稱"鐵樹"。柯條蟠結，有枝無葉，分紅、黑二種。火稍炙之，隨手作各種古樹，甚有畵意。

海棗

海棗俗名"紫京"，堅重過鐵力木。鐵力木不甚宜水，此則入水及風雨不朽。以作屋，嫌小皺裂，故不貴。

鹽醋子

鹽醋子，陽江山林多有之。高四、五尺，葉如苦練，秋生白花。結子最繁，冬卽枯死。子味酸如醋，酷日暴之，能出白鹽，故名。

---

① 狀，"狀"脱筆。

② 柅，殆"根"之誤。屈大均《廣東新語》作"根"（卷二十五葉五十六）。

刺桐

刺桐花形如木筆，開時爛若紅霞，風吹色愈鮮好，絕無一葉間之。或謂刺桐卽蒼梧。瓊州田家以刺桐葉糞田[①]，門巷多種之，耕時視其花爲候。

香桃花

香桃花與中州桃花不異，獨於八、九月盛開，有微香。中宿峽秋海棠亦香。大抵嶺南衆香之國，花木多香，葢陽德之所發生也。

散沫花[②]

散沫花，樹高五、六尺，枝條柔弱，花繁細如半米粒許。廣人多使丐者著敝垢衣種之，花香尤烈。葉以染指甲，故亦名"指甲花"。

瓊南花木

瓊南氣候，大抵在新夏初秋之間，半涼半燠。諺云："葉茂四時，花開八節。"扶桑自春，木芙蓉自夏，桃菊自秋，皆開至冬春而止。蓮亦有四季花者。木蘭花如粟，淡黃，芳似珠蘭，而蘊藉過之。樹本大者圍數尺，眞可以爲木蘭舟也。木槿

---

① 剌，"刺"之誤。
② 沬，"沫"之誤。本篇同。

花，比廣州較大，名"土牡丹"①，皆從夏至冬有花。有青茉莉，本如藤蘿，盤結成蕋，花時香甚酷烈，土人多結竹爲亭，坐臥其下，爲消暑之會。有仙人掌自下而上，一枝一掌，無花葉，可以辟火。有鐵樹，葉朱紺色，形如江南老少年，其本則綜也②。有人面竹，可爲杖。瓊南竹此爲佳種。他竹率生荊棘。有藤竹，堅實耐久，長踰尋丈，皆與諸花雜植，以爲園林之玩者。

孔雀花

瓊州有孔雀花，可以辟暑。有爲苦熱詩者云："葛衣半解方流汗，凍殺墻陰孔雀花。"是花性宜陰濕，對之生寒，故云。

廣東諸果

廣東諸果多於他處，瑣屑難名。今姑取俗所稱者：一曰"穀子"，大如橄欖而長，初亦苦澀，後甘，嫩者蜜漬之可食。一曰"餘甘子"，樹高丈餘，葉如槐子，如川練，白色，有文理，核作六稜，亦初苦澀後甘，行者以之生津。一名"菴摩勒"。一日"鬼目子"③，大如梅李，皮黃肉紅，味甚酸，人以爲蔬。以皮上有目，名"鬼目"。一曰"麂木"。麂者，鬼之

---

① 士，"土"之訛。〔清〕揆叙《隙光亭雜識》云：木槿花，一名"土牡丹"（卷四葉十九，清康熙謙牧堂刻本）。諸本皆誤。

② 綜，"棕"之誤。屈大均《廣東新語》作"棕"（卷二十五葉五十九）。

③ 日，"曰"之誤。

譌也。一曰"山棗子"，葉似梅，子如荔支，九月熟。一曰
"卍果"，果作卍字形畫，甚方正，蒂在字中不可見，生食香
甘。一名"蓬鬆子"。一曰"裙襴子"，樹似甘蕉，子如馬乳
而小，俗稱"牛奶柿"，亦曰"牛乳子"。廣人言乳曰"奶"，
中有美漿若牛乳，故曰"牛奶子"。一名"㮈棗"。一曰"千
歲子"，蔓生，子在根下，有綠鬚交加如織，一苞恒二百餘
子。皮青黃，乾者殼、肉相離，撼之有聲，似肉豆蔻。一曰
"秋風子"，色褐，如梨而小，味酸澀，熟乃可食。一曰"金
紐子"，色紅黃，味甘，大如秋風子。俗歌云："一雙金紐子，
無計上羅衫。"一曰"青竹子"，如桃而圓，味酸，色黃。一
曰"羊齒子"，一曰"羊矢"，如石蓮而小，色青味甘。一曰
"不納子"，實如圓棗，十月黃熟，味甜酸，葢蘋果之小者。
粵中少蘋果、花紅二種，以不納子代之。一曰"山葡萄"。一
名"蘡薁"。其莖細裊，花紫白，實比葡萄而小，色赤味酢，
可爲酒，八、九月熟。一曰"山韶子"，類荔支而鮮麗過之，
微有小毫，一名"毛荔支"，亦曰"毛桃子"。肉薄而酸澀，
著核不離，葢荔支之變者。一曰"臙脂子"，子赤如臙脂，味
甜酸。諺曰："不采紅蓼花，但采臙脂子。持以作朱顏，其餘
入玉齒。"一曰"都捻子"、"樸楸叢生"①，花如芍藥而小，
春時開有紅、白二種。子如軟柿，外紫內赤亦小，有四葉承
之。每食，必倒捻其蒂，故一名"倒捻子"。子汁可染，若臙
脂，花可爲酒，葉可麯，皮漬之得膠以代柿。蘇大瞻名曰

---

① 楸，"楸"之誤。

"海漆"①，非漆而名爲漆，以其得乙木之液，凝而爲血，而可補人之血，與漆同功，功逾靑黏，故名。取子研濾爲膏，餌之，又止腸滑。以其爲用甚衆，食治皆需，故又名"都捻"。產羅浮者高丈許，子尤美。一曰"黃皮果"，狀如金彈，六月熟。其漿酸甘似葡萄，可消食順氣，除暑熱，與荔支竝進，荔支饜飫，以黃皮解之。諺曰："飢食荔支，飽食黃皮。"有曰"白蠟子"者與相似，其味尤勝。諺曰："黃皮白蠟，甜酸相雜。"曰"蘋婆果"，一名"林檎樹"。樹高葉大而光潤，莢如皂角而大，長二、三寸。子生莢兩旁，或四或六。子老則莢迸開，內深紅色。子皮黑肉黃，熟食味甘。蓋莢栗也。相傳三藏法師從西域携至，與訶梨勒菩提雜植虞翩苑中，今遍粤中有之。一曰"水橄子"。多生水間。或謂林檎爲雄，水橄爲雌，與蘋婆相似。

三醉木芙蓉

三醉木芙蓉，本拒霜之變也。其花重臺多露，而顏色不定，一日三換，故稱"三醉"，將紅曰"初醉"，淺紅曰"二醉"，暮而深紅爲"三醉"，故亦曰"酒芙蓉"。又有添色芙蓉，初白花，次曰稍紅②，又次日深紅，又謂"三日醉芙蓉"。其子自秋至春不落，皮可爲筆爲布。廣州有芙蓉布，即此種所成。

―――――――

① 大，"子"之誤。屈大均《廣東新語》作"子"（卷二十五葉三十五）。事見〔明〕曾邦泰《儋州志》（天集葉二十三，明萬曆四十六年刻本）。

② 曰，"日"之誤。

含笑①

含笑與夜合相類，大含笑則大半開，小含笑則小半開。半開多於曉，一名"朝合"。小含笑白色，開時菩蕾微展②，若菡萏之未敷，香尤酷烈。古詩云："大笑何如小笑香，紫花那似白花粧？"③ 又有紫含笑，初開亦香，是子瞻所稱"娟娟泣露，暗麝着人"者④。羅浮夜合含笑，其大至合抱，開時一谷皆香，亦異事也。

木樨

木樨與桂相似，而花多過之，秋深尤盛。白沙有《九月木樨盛開寄賀黃門》詩云："香逐西風起，氤氳入杳冥。不知從此去，幾日到遼城。"⑤

月貴

月貴花似荼蘼，月月開，故名"月貴"，一名"月記"⑥，

---

① 含，"含"之訛。
② 菩蕾，通作"蓓蕾"。
③ 〔南宋〕楊萬里《含笑》詩句（《誠齋集》卷二十二葉十）。
④ 事見〔南宋〕僧惠洪《冷齋夜話》所述："東坡在儋耳，有姜唐佐從乞詩……有蠻女挿茉莉，嚼檳榔，戲書姜秀郎几間曰：'暗麝著人簪茉莉，紅潮登頰醉檳榔，'"（卷一葉八，文淵閣四庫全書本）。
⑤ 載《陳白沙集》（卷五葉三十七）。
⑥ 記，"記"之誤。

有深、淺紅二色。宋子京云："花亘四時，月一披秀。"[1] 故又名"月月紅"。廣東爲長春之國，雖涸陰沍寒，花開不輟，月貴其一也。佛桑亦然。而瓊州芙蓉一種，自五月開至冬盡。佛桑多與牡丹相似，花朵大，有重樓子而香，終歲盛開。梅、菊亦大朵，梅不以春，菊不以秋，二花時時相見也。

貝多羅

貝多羅來自西洋，葉大而厚，梵僧嘗以寫經。唐人詩"貝葉經文手自書"是也[2]。花大如小酒杯，六瓣，瓣皆左紐白色，近蕊則黃。有香甚縟，落地數日，其香朵朵不散。

杜鵑花

杜鵑花以杜鵑啼時開，故名。西樵巖谷間有大粉紅黃者、千葉者，一望無際。羅浮多藍紫者、黃者。香山鳳凰山有五色者。是花故多變，而殷紅爲正色。

丁香

丁香生廣州，木高丈餘，葉似櫟，花圓細而黃。子色紫，有雌有雄。雄顆小，稱"公丁香"。雌顆大，其力亦大，稱

---

① 引見〔北宋〕宋祁《益部方物畧記》（葉四，文淵閣四庫全書本）。

② 〔唐〕王維《苑舍人能書梵字兼達梵音皆曲盡其妙戲爲之贈》詩句（〔清〕趙殿成《王右丞集箋注》卷十葉十三，文淵閣四庫全書本）。

"母丁香"。從洋舶來者珍。畣奴口嘗令嚼①，以代檳榔。其樹多五色，鸚鵡所棲，以丁香未熟者爲餌。子既收，則啄丁皮。

女靑男靑

女靑一名"萬年枝"，卽"冬靑"，亦曰"女貞木"。身大合抱，肉厚皮龐，經冬不謝。結子靑黑色，有瓤核，飛禽嗜之。亦名"凍靑"。又有男靑與相似，條蘂皆朱色，尤易植，人罕知之。

佛桑

佛桑一名"福桑"，又名"扶桑"，枝葉類桑。花丹色者名"朱槿"，白者曰"白槿"。有黃者、粉紅者、淡紅者，皆千葉，輕柔婀娜，如芍藥而小，蓋麗木也。一曰"花上花"。花上復有花者，重臺也。其朱者可食，白者尤清甜滑。婦女常以爲蔬，謂可潤容補血。

白瑞香

白瑞香，多生乳源山中，冬月盛開如雪，名"雪花"。刈以爲薪，雜山蘭、芎藭之屬燒之，比屋皆香。其種以攣枝爲上。有紫色者，香尤烈，雜衆花中，衆花徃徃無香，皆爲所奪。一名"奪香花"，乾者可以稀痘。

合歡

合歡木似梧桐，枝柔弱，葉細而繁。每風來，輒自相解，

---

① 令，《南越筆記》及屈大均《廣東新語》均作"含"（卷二十五葉四十）。作"含"是。

不相牽綴。五月花發，上半白，下半肉紅，散亞如絲。秋實作
莢，子極其薄細，其葉至暮卽合，一名"合昏"，亦曰"夜
合"。蓋夜合花其花夜合，合歡木其葉夜合，性各不同。高州
有合歡樹，枝葉若拘繫然，互相交結，其狀甚古。

指甲花

指甲花似木樨，細而正黃，多滇蔔①，一花數出，甚香。
粵女以其葉兼礬石少許染指甲，紅艷奪目②。唐詩"彈箏亂落
桃花片"謂此③。一種金鳳花，亦可染，名"指甲桃"。葉小
如豆，花四瓣，層層相對。一幹輒有二種花：一深紅，一黃邊
紅腹。其蕊大者爲鳳頭，小者鳳尾，尾修長縷縷，又有兩翅，
粵女多象之作釵。二、三月時栽之，與指甲花爲一叢。兒童向
街頭賣者，多此二花。

南燭

南燭產羅浮高處，初生三、四年狀若菘，漸似梔子，二、
三十年成大株，蓋木而似草者也。葉似茗而圓厚，冬夏常青，
枝莖微紫。大者高四、五丈，肥脆易折。子如茱萸，九月熟，
酸美可食。昔朱靈芝真人以其葉兼白秔米，九蒸暴之，爲青精

---

① 滇，同"須"。

② 艷，"艷"異體。

③ 或謂〔元〕楊維楨詩句（〔清〕張英等《御定淵鑑類函》卷四
百七葉十七）。或謂〔明〕蔣氏《詠美人染指甲句》詩句（〔清〕曾燠
《江西詩徵》卷九十四葉三十五，清嘉慶九年刻本）。

飯，常服。人稱"青精先生"。今蘇羅搖人每以社日爲青精飯相餉①，師其法也。

西樵山四種花

西樵山四種花他處所無。曰"山石榴"，三月盛開，有稱"滿山紅"②。曰"錦鸎花"，葉如碧蘭，花瓣上紅下白。曰"白鶴花"，葉如三蘋，莖上出花，狀白鶴，頭、頸、翅、足皆具。頭又有黑點如眼睛，開於暮春。曰"粉蝶花"，枝條甚柔，花如粉蝶然。湛文簡嘗爲四花亭玩之。又有月桂二株，石榴一株，在烟霞隱居之前。月桂多花，石榴多實，則是年禾、茶皆熟，山人以爲驗。

九里香

九里香，木本，葉細如黃楊，花成芃，色白，有香甚烈。又有七里香，葉稍大。其木皆不易長。廣人多以最小者製爲古樹，枝幹拳曲，作盤盂之玩，有壽數百年者。

白嬋子

白嬋子一名"山礬"，葉如梔子，可辟書蠹。灰其葉以染紫爲黝③，可不用礬，故名。三月作白花，六出，甚香，亦曰"白嬋子"。入藥，名"山梔子"。

---

① 搖人，屈大均《廣東新語》作"猺人"（卷二十五葉四十三）。作"猺人"是。每以，別本作"每日"。作"每以"是。

② 有稱，屈大均《廣東新語》無"有"字（卷二十五葉四十三）。

③ 黝，"黝"俗字。

水松山松

水松者，櫻也，喜生水旁。其幹也得杉十之六，其枝葉得松十之四，故一名"水杉"。言其幹則曰"水杉"，言其枝葉則曰"水松"也。東粵之松，以山松爲牡，水松爲牝。水松性宜水。蓋松喜乾，故生於山。檜喜濕，故生於水。水松，檜之屬也，故宜水。廣中凡平堤曲岸，皆列植以爲觀美。歲久，蒼皮玉骨，礧砢而多瘦節，高者塵駢，低者葢①，其根浸漬水中，輒生鬚鬢，嫋娜下埀。葉清甜可食，子甚香。

花開四季

粵中候暖，花開四季。儋州有四季荷，廣州諸處有四季桂。又芭蕉、佛桑皆四季著花。《虞衡志》又載："石榴花②，南中一種，四季常開。"③

木棉花

《嶺南雜記》："木棉花，大可合抱，高可數丈，葉如香樟，瓣極厚，一條五、六出。正二月開大紅花，如山茶而蕊黃色。結子如酒杯，老則拆裂，有絮茸茸，與蘆花相似。……土人取以作袽褥，……女工不能治。"④《通志》亦云："詢之粵

---

① 低者葢，其後脱"偃"字。屈大均《廣東新語》作"低者葢偃"（卷二十五葉二）。

② 榴，"榴"異體。

③ 引見〔南宋〕范成大《桂海虞衡志》（葉二十五）。

④ 引見〔清〕吳震方《嶺南雜記》（卷下葉二、三）。文字稍異。

人，無有織者。……（一名'攀枝花'。《肇慶志》云：以吉貝苗接烏栖根①，結花爲棉。）"② 按此，則以木棉可績爲布者，大抵因接本使然，與草棉固自有別③，然當開時，殷紅照耀，實非他花所可媲美。又南海神廟木棉花開時最盛。海珠寺亦然。

茉莉

茉莉自波斯移植粵中，芳香不改。東坡稱爲"暗麝"。《南越記》云："彼之女子穿綵絲以爲首飾。"④《洛陽名園記》作"抹厲"。王十朋作"沒利"。洪景盧作"末麗"⑤。皆以已意名之⑥。宋時遣使至南漢，不識茉莉。劉鋹紿曰：此小南強。後鋹使至，不識牡丹，前使者復曰：此大北勝。按《茂名志》云："粵無牡丹，以佛桑代之。"⑦

---

① 栖，"柏"之誤。

② 引見〔清〕郝玉麟《廣東通志》（卷五十二葉五十一）。

③ 草棉，別本作"艸棉"。

④ 見〔清〕郝玉麟《廣東通志》所引（卷五十二葉三十一）。

⑤ 以上三處引文均見〔明〕楊慎《升菴集》（卷七十九葉四、五）。

⑥ 已，"己"之誤。

⑦ 引見〔清〕錢以塏《茂名縣志》（卷之三葉八十六，清康熙三十八年刻本）。文字稍異。

卷十四

沉香

嶠南火地，太陽之精液所發，其草木多香。有力者皆降皆結而香。木得太陽烈氣之全，枝幹根株，皆能自爲一香。故語曰："海南多陽，一木五香。"海南以萬安黎母東峒香爲勝。其地居瓊島正東，得朝陽之氣又早，香尤清淑，多如蓮萼、梅英、鵝梨、蕬脾之類，焚之少許，氛翳彌室，雖煤爐而氣不焦，多醞藉而有餘芬。洋舶所畨沉、藥沉[①]，徃徃腥烈，卽佳者意味亦短，木性多，尾烟必焦。其出海北者，生於交阯，聚於欽，謂之"欽香"。質重實而多大塊，氣亦酷烈，無復海南風味。粤人賤之。

海南香故有三品：曰沉，曰箋，曰黃熟。沉、箋有二品：曰生結，曰死結。黃熟有五品：曰角沉，曰黃沉。若敗沉者，木質旣盡，心節獨存，精華凝固，久而有力。生則色如墨，熟

---

① "洋舶所"後脱"有"字。屈大均《廣東新語》作"洋舶所有番沉藥沉"（卷二十六葉一）。

239

則重如金。純爲陽剛，故於水則沉，於土亦沉。此黃熟之最也。其或削之則卷，嚼之則柔，是謂"蠟沉"。皆子瞻所謂"旣金堅而玉潤，亦鶴骨以龍筋。惟膏液之內足，故把握而兼斤。……無一往之發烈，有無窮之氤氳"者也①。

凡采香必於深山叢翳之中，羣數十人以往，或一、二日卽得，或半月徒手而歸，蓋有神焉。當夫高秋晴爽，視山木大小皆凋瘁，中必有香。乘月探尋，有香氣透林而起，以草記之，其地亦卽有蟻封，高二、三尺。隨挖之，必得油速、伽南之數②，而沉香爲多。其木節久蟄土中，滋液下流，旣結，則香面悉在下，其背帶木性者乃出土，故往往得之。

沉香有十五種：其一曰"黃沉"，亦曰"鐵骨沉"、"烏角沉"。從土中取出，帶坭而黑，心實而沉水，其價三換最上。其二"生結沉"。其樹尚有靑葉未死，香在樹腹，如松脂液，有白木間之，是曰"生香"，亦沉水。其三"四六沉香"。四分沉水，六分不沉水。其不沉水者，亦乃沉香，非速。其四"中四六沉香"。其五"下四六沉香"。其六"油速"，一名"土伽偭"。其七"磨料沉速"。其八"燒料沉速"。其九"紅蒙花剗"③。蒙者，背香而腹泥。紅者，泥色紅也。花者，木與香相雜不純，剗木而存香也。其十"黃蒙花剗"。其十一"血蒙花剗"。其十二"新山花剗"。其十三曰"鐵皮速"，外

---

① 〔北宋〕蘇軾《沉香山子賦（子由生日作）》句（《東坡全集》卷三十三葉十八、十九）。文字稍異。

② 南，當作"偭"。數，屈大均《廣東新語》作"類"（卷二十六葉二）。作"類"是。

③ 剗，"鏟"異體。

油黑而内白木，其樹甚大，香結在皮，不在肉，故曰"鐵皮"。此則速香之族。又有野猪箭，亦曰"香箭"。有香角、香片、香影。香影者，鋸開如影木然。有鴛鴦背、半沉、半速、錦包麻、麻包錦。其曰"將軍虓"、"菱殼"、"雨淋頭"、"鯽魚片"、"夾木含泥"等，是皆香之病也。其十四"老山牙香"。其十五"新山牙香"。香大塊，剖開如馬牙，斯爲最下。然海南香雖最下，皆氣味清甜，別有醖藉。若渤泥、暹羅、真蠟、占城、日本所産，試水俱沉，而色黄味酸，香尾焦烈。若至雞骨香，乃雜樹之堅節①，形色似香，純是木氣。《本草綱目》以爲沉香之中品。誤矣。

伽偷

伽偷雜出於海上諸山。凡香木之枝柯窾露者，本立死而本存者②，氣性皆温，故爲大蟻所穴。大蟻所食石蜜，遺清香中，歲久漸浸，木受石蜜，氣多凝而堅潤，則伽偷成。其香本未死蜜氣未老者，謂之"生結"，上也。木死本存蜜氣膏於枯根潤若餳片者，謂之"糖結"，次也。歲月既淺，木蜜之氣未融，木性多而香味少，謂之"虎斑金絲結"，又次也。其色如鴨頭綠者，名"綠結"。掐之痕生，釋之痕合，按之可圓，放之仍方，鋸則細屑成團，又名"油結"，上之上也。伽偷木與沉香同類而分陰陽。或謂沉牝也，味苦而性利，其香含藏，燒乃芳烈，陰體陽用也。伽偷牡也，味辛而氣甜，其香勃發，而性能閉二便，陽體陰用也。然以洋伽偷爲上。産占城者，剖之

---

① 節，別本作"莭"。宜作"節"。
② 本立死，屈大均《廣東新語》作"木立死"（卷二十六葉五）。

香甚輕微，然久而不減。産瓊者名"土伽偁"，狀如油速，剖之香特酷烈，然手汗沾濡①，數月卽減。必須濯以清泉，膏以蘇合油，或以甘蔗心藏之，以白葶葉苴之，瘞土數月，口中稍暴之②，而後香魂乃復也。占城者靜而常存，瓊者動而易散。靜者香以神行，動者香以氣使也。藏者以錫爲匣，中爲一隔而多竅，䵷其下，伽偁其上，使薰炙以爲滋潤。又以伽偁末養之，他香末則弗香。以其本者返其魂，雖微塵許，而其元可復，其精多而氣厚故也。尋常時勿使見水，勿使見燥風，衝濕出則藏之，否則香氣耗散。

東筦香③

東莞香以金釵腦所産爲良。地甚狹，僅十餘畒。其香種至十年已絕佳，雖白木與生結同。他所産者，在昔以馬蹏岡今則以金桔嶺爲第一，次則近南仙村、雞翅嶺、白石嶺、梅林、百花洞、牛眠石鄉諸處，至劣者烏泥坑。然金桔嶺歲出精香僅數斤，某家有精香多寡，人皆知之。馬蹏岡久已無香，其香皆新種，無堅老者。

凡香，先辨其所出之地。香在地而不在種，非其地則香種變。其土如雞子黃者，其香鬆而多水。熟沙黑而多土者，其香堅而多生結，能耐霜雪。又以泥紅名"朱砂晉"者④，或紅如

---

① 汗，屈大均《廣東新語》作"汙"（卷二十六葉六）。作"汙"是。

② 口，"日"之誤。屈大均《廣東新語》作"日"（卷二十六葉六）。

③ 筦，通作"莞"。底本目錄作"東莞香"。

④ 晉，俗"管"字。

麵粉者，磽确而多陽者爲良土。筦人多種香，祖父之所遺，世享其利。地一畝可種三百餘株，爲香田之農，甚勝於藝黍稷也。然可種之地僅百餘里，他處弗茂且弗香。凡種香，先擇山土，開至數尺。其土黃砂石相雜，堅實而瘠，乃可種。其壤純黃純黑，無砂，至雨水不滲①，潮汐潤及其香，紋或如飴糖，甜而不清，或多黑絲縷，味辣而濁，皆惡土也，不宜種。

香木如樹蘭而叢密，行人每折枝代傘，謂之“香陰”。其葉似黃楊，凌寒不落，種五、六年卽結子。子如連翹而黑，落地則生，經人手摘則否。夏月子熟，種之，苗長尺許，乃拔而蒔。蒔宜疎，使根見日。疎則香頭大，見日則陽氣多。歲一犂土，使土鬆，草蔓不生。至四、五歲，乃斬其正幹鬻之，是爲白木香。香在根而不在幹。幹純木而色白，故曰“白木香”。非香故曰“白木”，而不離香，故曰“白木香”。此其別也。正幹已斬，留其支，使益旁抽。又二、三歲，乃於正幹之餘，出土尺許，名曰“香頭”者鑿之。初鑿一、二片，曰“開香門”，亦曰“開香口”。貧者八、九歲則開香門，富者十餘歲乃開香口，然大率歲中兩鑿。春以三月，秋以九月。鑿一片如馬牙形，卽以黃土兼砂壅之。明歲復鑿，亦如之。自少而多，今歲一片，明歲卽得二、三片矣。然貧者鑿於三月，復鑿於九月耳。富貴必俟十閱月乃再鑿，蓋以十月香胎氣足，香乃大良也。既鑿矣，其爲雨露所漬而精液下結者，則其根美。其雨露不能漬水不能腐者，其精液滲成一縷，外黃内黑，是名黃紋黑滲，以此爲上。蓋香以歲久愈佳，木氣盡，香氣乃純。純則堅老如石，擲地有聲，昏黑中可以手擇。其或鬖紋交紐，穿胸而透底者，或不必

---

① 至，屈大均《廣東新語》作“致”（卷二十六葉七）。宜作“致”。

透底而面滲一黑線者，或黑圈斑駁如鷓鴣斑者，或作馬尾滲者，或純黃者、鐵殼者，皆爲生香。生曰"生結"，亦曰"血格"，曰"黑格"。熟曰"黃熟"，亦曰"水熟"。黃熟者，香木過盛而精液散漫，未及凝成黑線者。又土壅不深，而爲雨水所淋者，是爲黃熟。生結者，香頭之下，間有隙穴，爲日月之光所射，霜露之華所漬，日久結成胎塊，其實不朽①，而與土生氣相接者，是爲生結。以多脂膏潤澤，洽於表裏，又名"血格"。曝之日中，其香滿室，不必焚爇②，而已氤氳有餘矣。

鶴頂香

鶴頂香在古榕之腹。常有鳥啣香子隨落其中③，歲久香木長成，其枝葉微出榕杪，白鶴之所盤旋，朝夕不散。久之，香木作結，堅潤如脂。人取而爇之，香烟翔舞，悉成白鶴之形。白鶴大小，則視香煙之穠薄。是名"鶴頂香"。東莞或時有之。或曰：是邅香也。身在榕中而氣與鶴相感，蓋以榕爲體，以鶴爲用者也。

諸香

諸香有曰"雞蹢香"，枝條似雞距，故名。一曰"雞香"，一曰"雞藤香"，一曰"雞骨香"。有冷生香，似降香而小。

---

① 實，屈大均《廣東新語》作"質"（卷二十六葉八）。作"質"是。

② 爇，"爇"之誤。屈大均《廣東新語》作"爇"（卷二十六葉八）。

③ 隨，屈大均《廣東新語》作"墮"（卷二十六葉十一）。作"墮"是。

降香一曰"降真香"，雜諸香焚之，其烟直上，輒有白鶴下降。有馬眼香，其藤大如臂，歲久心朽皮堅甚香，周遭有小眼如雕刻香筒狀，粵人多以供神，謂之"比降"。降之真者，從海舶而來，曰"番降"。根極堅實，色紫潤似蘇方木①。燒之初不甚香，得諸香和之特美。其屑可治刀傷。有水藤香。有楓香，即楓膠也，一曰"白膠香"。有左紐香、石檀香。有海漆香，產文昌海港，色甚黑，焚之，油出如漆。有龍骨香，其樹叢生，有刺，汁甚毒，枝老而根結者美。有芸香，山中樹液所結，雜諸香焚之，能除濕氣。有思勞香，狀乳香而青黃褐色，氣似楓膠。有橄欖香，橄欖之脂也，如黑飴狀，以黃連木及楓膠和之，有清烈出塵之意。有薰陸香，一名"馬尾香"。"山記：羅浮有越王搗薰陸香。"② 其曰"白木香"，則東莞香木之枝幹也。經斫傷則成黃熟，否則歲久亦止白木，故曰"白木香"。廣中香族甚多，其未知名者，味皆酷烈。廣人生長香國，不貴沉、檀，顧以山野之香爲重也。

檀香

嶺南亦產檀香。皮堅而黃者，黃檀。白者，白檀。皮腐而色紫者，紫檀。皆有香，而白檀爲勝，與紫檀皆來自海舶。然羅浮亦有白檀。竺法真謂"元嘉末有人於羅山見一樹，大三丈

---

① 紫，屈大均《廣東新語》作"素"（卷二十六葉十二）。
② 引見〔清〕宋廣業《羅浮山志會編》（卷七葉十五）。

餘圍，辛芳酷烈，其間枯條數尺，援而刃之，乃白旃檀也[①]"[②]。比年三水縣西北百餘里有香樹一株，大七、八丈圍。其幹至四丈乃發枝，丞陰二畝，通體純白，土人稱"白銀香"，蓋白檀也。某帥使數百人伐之，僅於樹根一竅爲雨水所浸漬者，得香二十餘斤，味如沉水，其餘枝條皆不香。又新安黃松岡有香樹三株，葉細如豆，類九里香。然不降不結，以不經斬伐，故精液不凝，而皆散爲枝葉也。

南方花皆可合香

南方花皆可合香，如素馨、茉莉、闍提、佛桑、渠那、大小含笑之類。又有麝香花，夏開，與麝香木皆類眞麝香。或傳美家香用此諸花合之。

奇草

嶺南奇草，大抵多蕉、竹類，葉多如芭蕉，幹多如竹。若檳榔、桄榔、椰、蒲葵，皆木之也[③]。木之竹以葉而失其木。竹之木以幹而失其竹者也。羅浮有芭蕉竹，有檳榔竹。信宜之東山有木竹。皆以葉而名之爲竹，故嶺南竹類繁。

芭蕉

草之大者曰"芭蕉"，雖復扶疎若樹株，而莖幹虛軟。苞

---

① 旃，屈大均《廣東新語》作"旈"（卷二十六葉十三）。作"旈"是。

② 引見〔清〕宋廣業《羅浮山志會編》（卷七葉十五）。文字頗異。

③ "皆木之"後殆脫"竹"字。屈大均《廣東新語》作"皆木之竹"（卷二十七葉四）。

裹重皮，皮之中無所謂膚也。即有微心，亦柔脆不堅，蓋草之質爲多，故吾以屬於草。其大者兼圍，高二丈餘，葉長丈，廣尺至二、三尺，中分如幅帛，有雙角。其葉必三，三開則三落，落不至地，但懸挂莖間，乾之可以作書。陸佃云"蕉不落葉，一葉舒則一葉蕉巴"是也①。花出於心，每一心輒抽一莖作花，聞雷而拆。拆者如倒垂菡萏，層層作卷瓣，瓣中無蕊，悉是瓣，漸大則花出瓣中。每一花開，必三、四月乃闔。一花闔成十餘子，十花則成百餘子，大小各爲房，隨花而長。長至五、六寸許，先後相次，兩兩相抱。其子不俱生，花不俱落，終年花實相代謝，雖歷歲寒不凋，此其爲異也。

子以香牙蕉爲美，一名"龍奶"。奶，乳也。美若龍之乳，不可多得。然食之寒氣沁心，頗有邪甜之目。其葉有硃砂斑點。植必以木夾之，否則結實時風必吹折，故一名"折腰娘"。曰"牛乳蕉"，曰"鼓槌蕉"，曰"板蕉"，皆大而味淡。鼓槌蕉有核如梧子大而三稜。曰"佛手蕉"者，子長六、七寸，小而皮薄，味甜。是皆甘蕉之知名者。

蕉之可愛可②。盛夏時，高舒垂蔭，風動則小扇大旗蕩漾飄空，清凉失暑，其色映空皆綠。其高五、六尺者，葉長幹小，蕭疎如竹，曰"水蕉"。其花如蓮，亦曰"蓮花蕉"。一種瘦葉，花若蕙蘭而色紅，日拆一兩瓣，其端有一點鮮綠。春開，至秋盡猶芳，名"蘭蕉"，亦名"美人蕉"。宜種水中，

①　〔北宋〕陸佃《埤雅》作"蕉不落葉亦蕉一葉舒則一葉焦而不落故謂之蕉也"（卷十七葉九，文淵閣四庫全書本）。

②　蕉之可愛可，別本作"蕉之可愛者"。《南越筆記》作"蕉之可愛在葉"。則後一"可"字當作"在"或"者"。

其最小可挿瓶中者曰"膽瓶蕉"。此三種皆花而不實，但可名"芭蕉"，不可言"甘蕉"。言"甘蕉"者，以其實。言"芭蕉"者，以其開花卽萎，故名"芭蕉"。芭者，花也。所謂騾孕蕉花，花時無不萎耳。

粵故芭蕉之國，土人多種以爲業。其根以蔬，實以餱糧餅餌，絲以布。其絺綌與荃葛同，而柔靭遜之①，名"布蕉"。布蕉多種山間，其土瘠石多，則絲堅靭。土肥則多實而絲脆，不堪爲布。諺曰："衣蕉宜瘠，食蕉宜肥。肥宜蕉子，瘠宜蕉絲。"子熟時，大小排比，或以十餘、二十餘爲一梳，彼此相餉。子瞻詩："西鄰蕉向熟，時致一梳黃。"② 其形相梳③，子長短者如梳齒。黃時生割之，置稻穀中，數日卽熟，熟乃大香可食。增城之西洲，人多種蕉，種至三、四年，卽盡伐以種白蔗，白蔗得種蕉地，益繁盛甜美。而白蔗種至二年，又復種蕉。蕉中間植香牙與小柑橘、芋蕷等④，皆得芳好。其蕉與蔗，相代而生，氣味相入，故勝於他處所產。

朱蕉

朱蕉，葉芭蕉而幹棕竹，亦名"朱竹"。以枝柔不甚直挺，故以爲蕉。葉紺色，生於幹上。幹有節，自根至杪，一寸三、四節或六、七節，甚密。然多一幹獨出無傍枝者，通體鐵色微朱。以其難長，故又名"鐵樹"。

---

① 靭，"靱"異體。

② 實爲〔北宋〕唐庚《立冬後作》詩句（《眉山集》卷四葉八）。

③ 相，屈大均《廣東新語》作"如"（卷二十七葉六）。宜作"如"。

④ 此句屈大均《廣東新語》作"蕉中閒植香牙蕉與蠶桔羊蕷等"（卷二十七葉六）。

蔗

蔗之珍者曰"雪蔗"，大徑二寸，長丈。質甚脆，必扶以木，否則摧折。"《世說》云扶南蔗一丈三節，見日卽消，風吹卽折"是也①。其節疎而多汁，味特醇好，食之潤澤，人不可多得。今常用者曰"白蔗"，食至十梃，膈熱盡除。其紫者曰"崑崙蔗"，以夾折肱，骨可復接，一名"藥蔗"。其小而燥者曰"竹蔗"，曰"荻蔗"，連岡接皁，一望叢若蘆葦然，皮堅節促，不可食，惟以榨糖。糖之利甚溥。粵人開糖房者多以致富。葢番禺、東莞、增城糖居十之四，陽春糖居十之六，而蔗田幾與禾田等矣。凡蔗歲二月，必斜其根種之，根斜而後蔗多蔗出②。根舊者以土培壅③，新者以水久浸之，俟出萌芽，乃種。種至一月，糞以麻油之麩，已成干，則日夕揩拭其蟜，剝其蔓茇，而蔗乃暢茂。蔗之名不一，一作"玗蔗"。蔗之甘，在干在庶也。其首甜而堅實，難食，尾淡不可食，故貴在干也。蔗正本少，庶本多，故蔗又曰"諸蔗"。諸，眾也，庶出之謂也。庶出者尤甘，故貴其庶也。曰"都蔗"者，正出

---

① 〔隋〕杜公瞻《編珠》引作"世說曰扶南蔗一丈三節見日即消見風即折"（卷四葉二十，文淵閣四庫全書本）。

② 蔗出，屈大均《廣東新語》作"庶出"（卷二十七葉八）。作"庶出"是。

③ 舊，"舊"俗體。

者也。曹子建有"都蔗"詩①，張協有《都蔗賦》②，知其都之美，而不知其諸之美也。增城白蔗尤美。冬至而榨，榨至清明而畢。其蔗無宿根，悉是當年，故美。榨時，上農一人一寮，中農五之，下農八之、十之。以荔支木爲兩轆，轆轆相比若磨然。長大各三、四尺，轆中餘一空隙，投蔗其中，駕以三牛之牯轆③，旋轉則蔗汁洋溢。轆在盤上，汁流槽中，然後煮煉成飴。其濁而黑者曰"黑片糖"，清而黃者曰"黃片糖"，一清者曰"赤沙糖"，雙清者曰"白沙糖"，次清而近黑者曰"糞屎"。最白者以日曝之，細若粉雪，售於東西二洋，曰"洋糖"。次白者售於天下。其凝結成大塊者，堅而瑩，黃白相間，曰"氷糖"，亦曰"糖霜"。余嘗舟至羅定州之界牌塘，見岸上竈烟冲突，停舟上岸訪之，始見作糖之法，一一不爽如此。

高州多種葛

高州多種葛，雷州人市之爲絺綌。秋霜時，有葛花菜，卽葛乳，涌生地上，如芝如菌。色赤，味甘脆，微苦。其性凉，乃葛之精華也。亦曰"葛蕈"。

蕨

從化山中多蕨，以雷鳴出土，故蕨惟雷鳴乃可食。蕨，決

---

① 都蔗，〔三國魏〕曹植《矯志》詩語（《曹子建集》卷五葉十，文淵閣四庫全書本）。

② 〔晉〕張協《都蔗賦》載〔清〕陳元龍《御定歷代賦彙》（補遺卷十五葉二十八）。張協，或作"張恊"，字景陽，安平人。

③ 牯轆，通作"轂轆"。

也。乘怒氣决然而生，故曰"蕨"。其芽微也。初生萌甚微，故曰"薇"。

藜白

藜，白者葉心有粉如灰，名"灰藋"，亦曰"鹽菜"。紅心者曰"臙脂菜"，嫩時可食，莖老以作杖，謂之"萊"。

薯莨

薯莨産北江者良，其白者不中用。用必以紅，紅者多膠液。漁人以染冠罾，使苧麻爽勁，既利水，又耐鹹潮，不易腐。薯莨膠液本紅，見水則黑。諸魚屬火而喜水。水之色黑，故與魚性相得。染冠罾使黑，則諸魚望之而聚云。

睡菜睡蓮

睡菜一名"瞑菜"。葉類茨菰，根如藕。采根爲鹽菹。食之，使人好睡。與五味草食之不睡名"卻睡草"相背。睡蓮，布葉數重，葉如荇而大。花有五色，當夏晝開，夜縮入水底，晝復出也。與夢草晝入地夜卽復出相背。廣州多有之。

石花菜

石花一名"海菜"，産瓊之會同。歲三月，菜廠主人置酒，廣集菜丁，使穿木蹀入海采取①。海有研石，廣數里，横亘海底，海菜其莓苔也。白者爲瓊枝，紅者爲草珊瑚。泡以沸湯，沃以薑椒酒醋，味甚脆美。以作海藻酒，治癭氣；以作琥珀糖，去上焦浮熱。

---

① 蹀，"躞"之誤。躞，履也。

落樹石柏①

南海有落樹，附石而生。有枝無葉，側類石柏，氣似落。歲久堅凝，風日雨露不能浥損。色黝以蒼，大者咫尺，小數寸。根幹爲決明、蛤蠣所因依，波濤所噴噆，沙石所軋躒。岶岈窟寶，勁陷曲詰，大類繡濕古鐵，亦謂之"鐵樹"。其紅者脂膩瑩滑，曼衍柔脆②，又若珊瑚然。以火揉之炙之，隨其形狀爲松、栝、梅、柳諸樹，可供几案之玩。石柏生陽江、電白海上，色潔白而質堅脆，扣之鏗然。乃浮沫所積，海苔所化，入水不泛，火不焦。枝葉理緻於側柏亦無不肖，皆石樹之珍也。

仙人掌

仙人掌多依石壁而生。其葉勁而長，若齟齬狀。其花形如鳳，子生花下，曰"鳳栗"。葉則曰"鳳尾"。笏發苞外類芋渠③，内攢瓣如毬，各擎子珠於掌④，一枝一掌，自下而上。子自青赤而黃，有重殼，外厚内薄。熟其仁食之，味兼茮栗，可以輕身延年。一名"千歲子"。

諸異草

粵多異草。有曰"萬年松"，非松也，苔若樹而枝葉類松

---

① 底本目録作"落樹石"。

② 柔，"柔"誤刻。

③ 笏，方言字，植物的刺。同"㓦"。〔北宋〕丁度《集韻》："㓦，趙、魏之間謂棘曰㓦。"（卷十葉十八，據棟亭五種本排印）

④ 掌，別本作"掌"。本篇同。別本是。

者也。高數寸，莖端布葉，葉上有毛，乾之數歲不死。漬以泉水，二、三日碧綠如故。以他水及穢手觸之，皆死。得天雨，仍生。羅浮山中所產，一名"卷柏"，亦曰"苔松"。有曰"千歲竹"，其葉類竹而無枝，長數寸或尺，乾之不死。有曰"朱草"，狀如小桑栽，長三、四尺，枝葉皆丹，朔望生落如蓂莢，周而復始，有汁如血，以染絳成黼黻文章[1]。以金銀投其汁，輒成圓泥成水，爲金漿玉醴，飲之長生。有曰"挂蘭"、"挂竹"，皆生於空中，雨露沾濡，久而彌秀。有曰"長命草"，多產潮陽。詠者云："潮陽女兒梳掠好，鬢邊斜插長命草。"瓊州有長生草，亦生類[2]。有還魂草，一名"地膽"，葉如芥，花如地茶。以蛤試之，能起死回生，產陽江山中。有接骨草，叢生，高二、三尺，葉大如柳而厚，莖有節，色綠而圓，花白，午開，自三月至九月不絶，折傷者裹之卽愈。始興瓏瓏巖有琉璃草，莖如芹，食可已風，與肇慶七星巖風藥相類。風藥叢生石隙，其葉圓厚，和酒嚼之，治風疾。一曰"風草"，亦曰"風菜"。諺曰："風病須風菜。"此皆不死之草也。

其可爲餌者曰"石菖蒲"，以小者爲貴。有一寸十二節者，以甲子日採，陰乾至百日爲末，每日服三、四錢，能益智聰耳明目。羅浮東澗石上所產，質甚堅，氣味清芬，他產則辛。有曰"白菖蒲"，溪蓀也。根肥白，節疎，作菹食殺蟲。

---

[1]　此句屈大均《廣東新語》作"以染絳成黼黻章"（卷二十七葉三十九）。

[2]　生，屈大均《廣東新語》作"相"（卷二十七葉三十九）。作"相"是。

有曰"凉粉草"，莖葉秀麗，香猶藿、檀，以汁和米粉煮之，止饑，名"仙人凍"。山人種之連畝，當暑售之。有曰"香薷"，生石上，葉似白蘇，甚香柔。煎水及爲餅，消暑散腫。一名"石香菜"，亦曰"香茸"。有石蓴，似紫菜，色青，味甘平。此皆草之可資服食者也。

其可佩者曰"排草"，狀如白茅，對節生葉，葉兩兩相連。長五六寸，而幹中穿，以細嫩者爲貴。番禺人種之，動至數畝，以其葉售於海外諸番。諸番歲有瘴痢，煎其葉爲湯，浣之即愈。其根莖以合諸香爲囊，能使衆味久而不減①。故一名"留香草"，亦曰"養香"。一種夏開，細粉紫花如蒔蘿，乾之香，亦曰"排草"。有曰"千步草"。香聞十里，然不可多得。或謂千步草即排草。廣人種之成畦，長至千步，故十里聞香。有曰"瑤草"，生羅浮山頂，如白茅而小，莖圓而香。

有曰"金縷草"，色赤如金，云麻姑金鈿所化，羅浮麻姑峯有之。其可用者曰"龍蒭"，與莞與菰與龍修，皆以充席簟及坐團。曰"蕢"者，種之流沙則成田，有方、圓二種。曰"鹹草"，多以束物，爲箔席。其無所可用者，曰"白草"。叢生，三、四寸許，莖葉與衆草無異。每天雨，先一日變白，晴則如常。産仁化扶溪都。有曰"知羞草"，葉似豆瓣相向。人以口吹之，其葉自合，名"知羞草"。有曰"鶴草"。葉似鶴，觜、翅、尾、足皆具。麴塵色，紫蒂，以其葉如柳而短，亦曰"蛾眉草"。

斷腸草

斷腸草一名"苦吻"，亦曰"苦藥"，曰"苦蔓公"。然

---

① 減，屈大均《廣東新語》作"滅"（卷二十七葉四十）。

皆以爲胡蔓。花如茶花，黃而小，又名“大葉茶”。葉按月數
多寡，一葉入口，血潰百竅，腸斷而死。其死之緩急，則視所
下之水緩急。急水者，湍激之水也。高、雷間，人有讐怨者，
輒茹之，或置食物中，以斃其親，或自含口中，勒人財物，急
則咽下，訟於官，以人頭錢償則不終訟。人頭錢者，被誣之人
以錢抵命也。高、雷人號爲“妖草”。近之葉輒蠕動，將取毒
人①，則招搖若喜舞狀，蓋以殺爲性，所謂毒也。“陶貞白云：
斷腸草，其花美好，名‘芙蓉花’。”② 故太白云：“昔作芙蓉
花，今爲斷腸草。”③

嶺南藤類不一

嶺南藤有數百種。其可食者曰“甘露藤”。蔓如箸④，花
如指甲花，性甘以溫，久服令人肥健，一名“肥藤”。有涼口
藤，狀若葛，葉如梻杞⑤。去地丈餘，絕之更生。中含清水，
渴者斷取飲之，甚美。沭髮令長⑥。一名“斷續藤”，常飛越
數樹以相繞。一名“東風菜”，先春而生，東風乃至，農夫以
驗土膏之動。東風一作“菄風”，又名“綠耳”，可爲蔬。有

---

① 將，屈大均《廣東新語》作“捋”（卷二十七葉四十）。

② 〔明〕朱孟震《河上楮談》引作“陶隱居云斷腸草其花美好名
芙蓉”（卷二葉四十六，明萬曆刻本）。陶貞白或陶隱居，〔南朝齊〕陶
弘景，字通明，丹陽秣陵人，自號華陽隱居，謚貞白先生。

③ 見〔北宋〕僧惠洪《冷齋夜話》所引（卷一葉三、四）。

④ 箸，同“箸”。

⑤ 梻杞，即“枸杞”。

⑥ 沭，“沐”之誤。

白花藤，吐如甘蔗①，以美酒調服，能補衰老。有浮沉藤、蘭子藤，子皆如棃，色赤如雞冠，生食甜酢。有紅藤，可代檳榔食。有小藤，產於東莞，微細如髮，直起數丈無一節，常飛越數樹，如百千游絲牽綴。紅者名"紅龍鬚"，紫者"紫龍鬚"，凡有五色，然生無根蒂，以穢物投之，卽消釋不知所去。土人以其液和細土石灰塗礬糖釜，其堅如鐵，雖猛火不裂。其花及子浸酒，可補骨筋。有盒藤，其莢有白子數枚，殼扁，狀如盒子。水浸數日炒食之，味佳。有乳藤，蔓如懸鈎倒挂，葉尖而長，斷之有白汁如乳。婦人產後，以藤搗汁和米作粥食之，乳渾自通。此皆食藤也。

諸藤初生嫩條，爲藿爲筍。而以其大實曰"冬檾子"者，大如柚子，中有瓤，瓣瓣相疊，白如豬脂，炙食皆甘美。身懷數日，香不滅。秋末冬初間，采以相餉，矜爲服食之珍云。其可爲藥者曰"黃藤"。熬其汁，則藤黃也。性最寒，以靑魚膽和之，治眼疾。間有白者，葉如土茯苓，身小而長，外有籜包。以莖浸水洗自②，並除腫痛。有丁公藤，蔓生，著地高尺許。葉長二寸，面綠，背微白。傷風者以一、二葉煮酒服之，汗下如雨，卽愈。有皆治藤，蔓延墻壁野樹間，長丈餘，葉似泥藤。中暑者以根葉作粉食之，虛損者雜豬胃煮服。有買麻藤，其莖多水，渴者斷而飲之，滿腹已，餘水尚淋漓半日。可解蛇毒，乾之亦然。性柔易治，以製履，堅韌如麻，故名。言買藤得麻也。藤名而麻實，人爭買取。又以他藤多而賤，聽人

---

① 吐，"味"之誤。屈大均《廣東新語》作"味"（卷二十七葉四十二）。

② 自，"目"之誤。

自取①，是藤適中頗貴②，必須買之，而其子味微苦可食，因曰“買子”也。有青藤仔③，葉長三、四寸，多芒刺。莖大如指而堅韌，人日用之，比北地之用柳條。花名“假素馨”，煎湯以洗瘡疥甚良。有忍冬藤，名“左紐”。有麴藤。瓊州酒無麴蘗，似此藤葉辛香④，雜米粉爲餅以釀，亦曰“酒藤”。有曰“金藤”，以爲筯⑤，遇毒則烟氣迸出。此皆藥之藤也。

其爲器物者，曰“白藤”。子斑駮可爲素珠，出文昌山中。曰“五色藤”，以紅者爲箪。曰“桃笙”，色如夭桃，甚瑩滑。白者名“瓊枝”，以紅紫間之，爲席爲盤及屏風、盔甲、馬鞭之屬，其用甚奢。

其可以爲屋桁桷者曰“泥藤”，可以駕牛。其大如笙竹者曰“苦藤”。稍小而性柔可爲牛繩、船纜曰“括藤”。以磨礪器物能發光膩曰“涇皮藤”。其葉饒有芒刺曰“剟葉”。

可爲香者曰“雞香藤”，堅而酷烈，能辟水霧之氣，山中多用之。

大抵嶺南藤類不一，多貨於天下。其織作藤器者，十家而

---

① 聼，“聽”異體。

② 中，屈大均《廣東新語》作“用”（卷二十七葉四十三）。當作“用”。

③ 青藤仔，粵語詞。〔清〕趙學敏《本草綱目拾遺》云：“假素馨，出廣巾，青藤仔花也。粵語青藤仔，葉長三四寸，多芒刺，莖大如指而堅韌，人家日用之，猶北地之用柳条。”（卷七葉五十四，清同治十年吉心堂刻本）

④ 似，屈大均《廣東新語》作“以”（卷二十七葉四十四）。

⑤ 筯，“筯”之誤。參看屈大均《廣東新語》卷二十七葉四十四。

二。五芊①、汾水之肆，衣食於藤，葢多於果布也。

油草

油草，永安縣水際多產之。每開花結米，可占有年。予詩曰："油草花開卜有年。"②

蕨粉

蕨，永安最多。凡有二種：一食其芽者，名"龍頭菜"；一以其根爲粉者，名"粉蕨"。性寒，多食患黃腫。農家當早晚稻未收，多以蕨粉爲食。廣州春間，爭以餉客。

水蠟燭

水蠟燭，草本，生野塘間。秋杪結實，宛與蠟燭相似。有詠者云："風搖無弄影，煤具不燃烟。"

冬笋

《通志》云："《詩》義疏謂笋皆四月生，巴竹笋八月生，簹竹笋冬、夏生。《永嘉記》：含隨竹笋六月生③。"今冬笋惟浙中者行遠。嶺南則四時常有之，地暖發生故也。按《雜記》

---

① 芊，屈大均《廣東新語》作"羊"（卷二十七葉四十四）。作"羊"是。

② 此詩句原載屈大均《廣東新語》（卷二十七葉四十五），殆屈氏所作。今別本多無。而《南越筆記》作"粵人多植之"。

③ 引見〔唐〕段公路《北戸錄》（卷二葉十九）。隨，原作"墮"。

又稱"粵東之笋十九皆苦，須以黃荳同煮，先去苦味"①。

油葱

《嶺南雜記》："油葱形如水仙花，葉厚一指，而邊有刺。不開花，結子從根發生。長者尺餘，破其葉，中有一膏，婦人塗掌以澤髮代油。貧家婦多種之屋頭，問之則怒，以爲笑其貧也。"②

蘇合香

《通志》按"《神農本草》云：蘇合香生中臺川。今從西域來，色如紫檀，重如石，燒之灰白者佳。大秦人采蘇合，先筌其汁以爲香膏，曰'蘇合油'，乃賣其滓與人。展轉達中國，不大香也。"③

---

① 此句〔清〕吳震方《嶺南雜記》作"粵東之筍十九皆苦彼人以苦筍益人甘者作脹凡煮苦筍以黃豆同煮未熟不可開釜犯則彌苦"（卷下葉四十二）。

② 此句〔清〕吳震方《嶺南雜記》作"油葱形如水仙葉葉厚一指而邊有刺不開花結子從根發生長者尺餘破其葉中有膏婦人塗掌中以澤髮代油貧家婦多種之屋頭問之則怒以爲笑其貧也"（卷下葉五十六）。

③ 此句〔北宋〕陳敬《陳氏香譜》作："神農本草云生中臺州谷……今皆從西域來……紫赤色如紫檀堅實極芬香重如石燒之灰白者佳……大秦國人合香謂之香煎其汁爲蘇合油"（卷一葉十六，文淵閣四庫全書本）。

薔薇露

《香譜》云：“薔微露出大西洋國。花如牡丹，花露晶瑩，芬芳襲人。以澤體髮，香膩經年不滅。國人貯以鉛缶，行販他處。”①

洋艾

洋艾本不甚高，宜種盆盎。綠葉茸茸如車蓋，可療疾，燕却火灾②。按仙家次藥，有靈叢艾。張播之《艾贊》云：“論藹靈叢，蔚彼修坂。”③

山波羅

粵中凡村居，路旁多種山波羅。橫梗如拳，葉多刺，足衛衡宇。

---

① 見〔清〕郝玉麟《廣東通志》所引（卷五十二葉六十五）。《香譜》有二種：二卷本不著撰人名氏，〔北宋〕左圭《百川學海》題爲〔北宋〕洪芻撰，芻字駒父，南昌人。四卷本〔北宋〕陳敬撰，敬字子中，河南人。

② 燕，“兼”異體。

③ 實爲〔南朝宋〕孔璃之《艾贊》句，原作“論藹靈艾蔚彼修坂”（〔明〕梅鼎祚《宋文紀》卷七葉三十一，文淵閣四庫全書本）。孔璃之，或謂晉人（〔清〕文廷式《純常子枝語》卷四葉十一，民國三十二年刻本）。

卷十五

諸蘭

蘭爲香祖。蘭無偶，乃第一香。以椏蘭爲上，椏者莖多也。次公孫偏，每一大莖輔以二小莖，若公領孫。其花從上開下。次曰"出架白"，花高出葉上，甚潔白，從下開上。次則青蘭，葉長二尺，小兒直①。其花青碧，以白幹者爲上，青幹、紫幹次之。次黃蘭，葉長而稍大，花淡黃，有小紅紋。次草蘭，以短葉白幹者爲上，其花肥，喜食霜雪，不資灌溉，有雙花單花之別。外有風蘭，花如水仙，黃色，從葉心抽出作雙朵。繫置簷間，無水土自然繁茂。又有花如秋海棠，蕊則蘭，花紫蕊黃，甚幽媚，名"鹿角蘭"，葉細如鹿角海藻。有石蘭，生於石上，與相類。葉長四、五寸，小而柔韌。花色淡白。有小玉蘭，花亦作淡白色，甚清香。有倒蘭，花倒垂，紫色。有報喜蘭，如蠟梅而色紅紫，香味亦同。每莖作七、八枝懸樹間，勿侵地氣，遇吉事則開。瘠生者，以花根懸戶上卽

---

① 兒，屈大均《廣東新語》作"而"（卷二十七葉九）。作"而"是。

生，亦曰"催生蘭"。是皆以空爲根，以露爲命，乃風蘭之族。有賀正〔蘭〕①，每當立春及元日開。有夜蘭，尋之不見，夜乃聞香，〔羅〕浮多有之②。凡蘭生深林中，微風過之，其香靄然達於外，故曰"幽蘭"。林愈深則莖愈紫，香更有餘。而夜蘭開於夜，尤爲幽絕，斯又蘭之隱者也。有翡翠蘭，六瓣三蕊，色如翡翠。有鶴頂蘭、鳳蘭、龍蘭，皆以花形似名，然不香。鶴頂蘭，花大，面青綠，背白，蕊紅紫，卷成筒形，微似鶴頂。一莖直上作二十餘花，葉甚大。有朱蘭，花小色麗，開只一朵，朵六出，葉如百合。有毬蘭，開至五十餘朵，團圓如毬。有竹葉蘭，葉似竹似萱，花則蘭也。深紫，叢生，有微香。有文珠蘭③，葉長四、五尺，大二、三寸而厚，花如玉簪，如百合而長大，色白甚香，夏間始開。是皆蘭之屬。或謂蘭與蕙難辨。凡生下濕，方莖赤花者爲蕙，所謂薰也。凡多花者皆蕙，非眞蘭。眞蘭者，葉短而柔，一莖一花，色如玉，瓣中無黑瓠紫紋，蕾未出土，香已噴人。幽谷中亦不可多得，是爲眞蘭。然大抵春芳者爲春蘭，色深；秋芳者爲秋蘭，色淺。而椏蘭四時有花，春秋尤盛，故爲蘭之伯長。舊說謂楚人賤蕙而貴蘭，故其室西養蕙而東養蘭。南粵亦然。

薏苡

薏苡一曰"薢米"，亦曰"薏珠子"。交趾人呼爲"簳

---

① "蘭"字殘去，據別本補。
② "羅"字殘去，據別本補。
③ 文珠，屈大均《廣東新語》作"文殊"（卷二十七葉九）。作"文殊"是。

珠"，食以代米，或雜米中熟之。諺曰："食米得薏，薏一米二。從郎二米，儂只一薏。"

仙茅

仙茅產大庾嶺。自嶺之巔折而東，稍下為姮娥嶂①。相傳葛稚川棄其丹，生仙茅。葉似蘭蕙，花六出。其根獨莖而直，傍有短細根相附。八月采之，濯以嶂下流泉，色白如玉，以酒蒸曬，嘗服補益眞氣，土人多以餉客。羅浮仙茅高僅一、二寸，八月生。黃花，根如指大，長寸許。外有白茅生山谷中，狀如排草，以作浴湯，合諸香甚良。又有香茅名"辣草"。皆瑤草之族。

素馨

素馨本名"邪悉茗"②，珠江南岸有村曰"莊頭"，周里許，悉種素馨，亦曰"花田"。婦女率以昧爽徃摘，以天未明，見花而不見葉，其稍白者，則是其日當開者也。旣摘，覆以濕布，毋使見日。其已開者，則置之。花客涉江買以歸，列於九門。一時穿燈者、作串與瓔珞者數百人，城内外買者萬家。富者以斗斛，貧者以升，其量花若量珠然。花宜夜，乘夜乃開，上人頭髻乃開，見月而益光艷，得人氣而益馥。竟夕氤氳，至曉萎，猶有餘香。懷之辟暑，吸之清肺氣。花又宜作燈，雕玉鏤氷，瓏瓏四照，遊冶者以導車馬。楊用修稱粵中素馨燈為天下之至艷，信然。兒女以花蒸油，取液為面脂頭澤，

---

① 姮娥，屈大均《廣東新語》作"嫦娥"（卷二十七葉十三）。
② 邪，通作"那"。

謂能長髮潤肌。或取蓓蕾，雜佳茗貯之。或帶露置於瓶中，經一宿，以其水點茗。或作格懸繫甕口，離酒一指許，以紙封之，旬日而酒香徹。其爲龍涎香餅、香串者，治以素馨，則韻味愈遠。隆冬花少，曰"雪花"。摘經數日仍開。夏月花多，瓊英狼藉。入夜，滿城如雪，觸處皆香。信粵中之清麗物也。

廣州有花渡

廣州有花渡頭，在五羊門南岸。廣州花販每日分載素馨至城，從此上舟，故名"花渡頭"。花謂"素馨"也。花田亦止以素馨名也。

蔞

蔞以東安富霖所產爲上。其根香，其葉尖而柔，味甘，多汁，名曰"穤扶罶"。他產者，色青味辣，名"南扶罶"，殊不及。然番禺大塘、康樂、鷺岡、鳳岡頭諸村及新興、陽春所產亦美。冬間以蒭草覆之，稍沾霜雪立萎矣。凡食檳榔，必以蔞葉爲佐，有夫婦相須之義。故粵人以爲聘物。

西洋蓮

西洋蓮，其種來自西洋。蔓細如絲，朱色，繚繞籬間。花初開如黃白蓮十餘出，久之十餘出者皆落，其蕊復變而爲蓺[1]。瓣爲蓮而蕊爲蓺，以蓮始而以蓺終，故又名"西洋蓺"。

---

① 蓺，今作"菊"。

露頭花

露頭花，産番禺蓼涌。其葉如劍，脊邊皆有芒刺。花抽葉中，與葉彷佛相似。色白而柔，花中有蕊，如珍珠粟形。常含清露涓滴，故名"露花"。以火燔其根，便成大頭出土上，花乃茂盛，故又名"露頭花"。夏月大開。以花置油上曬之，香落油中，芬馥隔歲不滅。以膏髮照讀書，芳盈一室，廣人甚珍之。

慎火

慎火者，可以禦火。廣人多種屋上以防火，一名"戒火"。其形如火始然，又名"火秧"。扁者不枝不葉，圓者多枝葉，叢生成樹。四稜有芃刺①，皮中有白漿，能盲人。廣人以作籬落。村墟間笊竹爲圍，火秧、露頭花爲界，在在皆然。諺曰："爾有垣墻，我有火秧。"

換錦花

換錦者，脫紅換錦脫綠換錦也。葉似水仙，冬生，至夏而落，獨抽一莖二尺許，作十餘花。花比鹿蔥而大，或紅或綠。葉落而花，故曰"脫紅脫綠"。花落而葉，故曰"換錦"。花與葉兩不相見也。

胡蜋樹

胡蜋樹高三、五尺，葉皺而有稜，蓓蕾叢生，至二、三十

---

① 芃，"芒"異體。

許。花皆四朵相對，鬚、眼微具。一花謝，一花復開，相續不斷。新會白水爲盛。

蕹

廣州西郊，爲南漢芳華苑地，故名"西園"。土沃美宜蔬。多池塘之利，每池塘十區種魚三之，種菱蓮、茨菰三之。其四爲蕹田。蕹無田，以葭爲之①，隨水上下，是曰"浮田"。

藤菜

藤菜，一名"落葵"。蔓葉柔滑可食，味微酸，宜以羹魚。其子有液紫紅，可作口脂。出惠州豐湖者尤美。子瞻詩："豐湖有藤菜，似可敵蓴羹。"②

高凉薑

高良薑，出於高凉，故名。其根爲薑，其子爲紅豆蔻。子入饌未拆開者，曰"含胎"。以鹽醃入甜糟中，終冬如琥珀，味香辛可膾。其根不堪食，而藥中多用之。人不以其子而掩其根，所重在根，故不曰"紅豆蔻"，而曰"高良薑"也。蔻者何？揚雄《方言》云："凡物盛多謂之蔻。"③是子形如紅豆而叢生，故曰"紅豆蔻"。

---

① 葭，屈大均《廣東新語》作"筊"（卷二十七葉二十一）。宜作"筊"。

② 〔北宋〕蘇軾《新年五首》之三詩句（《東坡全集》卷二十三葉二十）。

③ 引見〔西漢〕揚雄撰〔晉〕郭璞注《方言》（卷一葉十）。

猴薑

猴薑，蔓生石壁如藤，蔓卽薑也。味甚辣，猴以爲薑，故曰"猴薑"。一名"樹雞"。葉生蔓上，不作枝，采之爲笠，甚輕。西寧多有之。

三蘈

三蘈，根似薑而軟脆，性熟，消食，宜兼檳榔嚼之，以當蒟子。或以調羹湯，微辣而香。聘婦者以三蘈雕鏤花、鳥、胡蝶諸狀，薄金溥之，佐檳榔、椰、肉桂、薑花等以實筐。三蘈一名"山奈"，亦曰"廉薑"，可爲蘁。

鮮草果

鮮草果，人多種以爲香料，葢卽杜若，非藥中之草果也。其苗似縮砂，三月開花作穗，色白微紅，五、六月子結，其根勝於葉，味辛以溫，能除瘴氣，久服益精明目，令人不忘。

香花菜

香花菜，叢生。莖、葉、花、子皆辛香。花絕小，紫色。婦人多以香茅並植之，以香手爪去垢穢，乾之香氣不減，持以相貽。

陽春砂仁

陽春砂仁，一名"縮砂蔤"。新興亦產之，而生陽江南河者大而有力。其種之所曰"果山"。曰"縮砂"者，言其殻。曰"蔤"者，言其仁。鮮者曰"縮砂蔤"，乾者曰"砂仁"。

八月採之，以嫩者鹽漬爲貨。售於嶺外最珍，其稅頗重。

葳蕤

葳蕤，産羅浮鐵橋諸峯。莖幹强直似竹箭，節節有鬚。葉狹長，表白裏青，其尖處有小黃點。三月開青花結實，根大如指許，長一、二尺，補益之功逾黃精。方家稱“黃芝”，亦曰“青黏”。以漆葉同爲散，可以延壽。

放杖竹

放杖竹者，似竹非竹。浸酒服之，理腰、腳。老人一月可放杖，故名。出羅浮第十四嶺。

藷

東粤多藷。其生山中，纖細而堅實者，曰“白鳩蒔”。似山藥而小，亦曰“土山藥”。最補益人。大小如鶩鴨卵，花絶香，身上有力者，曰“力藷”。形如豬肝，大者重數十斤，膚色微紫，曰“豬肝藷”，亦曰“黎峒藷”。其皮或紅或白大如兒臂而拳曲者，曰“畓藷”。皆甜美，可以飯客，稱“藷飯”，爲穀米之佐。凡廣芋十有四種，號“大米”。諸藷亦然。畓藷近自呂宋來，植最易。生葉可肥豬，根可釀酒。切爲粒，蒸曝貯之，是曰“藷糧”。子瞻稱海中人多壽百歲，緣不食五穀而食甘藷[1]。番藷味尤甘，惜子瞻未之見也。芋則蘇過嘗以作玉糝羹云。

---

[1] 子瞻云云，實爲〔晉〕嵇含《南方草木狀》句（卷上葉三）。

芋

廣芋之美者，首黃芋，次白芋，次紅芽芋。皆小，惟南芋大。南芋色紫生沙，甚可食，而白者尤良。凡以春種以夏收者，曰"早芋"。以夏種以秋收者，曰"晚芋"。與紅藷並登如稻，故有"大米"之稱。芋大者魁，小者奶。奶贅魁上下四旁，大小如乳。奶者，乳也。魁亦曰"魮"。俗以婦人多子爲"南芋魮"，猶以茨菰一乳十二子爲慈姑也。又芋奶應月生子①，稱十二奶。芋奶宜爲蔬羹，其性與茯苓皆屬土。性重厚，故皆養脾。和鯽、鱧魚食之，調中補虛。有銀芋，苗莖瑩白，與葉皆可生食。廣芋多種，然苗莖必熟乃可食。銀芋不然，故多以爲齏。

地腎

羅浮多地腎。盖松之膏液，因鬱蒸之氣而成，或松花落地而成。一名"松黃"。其爲狀小若彈丸，大若鷄卵。紅黃相錯，一一晶瑩。熟之，味甘以香。菴僧嘗以甜藷、百合、籠葱、竹胎、涌生葛乳雜之爲素倛②。其生無根蒂，散布松下。土鬆石潷潤處輒有之③。凡物出於松者，無不可愛。而地腎無所附麗，氣與松合，而形與松離，則尤異。盖亦茯苓之類。

---

① 月，"月"脱筆。

② 倛，屈大均《廣東新語》作"饌"（卷二十七葉三十）。當作"饌"。

③ 潷，"濋"俗字。

茂名木耳

茂名多以木耳爲貨，陽春亦有之。其山深，故多朽木。而木火之精華未盡，得水氣復蒸爲耳。以桑、槐、榆、柳、榕樹上生者良，柘木次之。生於桑者治痢。生木香者治瀉。生於梅者治腹痛。楓木生者令人咲不止，亦異事也。

從化多香菌

從化多香菌，冬采者良。其木曰“羊矢”，畬人伐置山間。至冬，雨雪滋凍，腐而生菌。無蛇虺之毒，謂之“雪菌”。色白而香，亦曰“雪蕈”。或以朽桑、樟、楠三者尺斷，當臘時於肥陰處埋之，爲深畦如種菜法，春月以米泔水澆灌，不時菌出，日灌之三，卽大如拳許，是謂“家蕈”①。他蕈産於木之根土處，精華鬱結。有白者，有淡黑者，其莖皆白，皆甘美，不下蘑菰。性溫補益陽。然濕氣薰蒸，未免有毒。若夏間瘴雨所成與最大者，煮時投以薑片、飯粒，其色不黑，乃可食。

落花生

落花生，草本蔓生。種者以沙壓橫枝，則蔓上開花。花吐成絲，而不能成莢，其莢乃別生根莖間。掘沙取之，殼長寸許。皺紋中有實三、四，狀蠶豆，味甘以清，微有參氣，亦名

---

① 蕫，“蕈”之誤。屈大均《廣東新語》作“蕈”（卷二十七葉五十二）。

"花花參"①。凡草木之實，皆成於花。此獨花自花而莢自莢，花不生莢，莢不蒂花，亦異甚。

留求子

留求子，一名"使君子"。廣州多有之。狀如梔子，有五、六稜瓣而兩端銳。半黃已熟。殼脆薄，中有白肉，微甘。小兒患食積者，煨熟與之食，以當乾果。食輒下蟲而疾愈。語曰："欲得小兒喜，多食使君子。"

桃金孃

草花之以孃名者，有桃金孃。叢生野間，似梅而末微銳，似桃而色倍頳②。中莖純紫，絲綴深黃如金粟，名曰"桃金孃"。八、九月實熟，青紺若牛乳狀，味甘可養血，花則行血。或謂產自桂林，今廣州亦多有之。

二蘭菜

二蘭菜，一曰"馬蘭"。其葉似蘭而大。馬者，大也。故曰"馬蘭"。花似蘜而紫。味辛，性微溫，以作茹甚良，能養新血。一曰"芥蘭"。葉如芥而綠，花黃。花比葉尤甘。葉有鉛，不宜多食。以微藍，故又名"芥藍"。諺曰："多食馬蘭，少食芥藍。"

---

① 花花參，屈大均《廣東新語》作"落花參"（卷二十七葉五十二）。作"落花參"是。

② 頳，同"赬"。赬，赤也。

羅浮百合

羅浮百合最盛。根如葫蒜而大，重疊二、三十斤，相合如蓮瓣，故名"百合"。色白，和肉煮之或作粉，益人。五、六月一本一花，花紅白如文殊蘭。重常傾側，名"天香"。中有檀心，色黃，味甘，宜蠱蒸食之，人稱爲"山中之仙蔬"云。

麻藞

麻多舊根，一年凡四刈。五月刈者曰"首苧"，性柔。末刈者脆，其苗之穉者可茪，是曰"麻藞"。廣人多以醋炒食之。廣州多青麻，高州多黃麻。青麻藞最美。

薛瓜

廣州西瓜，種有絕佳者，傳自薛將軍攜種植之，俗呼爲"薛瓜"。

夜來香珍珠蘭二花最香①

夜來香，藤本，花微黃，分尖瓣，入夜始開，香特奇郁。又珍珠蘭，藤本，花蕊纍纍如貫珠，駢附了梗②，色微黃，香特濃郁。又如魚子狀，亦名"魚子蘭"。二花，花之最香者。

鐵樹

《嶺南雜記》："鐵樹高數尺，葉如老少年，開花如桂而不

---

① 底本目錄作"夜來香珍珠蘭"。
② 了，別本作"于"。別本是。

香。或云：此樹過甲子一開，開必丁邜年。然甚無異致。"①
王濟"《日詢手鏡》云：吳、浙間有俗諺，見事難成，則云須
鐵樹開花。許寄槎云：余在廣西殷指揮家見一樹，高可三、四
尺，幹葉皆紫黑色，葉小類石榴，質理甚厚。問之。曰：鐵樹
也。每遇丁邜年乃花。花四瓣，紫白色如瑞香，瓣較少圓②。
一開累月不凋，嗅之有草氣，乃知鐵樹花開之說有自來矣。"③
今粵地多見盆缶中，未知植者何取。

鹿葱宜男之分

《南方草木狀》："水葱，花葉皆如鹿葱，花色有紅、黃、
紫三種。出始興。婦人懷孕佩其花生男者，即此。非鹿葱也。
交、廣人佩之，極有驗。然其土多男，不厭女子，故不常佩
也。"④《潛確類書》："水葱生水中，如葱而中空。又名'翠
菅'。王維詩'水驚波兮翠菅靡'是也。此草亦可爲席。"⑤ 按
"《風土記》云：宜男草，花如蓮，婦人佩之則生男。"⑥ 梁徐
勉《萱草花賦》云："其花四垂，其跗六出。亦曰宜男，嘉名
斯吉。"⑦ 則鹿葱與萱草爲二種矣。

---

① 邜，"卯"異體。引見〔清〕吳震方《嶺南雜記》（卷下葉四十
八）。文字稍異。

② 較，"較"異體。

③ 見〔清〕汪灝《廣群芳譜》所引（卷八十一葉二十三，文淵閣
四庫全書本）。文字稍異。

④ 引見〔晉〕嵇含《南方草木狀》（卷上葉五、六）。文字稍異。

⑤ 見〔明〕楊慎《升菴集》所引（卷八十葉四）。文字稍異。

⑥ 見〔北朝魏〕賈思勰《齊民要術》所引（卷十葉四十）。

⑦ 〔南朝梁〕徐勉《萱草花賦》句（〔清〕陳元龍《御定歷代賦
彙》補遺卷十五葉二十九）。文字稍異。

卷十六

東粵稻種不一

東粵稻種不一。一曰"香秔"，粒小而性柔，甚香。其紅者曰"香紅蓮"。一曰"珍珠稻"，粒圓而白。最早者曰"六十日種"，六十日而熟，一曰"蟬鳴稻"。又有西風早、光早、烏早。最遲者曰"芮稻"，二月種至十月熟。曰"界稻"，十一月種至四月熟，界在兩年，亦曰"三時稻"。其出於徐聞、陽春、澄邁者，曰"香稻"。出番禺者曰"斜禾"，與吉貝、茶、豆、胡麻雜植丘阜間，名曰"種斜"，粒白而長，亦絕香。

而從化有赤黏、白黏、黃黏、茺黏①、薯粱黏、鷓鴣黏、深水蓮。糯則有黃、白、紅、麻四種。秔有餘杭秔、赤秔，宜作糍餌，皆穀品之良者。

其生畬田者曰"山禾"，亦曰"山旱"，曰"旱稌"。藉

---

① 茺，別本作"芝"。《南越筆記》作"花"。屈大均《廣東新語》亦作"花"（卷十四葉三）。則"茺"當"花"之誤刻。

火之養，雨露之滋，粒大而甘滑，所謂"雲子"，亦曰"山米"也。當四、五月時，天氣晴霽，有白衣山子者，於斜崖陡壁之際，劚殺陽木，自上而下悉燔燒，無遺根株，俟土脂熟透，徐轉積灰，以種禾及吉貝綿，不加灌溉，自然秀實。連歲三、四收，地瘠乃棄，更擇新者。所謂畬田也。而羅浮山上，神皋奧沃，瀑水流離四注，悉成天田，雖千仞之巔皆可稼。焚石本之，蒔而不耘，歲且兩收，此尤山田之美者。

其生沙潭者曰"大禾"。三、四月間乘水節種之，潮而潤至，汐而膏留。蒔得其強，則毛蟓蜞不食。八月花收，九月丞頭，粒大而飯多。其田在海瀕，彌望斥鹵，自一沙至於八沙。外沙歲有贏壤。三歲種草，四歲種禾。子田之利，常浮於其母，有肥母磽①，秋糧亦薄。此則水田之美者。

凡粤之田，近海者虞潦，則有基圍。近山者虞旱，則有水車，故凶荒之患常少。其大禾田歲一收。旱禾田歲種早黏、早糯，則二收。晚收於九、十月，米得金氣，多性熟而功用不及。然大率以黏米爲貴。黏米似粳而尖小長身，其種因閩人得於占城，故名"占"，亦曰"秈"。秈音"仙"，先熟而鮮明，故謂之"秈"。氣味清芬，性溫無毒，最可以和脾養胃。

嶺南之穀多黏，有青黏、黃黏、花黏、銀黏、油黏，又有鼠牙、虎骨、冷水、拋犁、麻包、錦黃、魚串之目，而交阯黏爲多。糯則有安南糯、斑魚糯、白糯、黃糯、蕉糯、油糯、翻生糯、金包銀糯十餘種。而其性多變，蘇子瞻言海南秋稻率三、五歲一變，頃歲儋人最重鐵腳糯。今歲乃變爲馬眼糯。草

---

① 母，屈大均《廣東新語》作"毋"（卷十四葉四）。當作"毋"。

木性理有不可知者。嶺南以黏爲飯，以糯爲酒。糯貴而黏賤，其價倍之。蓋以其性善變，罕得佳實云。

異飯

西寧之俗，歲三月以青楓、烏柏嫩葉浸之信宿，以其膠液和糯蒸爲飯，色黑而香。楓一名"烏飯木"，故用之以相餉。南雄以寒食前後婦女相約上丘壟，以烏糯飯置牲口祭墓。又以蠟樹葉搗和米粉爲粗粉，色青而香。長樂人以香桂皮葉蒸飯食之，亦香。東莞以香粳雜魚肉諸味包荷葉蒸之，表裏香透，名曰"荷包飯"。瓊州"以南椰粉爲飯，曰'椰霜飯'。南椰與椰子樹不同，其精液形色氣味皆類藕、蕨之粉，故曰'南椰粉'。性溫熱補中，《本草》以爲莎木麵也"。①

茶素

廣州之俗，歲終以烈火爆開糯穀，名曰"炮穀"，以爲煎堆心餡②。煎堆者，以糯粉爲大小圓，入油煎之，以祀先及餉親友者也。又以糯飯盤結諸花入油煮之，名曰"米花"。以糯粉雜白糖沙入豬脂煮之，名"沙壅"。以糯、粳相雜炒成粉，置方圓印中敲擊之，使堅如鐵石，名爲"白餅"。殘臘時，家家打餅聲與搗衣相似，甚可聽。又有黃餅、雞春酥、䴺餅之屬。富者以餅多爲尚，至寒食、清明猶出以餉客。尋常婦女相餉問，則以油糷、膏環、薄脆。油糷、膏環以麵，薄脆以粉，皆所謂"茶素"也。端午爲粽，以冬葉裏者曰灰粽、肉粽，

---

① 引見〔明〕戴熺、歐陽璨《瓊州府志》（卷五葉四）。文字稍異。
② 餡，"餡"之誤。

置蘇木條其中爲紅心。以竹葉裹者曰"竹筒粽"，三角者曰"角子粽"，水浸數月，剝而煎食，甚香。重陽爲糕，冬至爲米糍，曰"冬九"①。平常則作粉果。以白米浸至半月，入白粳飯其中，乃舂爲粉②，以豬脂潤之，鮮明而薄以爲外；荼蘼露、竹胎、肉粒、鷰膏滿其中以爲內，則與茶素相雜而行者也。一名"粉角"。又有以椰子以芝麻以豆糠爲餈者，以蕨以葛以菱以茨菰以甘藷爲粉者，皆謂之飽食。

兩廣鹽

兩廣鹽有鹽田。鹽之爲田也，於沙坦背風之港，夾築一堤。堤中有寶，使潮水可以出入也。天雨水淡，晴水鹹。潮消則放淡水使出，潮長則放鹹水使入也。凡鹽田五畝，以其半分爲四區，布之以細沙，周之以溝水，是曰"沙田"。日以鱟魚之殼疞水者三，而沙田始不涸也。以鱟魚殼者，以其堅而耐鹹，不易壞也。澆漑三日，沙與鹽相雜，乃耙鬆而乾之③，置於漏也。漏在溝之旁，長七、八尺，兩旁有墻，崇二尺，中廣二尺，橫以木，覆以草之萠薐也。④漏旁復有溝，置鹽沙於萠薐上，以溝中水再淋之，沙沉於底，鹽鹵乃流也。鹵者鹽之

---

① 九，屈大均《廣東新語》作"丸"（卷十四葉十二）。當作"丸"。

② 舂，別本作"春"。屈大均《廣東新語》亦作"春"（卷十四葉十二）。作"春"是。

③ 耙，同"耙"。

④ 萠薐，即"狼萁"。

精。《爾雅》曰：“天生曰鹵，人生曰鹽也。”① 鹵既流，至三、四丈，爲一槽載之。以火照鹵，鹵氣衝火，火滅，則良鹵也。投以雞子或飯，或截小魚爲兩以試之，咸皆浮矣。或杓鹵而置蓮子數枚，三浮五沉者淡，七、八浮者則淳也。於是煮之，則爲熟鹽。曬之則爲生鹽也。生鹽浮游於面，不雜泥沙，其白如雪，則爲鹽花也。語曰：“無雲而雨，有日而雪。”言戽水淋沙若無雲之雨也，日色烈而鹽花始白也。

粵中諸茶

粵中諸茶，其在珠江之南有三十三村，謂之“河南”。粵志所謂“河南之洲，狀若方壺”是也②。其土沃而人勤，多業藝茶。春深時大婦提籯，少婦持筐，於陽崖陰林之間，凌露細摘綠芽紫筍，薰以珠蘭，其芬馨絕勝松蘿之莢。每晨茶估涉珠江以鬻於城，是曰“河南茶”。好事者或就買茶生，自製葉。初摘者曰“茶生”，猶岕山之草子也。而西樵號稱“茶山”，自唐曹松移植顧渚茶其上，今山中人率種茶，間以苦蓥。蓥樹森森，望之若刺桐叢桂。每茶一畝，苦蓥二株，歲可給二人之食。其采摘亦多婦女，予詩：“春山三二月，紅粉半茶人。”③ 茶人甚守禮法。有問路者，茶人往往不荅。昔湛文簡、方文襄二公講學山中，其流風遺化有存者。文簡嘗治雲谷精

---

① 所謂《爾雅》說似應爲〔唐〕釋玄應《一切經音義》所引《說文解字》佚文（卷二葉五，清道光二十五年海山仙館叢書本）。

② 見〔明〕戴璟《廣東通志初稿》所引（卷五葉三十三）。

③ 殆屈大均詩句。見屈大均《廣東新語》卷十四葉十五。

舍，中有稻田茶圤十餘畞①。旁有人居七、八村，皆衣食於
茶。其茶宜以白露之朝采之，日出則味稍減。或謂此茶甲天
下。早春摘者尤勝，三日一摘，餘則每月一摘。早春一月之
茶，可當餘月一年云。端州白雲山，其上有湖，僧於巖際種
茶，歲收石許。烹之作素馨花氣，味甘淡而滑，稱“頂湖
茶”，然不能恒得。而羅浮幽居洞北有茶菴，每歲春分前一
日，采茶者多寓此菴。其茶以受日陰陽分味之高下，試以景泰
泉水，芳香勃發，是曰“羅浮茶”。景泰泉者，羅浮諸泉之
冠。淳祐中，有逍遙子爲《茶菴》詩②：“活水仍將活火煎，
茶經妙處莫虛傳。陸顚所在間題品，未試羅浮第一泉。”黎美
周云③：泉以茶爲友，以火爲師，火活斯泉，真味不失。蓋謂
此云。曹溪茶氣味清甜，歲凡四采，采於清明、寒露者佳。新
安杯渡山絕壁有類蒙山茶者，烹之作幽蘭、茉莉氣，水濯十餘
次，甘芳愈勝。或經一宿再濯，氣味不減，飲者無不驚異。山
勢高，雲露滋潤，得太清之精英多故也。樂昌有毛茶，茶葉微
有白毛，其味清涼。潮陽有鳳山山茶④，可以清膈消暑，亦名
“黃茶”，荈以産新安、河源者爲良，其味最苦，而粵人烹河
南茶者，必以點荈少許爲可口。“《南越志》稱龍川縣出皋蘆
葉，葉大而澁，南海謂之‘過羅’，今稱爲‘苦芛’。”⑤ 芛，

---

① 圤，“丘”古體。

② 〔清〕宋廣業《羅浮山志會編》題作《羅浮茶》（卷十九葉
十）。

③ 黎美周，〔明〕黎遂球，字美周，番禺人。

④ 鳳山山茶，屈大均《廣東新語》作“鳳山茶”（卷十四葉十
六）。

⑤ 見〔明〕方以智《通雅》所引（卷四十三葉三十四）。文字稍異。

一作荼。長樂有石茗。瓊州有靈茶，卽江南黃連茶也。有烏藥茶，以烏藥嫩葉爲之，能補中益氣，一名"山葉"。或以金鷥蕋搗去苦汁①，合兒茶②、毛茶爲之。東莞以芝麻、諸油雜茶葉爲汁，煮之，名"研茶"。謂能去風濕，解除食積，可以療飢云。

嶺南諸酒

嶺南諸酒則有靈谿、博羅。靈谿在樂昌東北，源出冷君之山，以其水釀曰"靈谿酒"。博羅蠻村有桂，以其花釀曰"桂酒"。蘇長公有《桂酒頌》③，並與釀法刻於羅浮鐵橋下，謂非恖世求道者不以授云。惠州有羅浮春。長公以寄山中道士鄧守安者。又有海醞及萬戶酒，長公詩："嶺南萬戶皆春色。"④ 又有雪釀，長公詩："雪花浮動萬家春。"⑤ 蓋宋時酒皆官釀，惟嶺南以烟瘴不禁，謂之"萬戶酒"。唐子西以萬戶酒之和者名"養生主"，勁者名"齊物論"。梅堯臣云："越林多蔽天，黃甘襍丹橘。萬室通釀酤，地遠無禁律。"⑥ 粵地故多靈泉甘液，終年花果鮮美芬芳。而當時人民饒裕，戶戶爲酒，爭以奇異相

① 蕋，"蕊"異體。

② 兒，屈大均《廣東新語》作"兒"（卷十四葉十六）。當作"兒"。

③ 《桂酒頌》載《東坡全集》（卷九十八葉三、四）。

④ 〔北宋〕蘇軾《十月二日初到惠州》詩句（〔北宋〕王十朋《東坡詩集註》卷一葉二十）。

⑤ 〔北宋〕蘇軾《浣溪沙》詞句（《東坡詞》葉十，文淵閣四庫全書本）。

⑥ 襍，"雜"異體。見〔北宋〕魏泰《東軒筆錄》所引（卷七葉八）。

高。故名賢遷謫至此，多好嗜之。而粵又有酒泉焉。一在陽江之南，泉甘而香，以爲釀曰“陽江香”。一在龍川霍山之青華觀，泉甘如飴，曰“醴泉”。昔時出酒極清異，日滿數斗，今泉孔滴水猶含酒味。有酒峽焉，東莞之龍潭峽是也。以其水釀，曰“龍潭清”。有酒山，在香山境，以其白泥爲餅，雜藥物釀之。有酒井，在開建似龍山之下，其泉如醴。有酒樹，曰“嚴樹”，産於瓊州。搗皮葉浸之，和以香粳，或以石榴葉釀醞數日卽成酒，曰“嚴樹酒”。又有酒花，以石榴花著甕中，經旬而成。其曰“荔枝酒”，則土人齎持釀具，就樹下以荔枝煸酒，一宿而成者。有倒捻酒，以倒捻子爲之，醞釀日深，陽精純固，以之爲酒，益人。有酒草，其形如艾，名曰“甜娘”，以爲釀，曰“甜娘酒”。有酒藤，以葉之辛香者和米粉釀。有曰“酒香”，則以角沉、黃熟等爲釀，所謂“七香酒”也。大抵粵中花木多稟陽明之德，色多大紅，氣多香，紅以補血，香以和中，故無不可以爲酒者。龍眼之篛，橘之凍，蒲桃之冬白，仙茅之春紅，桂之月月黃，荔枝之燒春，皆酒中之賢聖也。荔枝燒，唐時最珍。白樂天云：“荔支新熟雞冠色，燒酒初開琥珀春。”[1] 然以陳者爲貴。志稱廣有十八仙，韶有換骨玉泉，皆名酒。今不可考。今廣州所常用者，惟龍江燒。細餅而陳者，以諸鮮花投其中，封缸兩月，加沉香四兩，以發羣芳之氣，名“百花酒”。一名“百末酒”。漢《景星歌》云：“百末旨酒布蘭生。”師古云：百草華之末曰蘭生者，漢武之

---

[1] 〔唐〕白居易《荔枝樓對酒》詩：“荔枝新熟雞冠色，燒酒初開琥珀香。欲摘一枝傾一盞，西樓無客共誰嘗。”（《白氏長慶集》卷十八葉十五）

百味旨酒也。太宗賜魏徵詩"醽淥稱蘭生"是也①。蓋以百華乾之爲末入之。若廣中，則以鮮花爲用，或專以松黃以荔枝花以蒲桃殼以香蕉子浸之亦佳，而龍眼花尤勝。

油

韶、連、始興之間，多茶油子樹。以茶子爲油，客至，輒以油煎諸物爲獻。燕、吳人購之爲澤膏髮。謂非是油則玫瑰、桂、蘭諸香不入。梁簡文云："南油俱滿，西漆争然。"② 南油，必茶子也。晉傅巽云"南中茶子，西極石蠟"是也③。瓊州文昌多山柚油、海棠油、山竹果油，儋州多麻子油，皆美。廣州有露花油。露花生番禺蓼涌，狀如菖蒲，其葉脊邊有刺。葉落根露，以火熰之，則成枝幹而多花。花生叢葉中，其瓣大小亦如葉，而色瑩白，柔滑無刺芒，花抱蕊心如穗，朝夕有零露在苞中，可以解渴。又有粉，可塗兒女肌膚，止汗粟。以其花結方勝戴之④，或摺疊衣笥，經久猶香。其生於地土者⑤，蕊落結子，大如瓜，曰"路頭"，花多不香。香惟露花。盛夏時，露花始熟，以花覆盆盎晒之，香落茶子油中，其氣馥烈，是曰"露花油"。蓼涌及增城人善爲之。洋舶争買以歸。遲開

---

① "漢《景星歌》"以下引文均載〔明〕方以智《通雅》（卷三十九葉六）。文字頗異。

② 〔南朝梁〕簡文帝《燈賦》句（〔清〕陳元龍《御定歷代賦彙》卷八十八葉一）。

③ 〔三国魏〕傅巽《七誨》句。傅巽，字公悌，北地泥陽人。巽，"巽"異體。

④ 芳，屈大均《廣東新語》作"方"（卷十四葉二十）。作"方"是。

⑤ 地，屈大均《廣東新語》作"他"（卷十四葉二十）。作"他"是。

者曰"寒花"。陽氣微歛，香益清徹，然不可爲油。其生東安
山中者，叢卑葉小，自春至秋皆花。近水者尤香，然亦不可爲
油。東莞有靈香油。以棧香子榨之，然燈明亮，蠅蛾百蟲不敢
近，觸之輒折翼脫足而死。性大熱，誤入飲食，令人吐。外有
欖仁油、菜油、吉貝仁油、火麻子油，皆可食。然率以茶子油
白者爲美，曰"白茶油"。又有山茶油，以烏藥子色紅如珠者
榨之。火麻産端州江岸間，黑色，炒焦以爲小磨香油，名曰
"秧油"。然以生榨者爲良。

糖

廣中市肆賣者有繭糖，窠絲糖也。其煉成條子而瓏瓏者曰
"糖通"。吹之使空者曰"吹糖"。實心者小曰"糖粒"，大曰
"糖瓜"。鑄成番塔人物鳥獸形者曰"饗糖"，吉凶之禮多用
之。祀竈則以糖磚，燕客以糖果。其芝麻糖、牛皮糖、秀糖、
蔥糖、烏糖等，以爲雜食。蔥糖稱潮陽，極白無滓，入口酥融
如沃雪。秀糖稱東莞。糖通稱廣州。烏糖者，以黑糖烹之成
白，又以鴨卵清攪之，使渣滓上浮，精英下結。其法本唐太宗
時貢使所傳。大抵廣人飲饌多用糖[①]，糖戶家家曬糖，以漏滴
去水，倉囤貯之。春以糖本分與種蔗之農，冬而收其糖利。舊
糖未消，新糖復積，開糖房者多以是致富云。

糖梅

自大庾以往，谿谷村墟之間，在在有梅。而羅浮所産梅

---

① 太，屈大均《廣東新語》作"大"（卷十四葉二十一）。宜作
"大"。

花，肥大尤香。予詩：「羅浮山下梅花村，花開大者如玉盤。」[1] 他處花小，然結子繁如北杏，味不甚酸，以糖漬之可食。段公路云[2]：「嶺南之梅小於江左。居人以朱槿花和鹽曝之，其色可愛，曰'丹梅'。又有以大梅刻鏤爲瓶罐結帶之類，漬以棹汁，味甚甘脆。」[3] 東粵故嗜梅，嫁女者無論貧富，必以糖梅爲舅姑之贄。多者至數十百罌，廣召親串，爲糖梅宴會。其有不速者，皆曰「打糖梅」。糖以甜爲貴，諺曰：「糖梅甜，新婦甜。糖梅生子味還甜。糖梅酸，新婦酸，糖梅生子味還酸。」糖欖亦然。有糖梅必有糖欖。欖貴其有雌雄，雄者花而雌者實也。凡女既入門，諸媵妗相與唱歌。其歌曰「解」。解糖梅者詞美新婦。解糖欖者詞美新郎。

荼䕷露

廣人多種荼䕷，動以畝計。其花喜烈日，當午澆灌，則大茂。有細瓣而蕊三、四卷者，有瓣粗而蕊一、二卷者，有細心者、疎茞者。以甌蒸之取露，或取其瓣拌糖霜，暴之兼旬，以爲粉果心餡，名「荼䕷角」，甚甘馨可嗜。然猶以大西洋所出者爲美。大西洋天氣寒時，荼䕷始花，露凝花上，晶瑩分郁若甘露[4]，諸花木則否。暹羅、滿剌伽人購以銀錢，貯以玻璃瓶，攜至占城。占城婦女以香蠟調之膏髮。客至，則以髮拂拭

---

[1] 屈大均《羅浮放歌》詩句（《屈翁山詩集》卷二葉二十九，清康熙李肇元等刻本）。

[2] 段，「段」之誤。

[3] 引見〔唐〕段公路《北戶錄》（卷三葉六）。文字稍有參差。

[4] 分，屈大均《廣東新語》作「芬」（卷十四葉二十一）。作「芬」是。

杯盤之屬以爲敬。澳門番女得之，以注飲饌①，或以霑灑人衣。外有薔薇水，暹羅、瓜哇②、滿刺加三國曩以進貢。其薔薇乃三佛齊所種，與中國薔薇不同。廣人多以土薔薇浸水效之，試以琉璃瓶翻搖數四，泡周上下則真也。

燕窩

崖州海中石鳥有玳瑁山③，其洞穴皆燕所巢。燕大者如烏，唊魚輒叶涎沫④，以俻冬月退毛之食⑤。土人皮衣皮帽，秉炬探之。燕驚樸人⑥，年老力弱或致墜崖而死。故有多獲者，有空手而還者，是爲燕窩之菜。或謂海濱石上有海粉，積結如苔。燕啄食之，吐出爲窩，纍纍巖壁之間。島人俟其秋去，以修竿接鏟取之。海粉性寒，而爲燕所吞吐則暖。海粉味鹹，而爲燕所吞吐則甘。其形質盡化，故可以清痰開胃云。凡有烏、白二色。紅者難得，葢燕屬火，紅者尤其精液。一名"燕蔬"。香有龍涎，菜有燕窩，是皆補草木之不足者，故曰"蔬"。偷肉産於北⑦，燕窩産於南，皆蔬也。石花亦然。石花出崖州海港中，三月採取，過期則成石矣。

---

① 饌，同"饌"。

② 瓜哇，"爪哇"之誤。

③ 鳥，"島"之誤。

④ 叶，"吐"脱筆。沫，"沫"之誤。

⑤ 俻，同"備"。

⑥ 樸，"撲"之誤。

⑦ 偷，屈大均《廣東新語》作"榆"（卷十四葉二十三）。作"榆"是。

乳源石鐘乳①

乳源縣西有乳巖。乳大者曰"乳床"，小曰"乳枝"。葳蕤下埀，一一空中相通。乳自其未溜至端②，且滴且凝。滴者如水，凝者如脂膏，乃鍾乳之最良者。他巖洞及陰潤之所，雲氣噓噏，亦即生鍾乳。蓋石之精華，隨寒暖而爲融結，昌黎所謂"泄乳交巖胍"也③。然惟石有胍有津氣者，方出乳，頑石則否。石之腴者乳益潼流④，瘠而透漏者則否。乳源多良乳，故縣以名。其乳巖之水，流至白土，二、三百里間，亦皆鍾乳之純英所注，飲之甘香。或謂乳穴之水皆味甘性溫，重而有力，煎之似鹽花，噴起皎潔如霜，是真所謂石髓。久服肥健，以釀酒尤宜，功過鍾乳。鍾乳性澀而凝精，不可服，服者多生奇疾。

雲母

羅江之上多雲母。日照之寶光煜煜。昔有羅辯者服之得仙，騎一白牛而去。今化州白牛潭有石碓五、六礔，是其煉雲母之所遺云。增城有大溪，出雲母粉，何姑服之，亦得仙去。《羅浮記》云⑤：是溪有雲母石，名"雲母溪"。何姑嘗煉其石如紅玉，服之可以辟穀云。

---

① 鐘，別本作"鍾"。底本目錄作"乳源石鍾乳"。

② 未，"末"之誤。

③ 〔唐〕韓愈《次同冠峽》詩句（《東雅堂韓昌黎集註》卷九葉三）。

④ 潼，屈大均《廣東新語》作"湩"（卷十四葉二十三）。均通作"湩"，乳汁。

⑤ 下引事見〔清〕宋廣業《羅浮山志會編》（卷二葉十五）。

石耳

韶陽諸洞多石耳，其生必於青石。當大雪後石滋潤，微見日色則石生耳。大者成片如苔蘚，色碧綠，望之如烟，蓋石之精英以寒而發。其花爲雪蕈[1]，其葉爲石耳也。石耳亦微有蒂痕，大小朵朵如花，烹之面青紫如芙蓉，底黑而皺。每當昧爽擷取則肥厚，見日漸薄，或且消化爲水。或以爲苔蘚之變。北方有榆肉，此則苔蘚之肉云。

粵西鮓粵東膾

粵西善爲魚鮓，粵東善爲魚膾。有宴會，必以切魚生爲敬。食必以天曉時空心爲度，每飛霜鍔，泡釃醪，下薑蔞，無不人人色喜，且餐且笑。其膾也皆以男子，鮓則以婦人。凡女始嫁，其家必以數十黃罌與之。能善爲鮓，使甘酸而香可飫口，是爲好婦。粵東羅定，所居在山谷中，少魚，俗亦尚鮓。廉州則以珠桂肉爲鮓[2]，連州以筍蟲膾之，色曰如雪[3]，味甚甘。

廣爲水國

廣爲水國，人多以舟楫爲食。益都孫氏云：南海“素封之家水陸兩登。……貧者浮家江海。歲入估人舟算緡，中婦賣

---

① 蕈，屈大均《廣東新語》作“蕈”（卷十四葉二十五）。作“蕈”是。

② 桂，屈大均《廣東新語》作“柱”（卷十四葉二十六）。

③ 曰，“白”之誤。

魚，蕩漿至客舟前，儵忽以十數。弱齡男女患身手便利①，卽
張羅竿首，晝釣泥中，鼈、蟹、蜃、蛤之入日給有餘，不須衣
食父母。……又舟人婦子，一手把舵筒，一手煮魚，囊中兒女
在背上，日丞丞如負瓜瓠。扳罾搖櫓，批竹縱繩。兒女苦襁
褓，索乳哭啼，恒不遑哺。地氣多燠，旣省絮衣之半，跣足波
濤不履襪，或男女同犀。男子冬夏止一褲一襦，婦人量三歲益
一布裙。如是則女恒餘布。地惟秔稻，土厚穫多。人日計米一
升，加以魚、蚌、烏菱、蕉、橘、藷、芋，減炊米十可二、
三。如是則男有餘粟。故古稱饒富居甲焉。"②

---

① 患，"崽"之誤。屈大均《廣東新語》作"崽"（卷十四葉二十
七）。

② 引見〔清〕顧炎武《肇域志》（卷四十八廣東二葉一百四、一
百五，清鈔本）。文字有異。

附録一

李調元[①]

李調元，字羹堂，號雨村，化楠長子，乾隆癸未進士，歷官直隸通永道，好讀書，博學多聞，以文章著名當世，幼隨父秀水任。大司寇錢香樹先生見而奇之，命作春蠶作繭詩。詩成，先生閱之至"不梭還自織，非彈卻成圓"一聯，大喜曰：此名句也。從此文名大震。官京都時，日與諸名公唱和往來。甫脫稿，人卽傳誦。後視學廣東，分巡直隸，公餘之暇，猶手不釋卷，所得俸悉以購書。家有萬卷樓，爲西川藏書第一家。歸田後嘯傲山水，以著述自娛，與錢塘袁簡齋、陽湖趙雲松、丹徒王夢樓諸先生齊名。人稱爲林下四老。有別墅曰困園，每四時花發，常招諸及門賦詩。其中所著有"函海"、"續函海"、"童山詩集"、"文集"等書行於世。袁簡齋贈詩云："童山集著山中業，函海書爲海內宗。"蓋紀實也。其爲文喜

---

① 引自李調元纂《羅江縣志·人物志》卷二十四葉四、五，清嘉慶七年刻本。

大蘇，詩宗王、孟，而著述則接踵升菴。晚歲號童山老人云。

張船山先生事略 彭端淑、李調元①

又李君調元，字雨村，號墨莊，緜州人，乾隆二十八年進士，官潼商道，著有《童山詩集》、《雨村詩話》，藏書數萬卷，愛才若渴，嘗輯"函海"一書，多至二百餘種，表彰楊升菴著作爲多，又選刻《朝鮮四家詩》。四家者，李書九洛瑞、柳得恭惠風、樸齊家次修、李德懋懋官也。而樸齊家之名尤著。

李調元②

字雨村，四川緜州人，乾隆二十八年進士，官兵備道，有《童山詩集》。

雨村觀察襟懷瀟灑，跌宕不羈。家藏書多至萬卷，嘗輯"函海"一書，卷帙繁富。又愛才若渴。撰《雨村詩話》，人有一聯片語之佳者，輒采而録之。《聽松廬文鈔》

"好邑復好書，遇事太果斷。"此祝芷塘懷李雨村詩也。二語頗肖其人。《聽松廬詩話》

《朝鮮四家詩》：四家者，李書九洛瑞、柳得恭惠風、朴齊家次修、李德懋懋官也。《雨村詩話》采其詩四家中，朴齊家之名尤著。同上

---

① 引自〔清〕李元度《國朝先正事略》卷四十四葉一，清同治八年循陔草堂刻本。

② 引自〔清〕張維屏《國朝詩人徵略》卷四十葉十四、十五，清道光十年刻本。

敢言勤學通今古，深愧爲人在下中。

帆迴山背風無力，艣剪江心月有聲。

附録二

本書所見異體字一覽表（前為異體俗體，後為通行形體）

挭—捷、艸—草、蟲虫—蟲、欝—鬱、滙—匯、鑒—鑑、覧—覽、淸—清、仙—僊、炧烟—煙、輙—輒、畧—略、熈—熙、竒—奇、罄—磬、葢—蓋、帆—帆、臺坮—臺、菴菴—庵、隂—陰、畱甾—留、峯—峰、徃—往、鰲—鼇、亷—廉、旁—旁、収—收、濶—闊、逈—迴、樹—樹、尋—尋、麗—麗、瀉—瀉、澳—漁、歴歷—歷、扚—拗、鬭鬪鬪鬪閗—鬥、羣—群、詶—酬、栬檳—檳、争—爭、審—審、畵畵—畫、角—角、煖—暖、畨—番、晒晭—曬、馱—馱、窃—竊、廻—迴、粧—妝、飜翻—翻、呌—叫、筋—筋、灰—灰、屄—尾、笋—筍、閙—鬧、朶—朵、吳—吳、潭—溜、峯畬—畬、挿—插、靑—青、會—會、漆—漆、觧—解、蔴—麻、牀—牀、鼎—鼎、却刦卻—卻、羮—羹、隷—隸、爨—爨、尸—夷、敕—敕、猪—豬、曆瞀—瞀、担—擔、芧—寮、呇—罃、換換—換、胍—脈、勸—勸、竄鼠—竄、咩—咩、微—微、賔—賓、罛罛—罛、榐—艘、罥罥—罥、粤—粤、㒖—蒙、臒—臒、臘—臘、撐—撐、罜—罣、嶮—險、緊—緊、靣—面、叠疊—疊、冪—羃、豼—蕤、芉—羊、灌—灌、粼—粼、麓—麓、氷—冰、濬—濬、亂—亂、雙—雙、崋—華、觀观—觀、衡—衡、窓窗窻牕—窗、潄—漱、溟—溟、宻—冥、濛—濛、産産産—産、夾—夾、鼠—鼠、带—帶、罩—罩、倏儵—倏、岸—岸、象—象、掩—掩、甕—甕、豊—豐、戸—户、牖—牖、步—步、煉—鍊、蠖—蠖、邃邃—邃、倚—倚、膝—膝、斷—斷、眗—跔、叅—參、筭—算、霾—霾、冣㝡—最、嵒巖—巖、喉—喉、歌—歌、谿—溪、廨—廨、畆畝—畝、蠏—蟹、熱—熱、謠—謡、衆—衆、窖—窖、峝—峒、枀枩—松、將—將、恠—怪、印—印、㪷—斗、戞—戛、輕—輕、乿—乿、蟇—蟆、齎—齎、葬—葬、廹—迫、兎—兔、蚩—蚩、逓—遞、筦—管、滛—淫、繼—繼、廵—巡、跋—跋、碑—碑、竪—竪、茆—茆、枕—枕、瀨—瀨、煑—煮、丱—礦、衖—衖、第—第、鉄—鐵、隆—隆、尅—剋、抜—拔、鍱—鍱、頼—賴、肭—肭、揫—揪、阯—趾、纜—纜、埀垂—垂、窻—窻、烽—烽、竝—並、蠟蠟—蠟、蠠—蜜、巵—卮、罌—罌、釜—釜、昬—昏、矇—矇、毹—氍、死—死、黎—黎、両兩—兩、恆—恒、爽—爽、燮—燮、暴—暴、負—負、蜨—蜨、窑—窑、椶—棕、遥—遥、晋—晉、囊囊囊—囊、鼓—鼓、鑌—鑌、脅—脅、箍—箍、銃—銃、鐙—鐙、鋼—鋼、着—著、婢—婢、刴—剁、卑—卑、溼—溼、餝—飭、鷞鷫—鷫、纖—纖、墪—墩、畀—畀、寇—寇、兜—兜、欖—欖、埜

—野、脚—腳、隣—鄰、髪—髮、裏褁—裹、帽—帽、殺—赦、槖—橐、湼—涅、榦—榦、獣獣—獸、髻—髻、陟—陟、箠—棰、蜑蛋—蜑、急—急、攷—考、檀—檀、荳—豆、蔻—蔻、瑁—瑁、鎻—鎖、魏—魏、舊舊—舊、鵞—鵝、俛—俯、邑—色、湼—涅、葶—葶、飾飾—飾、確—確、么—幺、沉—沈、吏—吏、燭—燭、鷓—鷓、眉—眉、滿—滿、刺—刺、淘—淘、頤—頤、瓊瓊瓊—瓊、岐—歧、鸎鸎—鸚、屐—屐、豺—豺、狼—狼、獺—獺、嬾—懶、勤—勤、鬚—鬚、蟠—蟠、迅—迅、缺—缺、開—開、嘴—嘴、媚—媚、含—含、処—處、魦魦—鯊、鮭—鮭、萏—萏、劍—劍、塩—鹽、䵷—鼃（蛙）、蜯—蚌、蚴—蚴、殻蛻—殼、勢—勢、壞—壞、慶—慶、蠭—蠭（蜂）、蠱—蠱、魯—魯、淳—淳、節—節、暝—暝、礎—礎、蓑—蓑、瑣—瑣、攢—攢、豔—豔、驗—驗、燠—燠、萄—萄、鵑—鵑、添—添、槿—槿、須—須、艷—艷、剷—鏟、藾—藾、黝—黝、榴—榴、改—改、鶴—鶴、靭—韌、突—突、瞑—瞑、掌—掌、蕢—蕢、陶—陶、筯—箸、椈—枸、橘—橘、椰—椰、葱—葱、瓢—瓢、懷—懷、聽—聽、盔—盔、兼—兼、蘇—蘇、播—播、贊—贊、涉—涉、芒—芒、釀—釀、瀸—瀸、咲—笑、孃—孃、禎—禎、夘—卯、較—較、壤—壤、荒—荒、耙—耙、望—望、丠—丘、蕋—蕊、襍—雜、巽—巽、饌—饌、俻—備、窩—窩、櫓—櫓